MARTIN HOCHHOLZER / TILMAN KUGLER (Hg.)
Werkbuch Männerspiritualität

Werkbuch Männerspiritualität

Impulse – Bausteine – Gottesdienste
im Kirchenjahr

Herausgegeben von
MARTIN HOCHHOLZER und TILMAN KUGLER

FREIBURG · BASEL · WIEN

Alle Rechte vorbehalten – Printed in Germany
© Verlag Herder Freiburg im Breisgau 2007
www.herder.de

Die Bibeltexte sind, soweit im Text nichts
anderes angegeben ist, entnommen aus:
Einheitsübersetzung der Heiligen Schrift
© 1980 Katholische Bibelanstalt, Stuttgart

Trotz intensiven Bemühens konnte in einigen Fällen
die Quellenangabe nicht ausfindig gemacht werden.
Für Hinweise sind Herausgeber und Verlag dankbar.

Umschlaggestaltung: Finken & Bumiller

Herstellung: fgb · freiburger graphische betriebe
www.fgb.de

Gedruckt auf umweltfreundlichem
chlorfrei gebleichtem Papier
ISBN 978-3-451-28368-0

Inhalt

Geleitwort
MARTIN ROSOWSKI / ANDREAS RUFFING 13

EINLEITUNG
Neue Schritte auf alten Wegen –
mit Männern Spiritualität (er-)leben

Einführung
TILMAN KUGLER / MARTIN HOCHHOLZER 16

Landkarten und Wegweiser
Mit dem Werkbuch arbeiten
TILMAN KUGLER 20

Religiös unmusikalisch? Oder ein anderer Geschmack?
Empirische Befunde zum Thema Männer und Spiritualität
HANS PRÖMPER 22

Symbole, Liturgien, Rituale, Inszenierungen
Suchaspekte und Leitfragen einer Produktklinik
HANS PRÖMPER 33

Die Sprache der Schöpfung
Oder: Warum unter freiem Himmel vieles leichter geht
TILMAN KUGLER 42

Spiritualität in meinem Leben
Ein Männerwochenende
HANS PRÖMPER 44

Rituale oder rituelles Gestalten
TILMAN KUGLER 52

Erfahrungen und Resümees
Wie erleben Männer Spiritualität? 55

ADVENT
Licht in der Finsternis

Einführung
MARTIN HOCHHOLZER 60

Johannes – Warten für Fortgeschrittene
MARTIN HOCHHOLZER 62

Mit Johannes den Advent erleben 1
Liturgische Modelle
MARTIN HOCHHOLZER 67

Mit Johannes den Advent erleben 2
Besinnungsabend oder -nachmittag für Männer
MARTIN HOCHHOLZER 71

Der Archetyp des Kriegers
TILMAN KUGLER 73

Licht im Dunkel – *Meditation im Advent*
TILMAN KUGLER 75

Nikolausabend
Eine Gelegenheit für Väter und Großväter
TILMAN KUGLER 80

Ich bin auch ein Josef
Ökumenische Adventsfeier für Männer
INGO BÄCKER, CHRISTIAN EGGENBERGER & Team   89

WEIHNACHTEN
Gott ist da

Einführung
TILMAN KUGLER 100

Der Hirte
WILFRIED VOGELMANN 102

Hirtenwache – vom Abend bis in die späte Nacht
WILFRIED VOGELMANN 105

JAHRESWECHSEL
Wer sich wandelt, bleibt sich treu

Einführung
TILMAN KUGLER 116

Der Archetyp des Wanderers
TILMAN KUGLER 117

Abraham bricht auf …
HUBERT FRANK 119

Aufbrechen – Vertrauen erfahren
Übungen für Männergruppen
NORBERT WÖLFLE 123

Jakob – ein kraftvoller Mann und Vater
NORBERT WÖLFLE 126

Die Beziehung zu meinem Vater
Männerabend
NORBERT WÖLFLE 129

Das Leben annehmen – füreinander zum Segen werden
Männerabend
NORBERT WÖLFLE 132

FASTENZEIT
Weniger ist manchmal mehr

Einführung
MARTIN HOCHHOLZER 138

Jesus in der Wüste
TILMAN KUGLER 140

Weniger ist mehr: Formsuche in der Fastenzeit
GÜNTER BANZHAF 144

Aus welchem Holz bist du geschnitzt?
Männergottesdienste in der Fastenzeit
MARKUS ROENTGEN 151

KARWOCHE
Du wirst scheitern!

Einführung
MARTIN HOCHHOLZER 162

Alfred Delp
MARTIN HOCHHOLZER 164

Der Weg Jesu zum Kreuz im Licht der Bergpredigt
MARTIN HOCHHOLZER 171

Gründonnerstag für Männer
GERHARD KAHL 177

Ölbergwache am Gründonnerstag
Brot, Leid und Leidenschaft miteinander teilen –
Eine spirituelle Nacht für Männer
WILFRIED VOGELMANN 182

Karfreitag: Die Zeit der Asche
GERHARD KAHL 195

OSTERN
Dennoch leben

Einführung
ANDREAS RUFFING 208

Thomas
Oder: Wie Ostern im Leben Wirklichkeit werden kann
ANDREAS RUFFING 211

Mit Thomas den Neuaufbruch wagen
Bibelarbeit zu Johannes 20,24–29
ANDREAS RUFFING 215

Von der Nacht in den Tag – den Morgen erleben
TILMAN KUGLER 220

CHRISTI HIMMELFAHRT UND PFINGSTEN
Das Charisma des Alltags

Einführung
MARTIN HOCHHOLZER 224

Gottes Geist – ein Geist für Männer
MARTIN HOCHHOLZER 226

Vater-Kind-Tag im Dom
Christi Himmelfahrt einmal anders: »Papa hat Zeit«
HANS PRÖMPER 238

SOMMER
Unterwegs in Gottes Kraftraum

Einführung
TILMAN KUGLER 248

Bernhard von Clairvaux – Machtmensch und Mystiker
HANS PRÖMPER 250

Unter freiem Himmel
*Naturerlebnis-, Selbsterfahrungs- und Besinnungstage
für Männer*
TILMAN KUGLER 253

Dankbar mich verneigen
Bergwandern als spirituelle Erfahrung
HANS PRÖMPER 262

HERBST
Zwischen Fülle und Endlichkeit

Einführung
TILMAN KUGLER 272

Martin Luther
Ein Gottsucher, der allen Christen etwas zu sagen hat
STEPHAN BURGHARDT 274

Mach ich's richtig? Selber schuld?
Männer und der Reformationstag
STEPHAN BURGHARDT 279

Wanderung zum Erntedank
MARTIN HOCHHOLZER 283

»Gerechtigkeit erhöht ein Volk«
Ein liturgisches Abendgebet zum Buß- und Bettag
GÜNTER BANZHAF 287

CHRISTKÖNIG – EWIGKEITSSONNTAG
Du, Mann, hast königliche Würde

Einführung
WILFRIED VOGELMANN 296

Der Archetyp des Königs
WILFRIED VOGELMANN 299

David
WILFRIED VOGELMANN 303

»Ja, ich bin ein König« – *Jesus von Nazaret*
WILFRIED VOGELMANN 307

Heute ein König! – *Seminar*
WILFRIED VOGELMANN 311

Den inneren König stärken – *Gottesdienst*
WILFRIED VOGELMANN 324

ZUM SCHLUSS
Weitergehen – eigenständig und gemeinsam
MARTIN HOCHHOLZER / TILMAN KUGLER 331

ANHANG
Abkürzungen 336
Adressen 336
Literatur 337
Die Autoren dieses Buches 342
Register 344

Geleitwort

Ja, ich habe da so meine Rituale. Früher habe ich das nicht so gehabt. Aber in letzter Zeit. Ich habe da so eine kleine Ecke in meinem Zimmer, mit einem Kreuz und einer Kerze. Da setze ich mich manchmal morgens so davor und habe so meine Zeit für mich. Da schicke ich auch meine Gedanken, meine Wünsche und meinen Segen an meinen kleinen Sohn, der von mir getrennt ist. Irgendwie brauche ich das.

Gesprochen hat diese Sätze ein Mann. Auf einem religiösen Wochenende – nur für Männer. Das Thema: Wie erlebe ich meine Spiritualität? Und so unterschiedlich die Antworten der Teilnehmer auch im Einzelnen ausgefallen sind, an einer Stelle haben sie sich doch immer wieder berührt. In den Worten des eingangs zitierten Mannes ausgedrückt: »Irgendwie brauche ich das.«

Männer sind religiös, natürlich! Wer aufmerksam in der Seelsorge und in kirchlicher Bildungsarbeit mit Männern in Kontakt ist, weiß, wie falsch daher das auch in kirchlichen Kreisen immer noch gepflegte Klischee vom spirituellen Vakuum bei Männern ist. Männer sind spirituell Suchende, natürlich! Was sie spirituell für ihr Leben brauchen, suchen sie allerdings heutzutage vielfach nicht mehr in der Kirche, sondern mehr und mehr an anderen Stellen. Wir spüren gerade in der Männerarbeit immer wieder, welche missionarische Herausforderung darin für unsere Arbeit, aber auch für die Seelsorge, Verkündigung und kirchliche Bildungsarbeit insgesamt liegt.

Das vorliegende Werkbuch steht daher bewusst in einem missionarischen Horizont. Es enthält nach einigen einführenden grundsätzlichen Überlegungen Impulse und Praxismodelle, die das, was Männer für ihr Leben »spirituell brauchen«, mit den zentralen Inhalten des christlichen Glaubens zu verknüpfen suchen. Auf der einen Seite sind es also die Lebensthemen und Lebensfragen der Männer – und auf der anderen Seite das Kirchenjahr mit seinen Festen und geprägten Zeiten, das den christlichen Glauben in Wort und Symbol verdichtet und darin seine zentrale Botschaft des Erlösungswerkes Christi vergegenwärtigt. Zwischen beidem sind in den einzelnen Kapiteln immer wieder enge Bezüge und Berührungen zu entdecken, die es in das Gespräch mit den Männern einzubringen und mit ihnen zu feiern gilt.

Evangelische und katholische Autoren aus der kirchlichen Männerarbeit haben an dem Werkbuch mitgewirkt. Ökumenische Zusammenarbeit ist in der kirchlichen Männerarbeit seit vielen Jahren selbstverständlich und hat ihren Niederschlag in einer Reihe von gemeinsamen Projekten gefunden. Hier reiht sich auch dieses Werkbuch ein. Wir freuen uns, dass die gute Tradition der intensiven ökumenischen Zusammenarbeit in der Männerarbeit auf diese Weise weiter fortgeführt worden ist. Unser Dank gilt allen Autoren, besonders aber den beiden Herausgebern.

Wir hoffen, dass das Buch viele dankbare Leser in der Männerarbeit und darüber hinaus in der Gemeindeseelsorge und kirchlichen Bildungsarbeit findet.

Fulda und Kassel, im September 2006

MARTIN ROSOWSKI
Hauptgeschäftsführer der Männerarbeit der EKD

Dr. ANDREAS RUFFING
Leiter der Kirchlichen Arbeitsstelle für Männerseelsorge und Männerarbeit in den deutschen Diözesen

EINLEITUNG

*Neue Schritte auf alten Wegen –
mit Männern Spiritualität (er-)leben*

Einführung
TILMAN KUGLER / MARTIN HOCHHOLZER

Männer sind religiös. Viele sind nicht sehr kirchlich. Viele sind »unabhängig kirchlich«.
Männer suchen nach Gott und nach Sinn in ihrem Leben.
Männer tun das oft mit wenigen Worten, wortkarg, in der Stille.
Männer spüren sich selbst eher im Tun als im Reden. Das Gespräch nach dem Erleben kann dann sehr tief gehen.
Männer nehmen Angebote der Kirchen an, wenn sie selbst – in ihren Eigenarten und in ihrem Eigen-Sinn – ernst und wahrgenommen werden.
Viele Männer ahnen und spüren Sinn und Halt in der Natur, unter freiem Himmel.
Viele Männer kommen über große Gestalten (nicht nur) aus der Glaubensgeschichte mit Urgestalten ihrer Seele – Archetypen – in Kontakt.
Viele Männer finden erst über Krisen, Scheitern und Leiden – über den »Weg der Asche« – vom autonomen, egozentrischen Selbst zum absoluten Selbst, zu Gott.
Männer sind – bei vielen Ähnlichkeiten – je nach Milieu, Sozialisation und Kultur sehr unterschiedlich. Und doch Brüder auf den alten Wegen zu Gott und mit Gott.

Ein solcher alter Weg ist das eigene Leben, mit seinen Hoch-Zeiten und seinen Tief-Punkten, mit seinen Freuden und seinen Leiden, mit hektischen und ruhigen Abschnitten. Unsere ganz konkrete, alltägliche und gewöhnliche Existenz ist der Ort, an dem uns Gott begegnet.

Einen anderen Weg sind wir seit alters her eingeladen mitzugehen: das Kirchenjahr. Wir begleiten zwischen Advent und dem Christkönigsfest, dem Ewigkeitssonntag, das Leben Jesu, der wie wir ein Mensch, ein Mann, gewesen ist. Freundschaft, Verrat, Enttäuschung, Freude, Not, Sorgen und Ausgelassenheit, inniges Gottvertrauen und tiefste Zweifel und Gottverlassenheit – nichts Menschliches war ihm fremd, bis in den Tod. Und so führt uns das Kirchenjahr vom Leben Jesu wieder zu unserem Leben zurück.

Lebensthemen von Männern auf der einen Seite und der Rhythmus des Kirchenjahrs auf der anderen Seite – das ist das Muster, nach dem dieses Werkbuch gestrickt ist. Es gibt Kapitel zu großen Festen wie Weihnachten, Ostern und Pfingsten, Orten des Innehaltens, Feierns und Auftankens. Und wie auf jedem Pilgerweg liegen dazwischen längere, mal eher lebendige, intensive, mal eher eintönige Wegstrecken. Auch diesen Zeiten sind Kapitel gewidmet.

Männer nehmen ihr Leben, ihre Fragen und Themen auf diesen Weg mit und kommen, wenn es gut geht, vorwärts. Sie bringen ihre Fragen ins Gespräch – mit anderen Männern, mit Gestalten der Bibel oder der Kirchengeschichte und mit Gott. Dieser Weg durch das Jahr konfrontiert Männer mit grundlegenden und herausfordernden Wahrheiten:

- Gott ist Mensch geworden, dein Bruder. Da, wo du bist, ist Gott – du musst ihn nicht suchen. Du kannst ihm bestenfalls Raum geben. Das feiern wir an Weihnachten.
- Im Kreuz ist Heil. Im Scheitern ist Zukunft. Christus, der gescheiterte, ermordete Mann, ist auferstanden. Dessen werden wir uns in der Karwoche und an Ostern bewusst.
- Gottes Geist, Gottes Atem ist mit uns. In jedem von uns. Das feiern wir an Pfingsten.
- Du, Mensch, Mann, wie du bist, hast königliche Würde. Würde, die Bestand hat. Immer. Deshalb rundet das Christkönigsfest, der Ewigkeitssonntag, das Kirchenjahr ab.

Auf diese Wahrheiten zugehen, ihrer immer wieder innewerden – mit allen Widersprüchen! – und mit diesen Wahrheiten weitergehen, umgehen, ein Leben lang... Diese Wahrheiten anzweifeln, verwerfen, wieder finden, verstehen und manchmal auch missverstehen, ihren Sinn ahnen, spüren – in einem Gottesdienst, in der Liebe, bei der Arbeit, draußen in der Natur, im Alltag und im Herzen... und immer wieder dahinter Gott entdecken: Das bedeutet aus unserer Sicht »Spiritualität«.

Spiritualität ist eine Kernqualität allen religiösen Lebens, die man nur annähernd begrifflich umschreiben kann: »Frömmigkeit«, »in Berührung mit dem Göttlichen«, »begleitet von Gottes Geist«, »achtsam für das Wirken Gottes unter uns Menschen«. Und dabei ist ein Gedanke von Dorothee Sölle und Fulbert Steffensky wegweisend, weil er jedem spirituellen Leistungsdruck den Wind aus den Segeln nimmt: »Wir fangen unsere Suche nach Gott nicht als Suchende an, sondern als schon Gefundene.«

Spiritualität gibt es nur im Tun – geistig, seelisch, leiblich und sozial handelnd. Die Praxismodelle dieses Buches regen spirituelles Erleben und Bewusstwerden an, weil sie Männern Möglichkeiten anbieten, mit sich selbst, ihrem Innersten, und dem großen Ganzen, dem Äußersten, in Berührung zu kommen. In der thematischen, methodischen und gestalterischen Vielfalt werden diese Praxismodelle der Vielfalt der Religiosität von Männern innerhalb, am Rande und fern der Kirchen gerecht: Die einen suchen eine klare Struktur, Anleitung und eine strenge Führung, die anderen suchen das Weite und die Freiheit offener, wenig strukturierter Formen. Männer sind verschieden!

Wir knüpfen bewusst an vorhandene Bücher zum Thema Männer und Spiritualität an. Seien es Gebetbücher oder Praxisbücher – wir haben aus allen gelernt, wurden inspiriert von den Gedanken und Erfahrungen anderer und gehen jetzt einige weitere Schritte.

Wir greifen auf bewährte Kontakte zu Kollegen aus der katholischen und evangelischen Männerarbeit zurück. So fließen mit den verschiedenen Autoren vielfältige Erfahrungen, Kenntnisse und Ansätze zusammen – in ökumenischem Geist. Allen Autoren gilt unser herzlicher Dank!

»Ich kreise um Gott, um den uralten Turm...«, heißt es in einem Gedicht von Rainer Maria Rilke (»Ich lebe mein Leben in wachsenden Ringen«). Wenn dieses Werkbuch Männer – und gerne auch Frauen – anregt, einige Runden um diesen »uralten Turm« zu kreisen, wenn es dann noch Praktiker in der Männerarbeit und Pastoral anregt, andere in dieses Kreisen, auf diesen spirituellen Weg mitzunehmen, dann hat es seinen Zweck erfüllt.

Landkarten und Wegweiser
Mit dem Werkbuch arbeiten
TILMAN KUGLER

> *Wie ist dieses Werkbuch konzipiert?*
> *Wie sollte damit gearbeitet werden?*
> *Das erfahren Sie hier.*

Dieses Werkbuch enthält viele Praxisanregungen und einige grundsätzliche Überlegungen. Die Praxismodelle sind nicht einfach Rezepte. In der Männerarbeit – ob Pastoral oder Bildung – gilt, was anderswo ebenfalls selbstverständlich sein sollte: Nur, was ich mir angeeignet habe, kann ich glaubwürdig vermitteln.

Vergleichen Sie dieses Buch mit einem Wanderführer: Es gibt zunächst ein paar grundsätzliche Beschreibungen zur »Landschaft«, in der wir uns bewegen. Wenn Sie diese und evtl. auch weiterführende Literatur lesen, werden Sie das, was Sie praktisch erleben, leichter verstehen und deuten – so wie Sie bei einer Wanderung mit anderen Augen durch die Landschaft gehen, wenn Sie vorher einiges über die Geologie, Pflanzenwelt, Kultur oder Geschichte der Gegend gelesen haben.

Grundsätzliches finden Sie in diesem ersten Kapitel, in den Einführungsteilen der anderen Kapitel und immer wieder in Kästen hervorgehoben. Der größte Teil des Werkbuches besteht aus Vorschlägen, Routen, die Sie erkunden können – alleine oder mit anderen. Sie finden kurze Porträts von spirituellen Männern aus biblischen Erzählungen und aus der Geschichte. Sie finden Vorschläge, die liturgischen Charakter haben – Meditationen, Andachten, Gottesdienste. Sie finden Vorschläge für Gesprächskreise und Männergruppen. Und Sie finden Impulse und Modelle für Seminare, Veranstaltungen, die sich über längere Zeiträume erstrecken.

Religiöse Erfahrung, spirituelles Erleben lässt sich nicht »machen«. Wir können jedoch Erfahrungsräume schaffen, Material liefern, Hinweise geben, Strukturen schaffen. Übertragen ins Bild des Wanderführers heißt das: Es gibt Landkarten mit eingezeichneten Wegen, es gibt Wegweiser, auch Warn- und Hinweisschilder. Manche äußere Bedingung muss man nehmen, wie sie ist. Für manches ist die richtige Ausrüstung hilfreich. Aber gehen wird den Weg jeder Mann oder jede Gruppe nach ihrem Maß, ihren Vorstellungen und geführt von einem Leiter, der seine Perspektive und Kenntnisse einbringt. Es liegt in der pastoralen bzw. pädagogischen Kompetenz des Leiters und ist seinem Gefühl für die konkrete Gruppe und die jeweilige Situation anheimgestellt, wie viel Führung er selbst in die Hand nimmt und wie viel er der Selbststeuerung einer Gruppe überlässt. Wie viel »Proviant« er selbst trägt und wie viel er auf andere »Rucksäcke« verteilt – bzw. inwieweit er auf »Vorräte«, Erfahrungen, Wissen, Fragen, Deutungen der Weggefährten zurückgreift.

Männerarbeit ist – ebenso wie andere Felder der Bildung und Seelsorge angesichts der Vielschichtigkeit postmoderner Kultur – ein Experimentierfeld. Entsprechend ist dieses Werkbuch ein Baukasten. Sie haben die Freiheit, Elemente, die Sie hier finden, mit Erfahrungen zu kombinieren, die Sie anderswo in Ihrer Arbeit gemacht haben. Der Fokus ist: Was schafft und ermöglicht den Männern, die Sie im Blick haben, sinnvolle Erfahrungsräume oder Erkenntnisse im Bereich Spiritualität? Was hilft ihnen auf ihrem inneren Weg weiter? Was bringt sie in Berührung mit den Geheimnissen und Wahrheiten, in denen wir Gott erkennen?

Religiös unmusikalisch?
Oder ein anderer Geschmack?
Empirische Befunde zum Thema Männer
und Spiritualität
HANS PRÖMPER

> *Die Religionssoziologie lässt vermuten:*
> *Bei Männern könnte mehr spirituelles Interesse sein,*
> *als Skeptiker ihnen zutrauen.*

»*Nimmt die Religionssoziologie unkritisch erst einmal wie*
selbstverständlich an, dass Kirche und Religion dasselbe seien,
so beraubt sie sich selbst ihres wichtigsten Problems.«
THOMAS LUCKMANN[1]

Nichts für Männer – das gilt gemeinhin für Religion und Spiritualität. Männer erscheinen »religiös leer«, schon Karl Rahner wusste 1956 über den »Mann von heute« nichts Rechtes zu sagen. Männer und Kirche, für viele ein Buch mit sieben Siegeln. Und dieses Unverständnis ist gegenseitig!

Und doch: Neuere religionssoziologische Studien zeigen keine völlige Religionsarmut bei Männern. Es ist nicht so: Frau = religiös, Mann = areligiös. Es ist wohl eher so, dass Männer sich stärker und früher als Frauen dem gewohnten Text der Kirche verweigert haben. Viele Männer sehen sich religiös, aber weniger »kirchlich religiös«. Letzteres meint: wie sie es im Religionsunterricht, im konfessionellen Kindergarten, im Kommunionunterricht, in der Vorbereitung

---

[1] THOMAS LUCKMANN, Die unsichtbare Religion, Suhrkamp, Frankfurt a. M. ⁵2005, S. 61

auf Firmung und Konfirmation, in der Begleitung von Ehe und Familie erfahren haben. Sie haben hier vieles als Bevormundung, als moralische Keule erlebt, oft »am Leben vorbei« und selten »auf Augenhöhe«. Sie erlebten sich als nicht ernst genommen, ihre Gedanken und Erfahrungen waren nicht gefragt. Die Konsequenz: Wenn schon nicht auf Augenhöhe mit den Repräsentanten der Kirche, dann lieber alleine. Auch spirituell alleine.

Denn: Sehnsüchte nach Hinausgerissensein und Ganzheit, überwältigende Gefühle, Erfahrungen von Ergriffenheit und Hingabe, die emotionale Auslieferung an eine Sache, das völlige Aufgehen in einer Tätigkeit – das kennen Männer. Sie leben es fast tagtäglich. Was wären Fußball, Filme und Musik ohne Gefühle? Was wären Arbeit, Hobby und Engagement ohne die Hingabe des Selbst an eine Sache? Wenig. Jedenfalls nur wenig von dem, zu was Männer sie bringen können. Viele große Filme sind »religiöse Inszenierungen«. Religiöses im Kino zeigen nicht allein Filme wie Pasolinis »Das erste Evangelium« oder Mel Gibsons »Passion Christi«. Ob »Der Herr der Ringe«, »Das Wunder von Bern« oder »Harry Potter«: Diese Filme sind große Inszenierungen »religiöser Dramen«. Theologisch leider wenig beachtet. Und genau hier liegt vermutlich eines der Probleme von Kirche. Sie ist nicht mehr resonanzfähig für die Konflikte, Sehnsüchte, vor allem für die Sprache und Gefühle der Menschen, hier: der Männer von heute. Zumindest nicht mehr für die der »breiten Masse«.

Dabei sind die Themen der Religionen auch die Themen der Männer: Kosmos, Tod, Segen, Kontingenz, Heil und Heilung, Sinn, Hingabe, Abschied, Neubeginn, Trauer, Verzweiflung, Erlösung, Unrecht und Gewalt, Liebe, Heimat, Verantwortung ... Wen bewegt das nicht?

Repräsentative Umfragen: Kirche ohne Männer?

Paul M. Zulehner belegt mit seinen empirischen Männerstudien[2] zwischen den Jahren 1992 und 2002 den Trend abnehmender (kirchlicher) Religiosität bei deutschen und österreichischen Männern. Durch die jeweils verschiedene Art der Kombination traditioneller und moderner Aspekte der Geschlechterrollen und Geschlechterbilder lassen sich vier Grundtypen von Männern voneinander abgrenzen. Die Differenzen zwischen diesen Typen der »Traditionellen« (Mann als Ernährer der Familie), der »Neuen Männer« (als geschlechterdemokratische Partner), der »Pragmatischen« (die Balancierer und »Rosinenpicker« zwischen Alt und Neu) und der »Unsicheren« (Männer mit verhaltenen Zustimmungen und Meinungen) sind teilweise beträchtlich (wobei Zulehner in verschiedenen Studien unterschiedliche Begriffe verwendet – statt »unsicher« spricht er von »unbestimmt« bzw. »formbar«, statt »neu« von »modern«). Mit einer Ausnahme: Mit Kindern beten sie alle übereinstimmend fast nie. Auch in der Zustimmung zu weltanschaulichen Orientierungen liegen sie nahe beieinander. Zulehners österreichische Studie von 2002 zählt nur noch 14 % der Männer zu den christlich Orientierten, 25 % zu den »Atheisierenden«; 32 % neigen einem naturhaften Gottglauben zu, 29 % sind eher »Religionskomponisten«, das heißt, sie finden bei allem etwas Gutes. Die Zustimmung zu inhaltlichen, dogmatischen Positionen der Kirche, die Beteiligung am Sonntagsgottesdienst und an kirchlichen Kasualien sowie die angegebene Nähe zur Kirche variieren signifikant mit dem Geschlechterrollentyp – und dieser dann mit dem Alter, der Generation. Insgesamt ergibt dies ein Bild abnehmender Kirchlichkeit und Religiosität von Männern über die Generationen. Dennoch bezeichnen sich in der 2. Österreichischen Män-

---

[2] Vgl. PAUL M. ZULEHNER / RAINER VOLZ, Männer im Aufbruch. Wie Deutschlands Männer sich selbst und wie Frauen sie sehen. Ein Forschungsbericht, Schwabenverlag, Ostfildern 1998. – PAUL M. ZULEHNER (Hg.), Mannsbilder. Ein Jahrzehnt Männerentwicklung, Schwabenverlag, Ostfildern 2003

nerstudie von 2002 noch immer 60 % der Männer (gegenüber 74 % der Frauen) als »religiös«. Angesichts dieser Widersprüche zieht Paul M. Zulehner allerdings auch die Möglichkeit in Erwägung, dass »Männer anders religiös (sind), als es unsere Instrumente messen«[3].

Qualitative Forschung: Religion ohne Kirche?

Einen anderen Weg beschreitet eine qualitative Studie über »Die unsichtbare Religion kirchenferner Männer«. Diese Studie verzichtet auf einen vorgegebenen Begriff des Religiösen und ersetzt ihn durch den Begriff »Sinn«, verstanden als subjektiv gemeinten und erfahrenen Sinn: »Unter ›Sinn‹ soll alles verstanden werden, was Männer als ihr Leben ausfüllend und bereichernd schildern.«[4]

In offenen Interviews wurden Männer gebeten, von ihrem Leben zu erzählen und dem nachzugehen, was in ihrem Leben Sinn macht, was ihr Leben ausfüllt und lebenswert macht. Hier treten die eigenen Texte der Männer, ihre Erzählungen zu Sinn und Leid, zu Sehnsucht und Glück, zu Verzweiflung und Hoffnung zutage: Lebenssinn liegt für die meisten Männer in dem, was sie schaffen und aufbauen. Zentral sind für sie die Arbeit und die Familie. Beziehungen zu anderen Menschen, vor allem auch die Paarbeziehung, haben einen hohen Stellenwert. Das Leben erleben sie oft als Kampf und als Feld der Bewährung, dem es sich zu stellen gilt.

Die kirchenbezogenen und im engeren Sinn religionssoziologischen Passagen ergeben das auf den ersten Blick vielleicht merkwürdige Bild einer Ablehnung kirchlicher Lehre als dogmatische und moralische Bevormundung einerseits bei gleichzeitiger Offenheit

---

[3] PAUL M. ZULEHNER, Religiös unmusikalisch: der Mann? In: Bundesministerium für Soziale Sicherheit, Generationen und Konsumentenschutz, Männerpolitische Grundsatzabteilung (Hg.), Geschlechtertheorie, Wien 2003, S. 143

[4] MARTIN ENGELBRECHT, Was Männern Sinn gibt, Kohlhammer, Stuttgart 2006, S. 8

der Männer für »kosmologische« und »anthropologische« Fragen, für Fragen des »Lebens«, für »Natur«, »Geschichte« und »Ethik« andererseits. Die befragten Männer suchen und schaffen sich attraktive »Gegenwelten« zur Alltagswelt: Sie sichern sich Räume der Selbstbestimmung, der Freiheit und der Zurückgezogenheit. Wichtig sind ihnen Erfahrungen mit der »Natur« (durchaus auch als Gotteserfahrung verstanden). Sie schaffen sich Räume des Abschaltens wie Sport, Drogen, Beschäftigung mit Geschichte, Computer; auch beim Essen oder in Alltagsritualen. Die berichteten Sinnerfahrungen und die Sinnsuche der Männer heben sich jedoch weitgehend vom vorherrschenden Kontext kirchlich-religiösen Fragens und Lebens ab, soweit sie sich nicht sogar bewusst davon abgrenzen. Der Gott der biblisch-christlichen Tradition spielt im Leben vieler Männer keine Rolle mehr. Plausibler und näher sind oft spirituelle Vorstellungen und Erfahrungen des Göttlichen in der Natur. Diese ist ein Ort, in dem viele Männer Kraft für den Alltag schöpfen, auch spirituelle Kraft (was sich mit Zulehners Ergebnissen deckt: Die größte Gruppe der Männer zählt er zum weltanschaulichen Typ der Naturreligiösen, der »Naturalisten«).

Die zuletzt festgestellte »Respiritualisierung«[5] erscheint in dieser Studie allerdings eher als ein weibliches Phänomen. Die Sinnkonstruktionen und Transzendenzerfahrungen der Männer erscheinen demgegenüber konventioneller, »banaler« und »sprachloser«, als dass sich hier von einer »neuen« Spiritualität sprechen ließe. Theologisch wirken die veröffentlichten Texte merkwürdig, sperrig und ungehobelt. Sofern diese Männer für ihre Lebensgestaltung überhaupt noch

---

[5] REGINA POLAK (Hg.), Megatrend Religion? Neue Religiositäten in Europa, Schwabenverlag, Ostfildern 2002. – REGINA POLAK / PAUL M. ZULEHNER, Theologisch verantwortete Respiritualisierung: Zur spirituellen Erneuerung der christlichen Kirchen. In: PAUL M. ZULEHNER (Hg.), Spiritualität – mehr als ein Megatrend. Gedenkschrift für Kardinal DDr. Franz König, Schwabenverlag, Ostfildern 2004, S. 204–227. – REGINA POLAK, Religion kehrt wieder. Handlungsoptionen in Kirche und Gesellschaft, Schwabenverlag, Ostfildern 2006

etwas von Kirche erwarten, dann ist es vielleicht die Erwartung, Kirche solle in Botschaft und Praxis glaubwürdige Wegbegleiterin sein.

Insgesamt bestätigt die Studie die Hinweise, gegenüber der bisher vorherrschenden kirchlichen Konzentration auf die Ebene der dogmatischen und moralischen Verkündigung und Argumentation stärker auf den Einbezug der Erfahrungen, auf Rituale, auf Unterbrechungen und Eigenräume, auf Kunst und Ästhetik zu setzen. Franz Xaver Kaufmann hat dies als »personenbezogene Relevanz des Christentums«[6] für die Lebensführung des Einzelnen beschrieben.

Habitus und Milieu: Differenzierung als Schlüssel

Ich widerstehe der Versuchung, mich zu verallgemeinerbaren Aussagen über »die« Männer verleiten zu lassen. Auch wenn wir in unserer Alltagserfahrung oft Gemeinsamkeiten in Bezug auf »die Männer« und »die Frauen« entdecken und herstellen: Die sozialwissenschaftliche Geschlechterforschung geht davon aus, dass sich Geschlecht mit Alter, Generation, sozialer Lage, Ethnie, sozialem Milieu und anderem mischt und unterschiedliche »Geschlechtlichkeiten« erzeugt. Vordergründig plausibel erscheinende Aussagen über den Mann und die Frau haben – so verstanden – wissenssoziologisch ihre Referenz dann oft nur im sozialen Umfeld bzw. Milieu derjenigen, welche diese Gemeinsamkeiten als »männlich« oder »weiblich« erfahren. Außerhalb dieses Milieus wird dies vielleicht ganz anders gesehen. Ich halte es deshalb für eine gute Übung, die immer wieder berichteten – und auch oft selbst so erlebten – Formen »männlicher« Spiritualität nicht als den alleinigen Königsweg zu vermuten: Stille, Schweigen, Kargheit, Grandiosität, Naturnähe, aktiv sein, sich einer Herausforderung stellen ... Es könnte auch noch anders sein bzw. noch andere Männer geben!

---

[6] FRANZ-XAVER KAUFMANN, Wie überlebt das Christentum? Herder, Freiburg i. Br. 2000, S. 119ff.

Aber wie können wir uns dann der »männlichen« Spiritualität nähern? Der Soziologe Pierre Bourdieu hat das Konzept des »Habitus« entwickelt. Dieses wird in den letzten Jahren zunehmend als Möglichkeit gesehen, Natur und Kultur, Biologie und Geschichte im »doing gender« produktiv zusammenzudenken. Denn im gesellschaftlichen Alltag lassen sich durchaus vergeschlechtlichte soziale Räume, Identitäten, Beziehungen und Machtverhältnisse vorfinden. Viele unserer Gewohnheiten, Erwartungen, Konflikte, Lebenslagen, Entscheidungs- und Bewertungsmuster sind geschlechtlich konnotiert und strukturiert und darin oft unbewusst naturalisiert. »Habituell« meint, dass unser Wissen, unser Erleben und Verhalten von nicht gewussten Dispositionen gesteuert wird. Im Habitus ist Normalität als praktisch-körperliches Wissen quasi »einverleibt« und wird in der Regel »nicht gewusst« immer wieder hergestellt.

Die Sinus-Milieu-Forschungsarbeiten haben milieuspezifische Perspektiven und Zugänge zu Religion und Kirche untersucht[7]. Menschen bewegen sich in bestimmten Milieus, die sich zunehmend ästhetisch, d. h. nach Lebensauffassung, Lebensweise, Lebensstil, Wertorientierungen etc. unterscheiden. Diese Milieus sind selbstreferentiell: Sie sind in ihrem Bedeutungszusammenhang sich jeweils selbst bestätigende Sicht- und Erlebensweisen der Welt und definieren sich zugleich durch Abgrenzung zu anderen Milieus. Soziologisch bedeutet dies das »Ende der Volkskirche« und den Einstieg in ein milieudifferenzierendes kirchliches Angebot.

Was heißt das für die Arbeit mit Männern? Die Ferne vieler Männer zum aktuellen Sinnangebot der Kirche sollte nicht dazu führen, den Kopf in den Sand zu stecken. Sie sollte vielmehr eine befreiende

---

7 Unbedingt zu berücksichtigen und in der Relevanz für die Arbeit mit kirchlichen Männern erst noch auszulegen und in der Praxis umzusetzen: Milieuhandbuch. »Religiöse und kirchliche Orientierungen in den Sinus-Milieus® 2005«. Ein Projekt der Medien-Dienstleistungs GmbH in Kooperation mit der Katholischen Sozialethischen Arbeitsstelle e.V., München 2006

Herausforderung sein, nicht mehr »für alle« und schon gar nicht »das« Angebot zu entwickeln, das »auf jeden Fall einschlägt«. Vielmehr dürfen wir uns aufmachen zu vielfältigen Suchbewegungen und »kleinen Lösungen«, die sich zunächst an eine kleine Auswahl von Menschen richten. Um den unterschiedlichen, habituellen Voraussetzungen verschiedener Gruppen und Milieus von Männern gerecht zu werden, sollte sich eine moderne Männerpastoral und Männerbildung an einem Modell der Ungleichheit orientieren. Unterschiedliche Männlichkeiten bedeuten unterschiedliche Zugänge, unterschiedliche Lernwege und Bildungsziele, unterschiedliche Erwartungen, Motive und Lernstile. »Männlichkeit« ist Voraussetzung, aber im Plural: Wir brauchen verschiedene Angebote für verschiedene Männer. Die Sinus-Forschung geht sogar noch weiter. Sie lässt vermuten, dass die Angebotsformen selbst milieuspezifisch sind. »Bildung« ist nur für bestimmte Milieus attraktiv, andere stößt ein »Bildungsangebot« ab. Hier liegt noch viel unbebautes Neuland vor uns. Einige weitere religionssoziologische Befunde können als Kompassmarkierungen dienen.

Religion in der Moderne: Individualisierung des Säkularen

Bei der Entwicklung neuer religiöser Symbole, Rituale und Liturgien, aber auch bei der Renaissance und Aktualisierung ritueller Schätze der kirchlichen Tradition können religionssoziologische Hinweise eine Hilfestellung sein. Ohne Anspruch auf Vollständigkeit nenne ich weitere Befunde, die bei der (Re-)Konstruktion religiöser Symbolhandlungen und Bildungsangebote zu bedenken sind.

1. *Religion wurde* im Lauf der letzten Jahrhunderte *»privatisiert«* und *»individualisiert«*. Sie wurde zur »Privatsache« der Individuen, die nun zunehmend die für sie »letzten« Bedeutungen auswählen. Auch die Themen der Religion entstehen vorrangig in der »Privatsphäre«. Damit werden die religiösen Zeichen, Symbole und Rituale zuneh-

mend individueller. Die »religiösen Erfahrungen« der Menschen beziehen sich nicht mehr »auf eine gleichartige außeralltägliche Wirklichkeit« (Luckmann, Die unsichtbare Religion, S. 180). Die Transzendenzerfahrungen werden von immer weniger Menschen gemeinsam geteilt, sie werden privatisiert und zugleich pluralisiert. Für die Kirchen bedeutet dies: Die institutionalisierte Religion wird gesellschaftlich zu einem »Sonderfall«, der zudem in der Gefahr steht, sich von den Erfahrungen und der Sprache anderer Menschen abzukoppeln. Zugleich verselbstständigt sich die spirituelle Suche gegenüber der traditionellen Religion und nimmt eigene Formen an, auch »nichtreligiöse«. Die Sinnkonstruktionen und religiösen Handlungen unterliegen weiter den Mechanismen der Moderne wie Eventisierung, Ästhetisierung, Nutzenorientierung und Erfahrungsbezug (vgl. die Anleitung zu einer spirituell-liturgischen Produktklinik im nächsten Beitrag).

2. Religionssoziologie und Religionspädagogik verweisen auf die subjektive Dimension von Religion. Dies erfordert den *Einbezug der Sinnkonstruktionen und Erfahrungen der sich autonom verstehenden Menschen*. Erfahrungen sind subjektiv, sie werden individuell gemacht, sie sind präreflexiv und entziehen sich der vollständigen sprachlichen Artikulation. Hans Joas hat für dieses Aufspüren und Verstehen »religiöser« Erfahrungen den Blick auf ein »passivisches Ergriffensein« vorgeschlagen: als Ergriffensein von etwas[8]. Auch wenn die Interpretation solcher spiritueller Erfahrungen sich immer

---

8   HANS JOAS, Braucht der Mensch Religion? Über Erfahrungen der Selbsttranszendenz, Herder, Freiburg i. Br. 2004. Joas spricht von »Erfahrungen der Selbsttranszendenz«, in denen eine Person sich selbst übersteigt »im Sinne eines Hinausgerissenwerdens über die Grenzen des eigenen Selbst, eines Ergriffenwerdens von etwas, das jenseits des Selbst liegt, einer Lockerung oder Befreiung der Fixierung auf mich selbst« (S. 17). Es soll später spiritueller Phänomenologie überlassen bleiben zu prüfen, ob in diese Definition schon ein spezifisch »männliches« Verständnis von Spiritualität eingeht.

schon auf einen kulturellen Vorrat an Deutungsmustern bezieht, so stehen sie doch in einem Spannungsverhältnis zur »objektiven« Lehre der Kirche und Theologie[9]. Der präreflexive, vorsprachliche Charakter der Erfahrung verweist auf die notwendige Dimension des Spürens, wie sie Hans-Joachim Höhn[10] ausführt.

3. »*Religiöse Erfahrungen*« werden von Menschen gemacht, aber sie *können nicht hergestellt werden.* Sie sind nicht absichtlich erzeugbar. Alle »Religionspädagogik« – dies beinhaltet Wertevermittlung, liturgische und rituelle Kompetenz, Glaubensbildung – ist ein Angebot, das angenommen oder abgelehnt werden kann. Die Annahme religiöser Angebote korrespondiert vermutlich mit ihrer Resonanz zum Leben und zu den persönlichen Lebenserfahrungen. Dies erfordert eine Pluralität der religiös-liturgischen Angebote, die zudem auch (in einem strengen Sinn) »nicht-religiöse Bedürfnisse« miterfüllen sollten, wenn sie »lebensdienlich« sein wollen. Dabei ist das mögliche Feld spiritueller Erfahrungen breit anzusetzen. Und es sollten aufgrund des persönlichen Charakters der Erfahrungen die jeweiligen Voraussetzungen berücksichtigt werden. Dazu gehören Alter/Generation, soziale Herkunft, Kulturraum, soziales Milieu und – nicht zuletzt – das Geschlecht, das mit den anderen Aspekten vermischt einen »habituellen« Kontext erzeugt (s. o., S. 27f.).

---

[9] Dieses Spannungsverhältnis und die Suche nach »neuen spirituellen Erfahrungen« findet sich auch bei den aktiven Mitgliedern der christlichen Kirchen, so ein Ergebnis der Studie zur Alltagsreligiosität von Kirchenmitgliedern »Die unsichtbare Religion in der sichtbaren Religion«, vgl. WINFRIED GEBHARDT, Spiritualität – Mode oder Bedürfnis? Vortrag bei der Pädagogischen Woche des Erzbistums Köln am 24.9.2002, http://www.erzbistum-koeln.de/export/sites/erzbistum/bildung/schule-hochschule/ religionspaedagogik/paedagogische-woche/ dokumentationen/2002/dienstag/gebhardt.pdf

[10] HANS-JOACHIM HÖHN, Spüren. Die ästhetische Kraft der Sakramente, aus der Reihe GlaubensWorte, 6 Bände, Echter, Würzburg 2002

4. Gegenüber der weit verbreitet hohen Ablehnung kirchlicher Dogmen und Moral darf nach wie vor, wenn nicht sogar heute mehr als vor ein bis zwei Generationen, von einer *hohen Akzeptanz des Rituals* ausgegangen werden. Ritual meint hier: Einstimmung in einen vorsprachlichen Kontext symbolischer Handlungen und Bedeutungen, welche nicht erklärt werden (dürfen), aber durch die Hineinnahme meinem Leben einen transzendenten Bezug vermitteln. »Weihnachtslob für Nichtchristen«, »Valentinstag«, »Lappenfeier«, »Totengedenken«, »Feier der Lebenswende«, »Segnungsgottesdienste«, »Erntedank anders« sind nur einige Beispiele. Nicht nur in Ostdeutschland sind in den letzten Jahren Versuche neuer Liturgien und Rituale gestartet worden. Auch in vielen Seminaren, Workshops, Wochenenden oder Gruppen der Erwachsenenbildung finden sich neue Rituale, symbolische Handlungen, Inszenierungen und Dramaturgien. Die ausschließliche Orientierung an Wort und Rationalität wird in einer »performativen Wende« ergänzt durch Handlung und Emotion. Oft mit Erfolg.

Sind also Männer nun religiös unmusikalisch – oder etwa doch musikalisch? Religionssoziologisch könnte die Perspektive lauten: Männer haben einfach einen anderen Geschmack! Eine missionarische Kirche sollte diesem nachspüren.

Symbole, Liturgien, Rituale, Inszenierungen
Suchaspekte und Leitfragen einer Produktklinik

HANS PRÖMPER

> *Eine Anleitung zu einer Entdeckungsreise in die Welten und Gegenwelten der Männer: Spirituelle Alphabetisierung benötigt die Anschlussfähigkeit an Milieus und Sehnsüchte.*

Ich bin jemand, der in der Praxis gerne experimentiert und inszeniert. Ich traue pädagogisch dem Erleben, dem Selber-Tun, dem Emotionalen, dem Verdichten und Vereinfachen des Komplexen in Bildern, in einfachen Sätzen und Haltungen eine Menge an nachhaltigen Lerneffekten zu. Dies gilt auch für den Bereich des Religiösen, des Spirituellen. Zumal es hier um vorsprachliche, oft nicht »ausdrückbare«, um »tiefe« und bewegende Erfahrungen der Zustimmung, der Übereinstimmung mit den »innersten« Überzeugungen geht, um das Ergriffensein von etwas, das über mich hinausweist bzw. mich über mich hinaustreibt.

Als Suchhilfe für »passende« Angebote nenne ich einige Aspekte, welche bei der Planung und Reflexion helfen können, Evangelium und Liturgie gesellschaftlich anschlussfähig zu halten. Ich verstehe diese Aspekte als Beitrag zu einem Suchprozess, ohne Anspruch auf Vollständigkeit und Ausschließlichkeit. Dabei inspirieren mich religionssoziologische Überlegungen von Michael N. Ebertz, Hans Joas, Hans-Joachim Höhn und vielen anderen, von denen ich etwas lernen durfte. Ihnen sei an dieser Stelle für ihre Anregungen gedankt.

Vorübung: »Machen Sie sich locker!«

Ich lade Sie ein zu einem Perspektivenwechsel. Gerade wenn Sie theologisch (aus-)gebildet sind! Lösen Sie sich ein Stück von »der gelernten Theologie« und versuchen Sie, einen Blickwechsel zu vollziehen:

- Von der kirchlichen Tradition (Kirchenjahr, Sakramente, Symbole…) zum Alltag der Menschen: Was beschäftigt sie? In welche Situationen und Konflikte sind sie hineingestellt?
- Von der Schrift (Bibel, Dogmen, Theologie…) zum Leben (Erfahrungen, Brüche, Konflikte, Leiden und Versagen, Erfolg und Leistung, Freude und Lebenslust…): Was kennen Sie, was teilen Sie, was ist Ihnen fremd? Wo brauchen Sie »Übersetzungshilfen« und »Dolmetscher«? Haben Sie diese? Wen können Sie fragen?
- Vom Wort (Text, Verkündigung, Predigt, Ansprache, Hören…) zum Ritual (Handlung, Geste, Symbol, Erleben, Tun…): Welche Liturgie hat mich ergriffen? Wo überlief mich ein »heiliger Schauer«? Wo habe ich mich »bewegt« und »eins mit mir und dem Kosmos« gefühlt? Was kann ich von Kino, Fernsehen, Sport und anderen Events lernen? Was haben diese, was Kirche/Religion früher auch einmal hatte?
- Von der Botschaft (Auftrag, das spezifisch Unterscheidende, Katechismus, das theologische Wissen…) zur gelebten Alltagsreligion (Synkretismus, Alltagsglaube, Patchworkreligion, die Grundüberzeugungen der Menschen, »Aberglaube«…): Was »glauben« die Menschen? Wo finden sie Sinn? Was hilft ihnen weiterzuleben? Welche Überzeugungen und Erfahrungen tragen durchs Leben? Wo liegen Sehnsüchte nach Ganzheit und Heil?
- Vom Sender (»Die Menschen müssen nur endlich wieder verstehen, wie wir dies als Kirche meinen!«) zum Kunden (»Der Kunde hat immer Recht!«): Dürfen die Menschen so sein, wie sie sind? Mache ich ihnen ein Geschenk? Oder will ich doch nur

rekrutieren? Wie denken diese über mich? Welche Erfahrungen verbinden sie mit »Kirche«? Wo halten sie sich auf? Wie sind ihre Zeitstrukturen?

Ich schrieb »Perspektivenwechsel«: Dieser andere Blick ist kein Verlust von Identität und Auftrag. Es ist ein missionarischer Impuls zur Inkulturation des Evangeliums: Lass mich mit deinen Augen meine Botschaft sehen!

1. Aspekt: »Beziehen Sie Erfahrungen ein! Knüpfen Sie am Leben an!«

Für mich zählt, was ich selber erfahren habe. Spirituell tragfähig ist, was zu mir passt. Für mich hat Relevanz, was ich verstehe. Wer meine Sprache spricht, dem kann ich zuhören. Mich sprechen Bilder und Vergleiche an, die aus meiner Lebenswelt stammen. Transzendenz erlebe ich dort, wo es mein Leben auf etwas Größeres, auf ein Geheimnis hin überschreitet. Religiös tut mir gut, was mich stärkt.

Adressatenorientierung und Bezugnahme auf Lebensereignisse (Kasusorientierung) sind die pastoralen Schlagworte dafür. Kann in spiritueller Praxis und religiösem Vollzug mein eigenes Leben erfahren und verstanden werden? Können Riten und symbolische Handlungen Lebensereignisse und -situationen deuten, verstehen helfen, bestärken, festlich unterstreichen, in einen »heiligen Kontext« stellen? Wenn religiöse Symbole, Deutungen und Handlungen ohne Bezug zu Lebensthemen und Lebenserfahrungen bleiben, dann sinkt die Nachfrage, und es wächst die Distanz zu kirchlichen Riten.

Fragen:
- Wer sind die Männer, die ich erreichen möchte? Wie leben sie? Was brauchen sie? Welche Erfahrungen und Lebenssituationen prägen sie? Wo liegen ihre spirituellen Bedürfnisse?

- Welches sind ihre Themen? Gesundheit, Leistung, Krankheit, Beziehung, Sexualität, Sterben, Tod, Trauer, Verlust, Familie, Kinder, Partnerschaft, Einsamkeit, Sinnlosigkeit, fehlende Freunde, Scheitern, Vaterschaft, Mannwerden, Altwerden, Kraftlosigkeit und Hilfsbedürftigkeit, Abenteuer, Sehnsucht, Katastrophen und Krisen, Verzweiflung, Stärke, Liebe...
- Auf den Resonanzboden welcher Suche fällt das spirituelle Angebot?

2. Aspekt: »Differenzieren Sie! Berücksichtigen Sie Milieu und Generation!«

Ich gehe dorthin, wo es mir gefällt. Was ich nicht kenne, mag ich nicht. Zwar reizt mich das Fremde, aber zu viel Verwirrung soll auch nicht sein. Ich will verstanden werden. Ich möchte geschätzt und geachtet werden. Ich will unter den Menschen sein, mit denen ich mich wohl fühle. Ich habe Angst, abgelehnt zu werden. Mit solchen Menschen lasse ich mich nicht ein. Wo die sind, gehe ich nicht hin. Wenn es hier so aussieht, bin ich wohl nicht richtig. Diese Räume sind ja von gestern. Hier ist es wie zu Hause, schön.

Ästhetik und Geschmack der Menschen sind sehr verschieden. Mehr als Geld und sozialer Status unterscheiden heute soziales Milieu, Generationenzugehörigkeit und Bildungsniveau. Die so genannten Sinus-Milieus sind mittlerweile ganz gut erforscht in Bezug auf Kaufinteressen und Weiterbildungsverhalten. Vieles ist übertragbar. Marketing ist heute Milieumarketing: Konservative, Etablierte, Postmaterielle, Konsummaterialisten, Experimentalisten, moderne Performer, Hedonisten... Sie leben in verschiedenen Szenen und Lebenswelten. Sie haben unterschiedliche Erwartungen an Qualität und Nutzen. Sie haben unterschiedliche Zugänge zu Anbietern. Je nach Image kommen bestimmte Anbieter überhaupt nicht in Frage, mögen diese in den eigenen Augen »noch so gut sein«!

Fragen:
- Wer kommt? Welche Milieus habe ich bislang angesprochen? Wen schließe ich bisher aus? Was sind eigentlich meine Zielgruppen? Welches Milieu möchte ich erreichen? Welches Alter ziele ich an? Was prägt die Kultur der Männer (Stadt/Land, Nord-/Süddeutschland usw.)? Nicht alles geht überall!
- Welche Ansprüche haben die Männer an Räumlichkeiten, »Referenten«, Gestaltung (passiv sein oder selber tun)? Welche Medien nutzen sie? Welche Vorlieben haben sie (Sport, Filme, Computer, Hobby, Kleidung, Getränke, Inventar, Auto …)?
- Welche Kompetenzen, Ressourcen und Bedürfnisse bringen diese Männer mit? Was verstehen sie unter »Religion« und »Spiritualität«? Wie buchstabieren sie »Sinn« in ihrem Leben? Woraus beziehen sie Kraft und Lebensfreude? Wie gehen sie mit Krisen um?
- Wie »sprachgewandt« sind sie?
- Mit welchem Milieu kann ich gar nicht? Wer kann an meiner Stelle mit ihnen?

3. Aspekt: »Inszenieren Sie! Machen Sie es spannend!«

Ich gehe dorthin, wo etwas los ist. Langweilen will ich mich nicht. Ich mache mit, was mir gefällt. Ich will etwas erleben, vor allem etwas Besonderes erleben. Ich habe schon viel erlebt, deshalb darf es schon etwas Außergewöhnliches sein. Mein Alltag ist manchmal ziemlich langweilig, deshalb bin ich über Anregendes ganz froh. Es freut mich, wenn es spannend ist. Aber vorgeführt werden möchte ich nicht. Ein bisschen vertraut soll es schon noch sein. Ein cooles Event geht.

Geschmack und Ästhetik werden immer mehr zum Kriterium von Teilnahme und Beurteilung. Image, Ambiente und Stil überlagern Kompetenz, Inhalt und Qualität. Dies erfordert neue (alte?) Qualifikationen auf Seiten der Anbieter. Sie werden zu Konstrukteuren von stimmigen Liturgien, aufregenden Inszenierungen und irritierenden Arrangements. Konkret für den Alltag heißt das: Es muss viel Kreativität und Fantasie in Titelformulierung, Ort, Musik oder Medieneinsatz gesteckt werden. Die Präsentation, der sprachliche Ausdruck, die Performance müssen stimmen. Dazu braucht es keine Schauspieler oder Schauspielerinnen, wohl aber immer wieder einen Blick auf die Wirkung.

Fragen:
- ❖ Welche Art von Ereignis versprechen die Formulierungen des Angebotes? Klingt es spannend? Sind Emotionen im Spiel? Werden Erwartungen an »Ungewöhnliches« und »Schönes« geweckt? Würde ich dort freiwillig selber hingehen – wenn ich wenig Zeit hätte?
- ❖ Welche pädagogischen und liturgischen Angebote, Orte, Räume, Zeiten, Umgebungen, Anregungen oder Symbole wähle ich, um welche religiösen Erfahrungen zu ermöglichen? Welche Bilder spreche ich an?
- ❖ An welchen Dramen und Komödien haben die Teilnehmer Anteil? Welchen ästhetischen Milieus entstammen meine Bilder und Medien? Welche Inszenierungen und Aufführungen kennen die Teilnehmer?
- ❖ Was kann ich von Fernsehen, Kino, Show, Event und Ähnlichem lernen? Wie passen die einzelnen Elemente meiner Inszenierung zueinander? Wo ist der Spannungsbogen?

4. Aspekt: »Sprechen Sie Sehnsüchte an! Eröffnen Sie Gegenwelten!«

Da muss es noch etwas anderes im Leben geben. Manchmal muss ich mich zurückziehen, um zu mir zu finden. Ich möchte einmal abschalten, Urlaub vom Alltag nehmen. Einmal möchte ich aus der Tretmühle rauskommen, und wenn es nur kurz ist. Vieles in meinem

Leben ist anstrengend und kaputt: Gibt es noch anderes? Ich möchte einfach einmal allein sein. Ich möchte mich spüren und nicht immer vollgequatscht werden. Ehrlich und authentisch soll es sein, nicht immer so verlogen. Ich brauche Urlaub, um weitermachen zu können.

Zu einem Ritual, zu einer spirituellen Erfahrung gehört, dass ich aus dem Alltag heraus über eine Schwelle in einen anderen Raum eintrete. Schuhe ausziehen, Schweigen, Singen, Trommeln, eine Atemübung; Zelten, Pilgern, im Kloster, im Wald – es gibt viele »Schwellen«, welche mich in einen anderen Raum eintreten lassen. Diese »Gegenwelt« hat den Charakter eines temporären Raumes der Freiheit vom Alltag, zumindest der Andersartigkeit gegenüber dem Alltag. Diese Gegenwelt zum Alltag kann Erfahrungen eröffnen, welche den Alltag transzendieren und dorthin wieder zurückstrahlen. Je nach Alltag ist dieser Raum vermutlich anders gelagert.

Fragen:
- Ermöglicht mein Angebot eine Loslösung vom Alltag? Welche »Gegenwelt« öffnet es? Wie sieht der Alltag meiner Teilnehmer aus? Welche »Gegenwelt« passt dazu? Ist mein Angebot eine Verlängerung oder eine Alternative zum Alltag?
- Ermögliche ich einen Raum der Selbstbestimmung oder des Rückzugs? Können Männer einmal allein sein?
- Wie gestalte ich den Übergang aus dem Alltag in den spirituellen Raum? Achte ich überhaupt darauf?
- Welche Rolle spielen Natur, Alleinsein, Eigenräume, Fantasie oder Fremdartigkeit der Umgebung? Wo können Männer einmal »ihre Schuhe ausziehen«, »in eine andere Welt eintauchen«, »eine tiefe Erfahrung« machen? Liegt mir das? Oder sollte ich dies besser anderen überlassen?

5. Aspekt: »Bieten Sie einen Nutzen! Vermitteln Sie eine Relevanz fürs Leben!«

Ich habe etwas davon. Es hat mir nicht geschadet. Ich habe Anerkennung erfahren. Ich war in Gemeinschaft. Es hat mich weitergebracht. Meine Partnerin hat gemerkt, dass ich irgendwie anders bin. Ich hatte etwas zu erzählen. Meine Spiritualität trägt mich durch mein Leben. Es hat mir gut getan. Es hat mir gefallen. Manchmal erinnere ich mich daran und bin dann gelöster. Ich bin seitdem zufriedener. Ich kann besser damit umgehen, dass ich alt werde. Ich muss nicht mehr so viel leisten, um mit meinem Leben zufrieden zu sein.

Viabilität, Lebensdienlichkeit, Nutzenorientierung – für viele Kirchenleute sind dies Fremdwörter, wenn nicht »Feindwörter«. Aber was sind »das Leben als Gabe«, »Weltbezug«, »Sakrament«, »Heil«, »Gotteserfahrung«, »Evangelisierung«, »gelingendes Leben« anderes als Begrifflichkeiten für etwas, das wirkt bzw. Wirkung hat im Leben der Menschen? Der »Nutzen« von Religion im Leben der Einzelnen ist ihre wirksame Spur im Leben der Einzelnen und der Gesellschaft. Dieser Nutzen, diese Lebensrelevanz von Spiritualität bzw. religiös-spirituellen Angeboten und Erfahrungen ist Teil des Auftrags: »Ich bin gekommen, damit sie das Leben in Fülle haben«. Spiritualität sollte das Leben berühren und verändern.

Fragen:
- Was haben Männer von »meinem« spirituellen Angebot? Was nehmen sie mit?
- Erfahren sie Anerkennung, Segen, Heil, Ganzheit, Gemeinschaft, Kompetenz, Zustimmung, Aufgehobensein, Zugehörigkeit? Hilft ihnen die spirituelle Erfahrung, besser und zufriedener zu leben? Können sie die Kontingenz des Lebens besser annehmen? Können sie mit Auferstehung etwas anfangen, im Angesicht von Tod, Scheitern, Verzweiflung – oder einfach nur Routine?

- Ist es ungebührlich, von kirchlichen Angeboten solcherlei Nutzen zu erwarten? Ist das der Einzug ökonomischen Denkens? Oder einfach eine gute Qualitätskontrolle einer missionarischen Kirche?

Spirituelle Alphabetisierung als Aufgabe

Auf dem Hintergrund der Kirchenferne und des religiösen Tradierungsverlustes in der fortgeschrittenen Moderne Europas sehe ich eine vorrangige Aufgabe in Angeboten spiritueller »Alphabetisierung«. Damit meine ich zunächst die Eröffnung von Zugängen zu religiösen Erfahrungen überhaupt. Hierbei sind sicherlich die Fremdheit und kritische Distanz, wenn nicht gar die Ablehnung kirchlicher Traditionen als »Handikap« zu berücksichtigen – im Sinne der Schärfung der Aufmerksamkeit und der Beachtung der Perspektive und Kompetenz der spirituell Offenen und Suchenden. Die subjektorientierte Neuzuwendung der Erwachsenenbildung und Liturgie zu den Kirchenfernen und distanzierten Kirchentreuen sollte sich in ihren Anlässen möglichst breit an deren persönlichen Voraussetzungen und Erfahrungen orientieren. Die reichhaltige spirituelle Tradition des Christentums kann daran anknüpfend selbstbewusst als Sprache der Artikulation von Erfahrungen ins Spiel kommen.

Pädagogisch und pastoral Handelnde sollten dieses Feld bewusst als Lernprozess sehen. Nicht alles wird auf Anhieb klappen. »Fehler machen klug.« Gestehen Sie sich zu, selbst ein Suchender, eine Suchende zu sein! Es wird Ihnen den Weg erleichtern.

Die Sprache der Schöpfung
Oder: Warum unter freiem Himmel vieles leichter geht
TILMAN KUGLER

»The mountains speak for themselves«, heißt ein Leitmotiv in der Erlebnispädagogik. Wenn man mit Männern in einer eindrucksvollen Umgebung unterwegs ist, ist es der größte Fehler, den ein Leiter machen kann, dass er der Natur zu viel reinredet.

Hochgebirge, das Meer, Schluchten und Flüsse, Wüsten, der Dschungel, aber auch schlichte Wälder, ein stiller Weiher oder Wiesen hinterlassen Wirkungen beim Menschen, die kaum der Worte bedürfen. Auch von Gärten, Weizenfeldern, Obstbaumwiesen und anderen durch Menschen gestalteten Kulturlandschaften gehen solche Wirkungen aus.

Und, um Missverständnissen vorzubeugen: Es geht nicht nur um die »Sonnenseiten« der Schöpfung, sondern auch um das Anstrengende, Bedrohliche, Abgründige. Beispiele dafür sind Kahlschläge, Gewitter, Nebel, lange Anstiege oder Durststrecken. Es ist, wie wenn die äußere Natur im Innern, in der Seele des Menschen, eine Resonanz findet. Kein Wunder, wenn man mit Bonaventura alles Geschaffene als Schatten, Ebenbild des Schöpfers begreift und mit Franziskus die Natur und ihre Elemente als Brüder und Schwestern.

Männer sind sehr empfänglich für diese Resonanzen, und es muss ein Ignorant eben dieser Resonanzen gewesen sein, der einmal meinte: »Wer statt in die Kirche lieber in den Wald geht, soll sich auch vom Oberförster begraben lassen.« Gott ist präsent in seiner Schöpfung – in der natürlichen und in der kulturell gestalteten. Das ist nicht naiv gemeint und ignoriert nicht die Ratlosigkeit vor der Gewalt, die in der Natur zu finden ist. Ebenso wenig die Bedrohungen, die sich der Mensch durch sein kulturelles Handeln selbst schafft.

Und doch ist die Natur – zu jeder Jahreszeit und bei jedem Wetter –

ähnlich wie besondere Kirchen ein Ort, an dem selbst kirchlich wenig gebundene Männer Sinn erfahren, zu sich und zu Gott finden. Nicht umsonst redet Bernhard von Clairvaux von dem, was in den Wäldern eher zu finden sei als in den Büchern (s. u., S. 252).

Die Erlebnispädagogik bietet mit dem »metaphorischen Ansatz« noch einen weiteren Bezugspunkt für die Seelsorge. Die Jung'sche These vom »kollektiven Unbewussten«, die davon ausgeht, dass sich in der Seele der Menschen aus Zigtausenden von Jahren Menschheitsgeschichte und -erfahrungen Urbilder, Archetypen quasi sedimentiert haben, ermöglicht eine konkretere Vorstellung dieser Resonanz zwischen »Außen« und »Innen«. So trägt danach jeder tiefe Bilder vom »Brunnen«, vom »Berg«, vom »Meer«, vom »Sturm«, vom »Feuer«, von der »Nacht«, vom »Fluss«, von der »Wildnis«, vom »Kreis« in sich, die aktiv werden, wenn wir die Berge, einen Brunnen usw. sehen und erleben. Nebenbei: Viele biblische Geschichten bringen diese Urbilder bzw. Naturphänomene mit Gotteserfahrungen in Verbindung.

In aktuellen Forschungen zur Religiosität von Männern wird die Natur von Männern am häufigsten als sinnstiftende Gegenwelt zum oft sinnentleerten oder sinnblinden Alltag beschrieben. Nimmt man die These des Schweizer Psychotherapeuten Alain Guggenbühl hinzu, dass die Innenwelten von Männern weniger psycho-logisch als mytho-logisch strukturiert sind, ist klar: Wer sich mit Männern auf die Suche nach Geist und Sinn macht, sollte immer wieder auch die Naturerfahrung suchen. Pilgerwege, zu Fuß beschritten, sind eine solche Möglichkeit, die uns die kirchliche Tradition zur Verfügung stellt. Experimente mit anderen Formen geschehen an vielen Orten, wo Männerarbeit gemacht wird.

Und es lohnt sich, die Metaphern, die sich unterwegs anbieten, aufzugreifen: Durststrecken, Berge, unwegsames Gelände gibt es auch im Leben zu bewältigen, Unwetter oder Stromschnellen (bei denen man schwer am Rudern ist) gilt es zu überstehen. Und es gibt Rastplätze, Lichtungen, erfrischende Brunnen, an denen es sich anbietet, Pause zu machen, wieder aufzutanken.

Spiritualität in meinem Leben
Ein Männerwochenende
HANS PRÖMPER

> *Die Arbeitsweise setzt an den biografischen Erfahrungen und dem persönlichen Sinnerleben der Männer an und bietet ihnen einen Rahmen, ihren spirituellen Bedürfnissen und Ausdrucksformen auf die Spur zu kommen. Natur und Ritual liefern eine Verdichtung, welche verändernd in den Alltag hineinwirken kann.*

Zum Rahmen des Angebots
- 7 bis 15 Personen
- Erprobt als Wochenende im Rahmen einer regelmäßigen Männergruppe. Das Modell eignet sich aber auch für Männer, die sich auf eine Ausschreibung hin für ein Wochenende anmelden.
- Zeitdauer: Wochenende (Freitagabend bis Sonntag) oder Drei-Tage-Workshop
- Als Ort eignet sich ein Tagungshaus, das aus dem Alltag herausführt und die Konzentration auf das Innere fördert. Wichtig ist ein ansprechender und ruhiger Gruppenraum, am besten mit Teppichboden und Sitzkissen (alternativ: Matten, Decken). Die Outdoor-Einheiten erfordern einen Platz in ungestörter Natur und Landschaft.
- Benötigt werden: Decken, Kissen, Kerze, ein schöner Stein (ein schönes Stück Holz), Glöckchen/Gong/Klangschale, Papierbögen DIN-A3 und -A4, Filzstifte, evtl. eine Musikanlage, Brot und Wein.
- Der Leiter sollte mit Selbsterfahrung vertraut sein bzw. ähnliche Übungen und Arbeitsweisen schon »am eigenen Leib erfahren« haben. Person, soziale Kompetenz und einfühlender pädagogi-

scher Takt des Leiters sind nicht unerheblich für den Vertrauensrahmen, der es Männern ermöglicht, sich dem für viele »höchst privaten« Thema des Religiösen und Spirituellen zu öffnen!

Ablauf

1. Arbeitseinheit: Ankommen und sich das Thema anschauen

Freitagabend: anderthalb bis drei Stunden
Die Männer sitzen im Kreis (Stuhl, Sessel, Kissen, Hocker …; ohne Tisch). Keine Getränke! Evtl. eine Kerze in der Mitte.

Gemeinsames bewusstes Schweigen, Stillwerden, Innehalten:
Die gemeinsame Schweigerunde kann durch ein Glöckchen – Gong, Klangschale (Nachhall!) – eingeläutet und beendet werden.

»Steinrunde«:
Ich lege einen Stein (alternativ: ein Stück Holz oder einen anderen schönen Gegenstand) in die Mitte und bitte die Männer, zum Sprechen den Stein in die Hand zu nehmen und danach wieder in die Mitte zurückzulegen. Der Sprecher (mit dem Stein) wird weder unterbrochen noch kommentiert. Thematisiert wird die eigene Befindlichkeit. Einleiten können Fragen wie:

- Wie geht es mir heute? Was beschäftigt mich? Wie bin ich im Moment hier?
- Was liegt hinter mir? Was bringe ich mit an Eindrücken und Gefühlen?
- Gibt es etwas, worüber ich auf jeden Fall sprechen möchte?

Da viele Männer es nicht gewohnt sind, so über sich und ihre Gefühle zu sprechen, empfiehlt sich bei neuen Gruppen auf jeden Fall, dieses persönliche Sprechen im eigenen Beitrag als Leiter vorzumachen. Der Leiter hat auch darauf zu achten, dass jeder zu Wort kommt und dass niemand unterbrochen, bewertet oder kommentiert wird. Männer haben ein Recht darauf, sich so auszudrücken, wie sie es können und tun!

Offenes Gespräch über Erfahrungen und Fragen zum Thema Spiritualität:
Wichtig ist, die Teilnehmer über ihre Fragestellungen und Definitionen ins Gespräch zu bringen. Es geht um den eigenen Bezug! Einleiten können Fragen wie:

- Was verstehe ich unter Spiritualität? Was ist mir daran wichtig? Wie definiere ich Spiritualität – oder Religiosität? Was verbinde ich mit diesen Worten? Welche Fragen tauchen da bei mir auf?
- Hat sich das Thema Spiritualität im Verlauf meines Lebens geändert?
- Was an diesem Thema gefällt mir nicht? Wo habe ich meine Grenzen und Abneigungen? Aber auch: Wo suche ich etwas für mich in meinem Leben?

2. Arbeitseinheit: Spiritualität in meiner Biografie
Samstagvormittag; je nach Intensität und Beteiligung ca. drei bis sechs Stunden

»Steinrunde« (s. o.)

Körper- und Atemübung:
Zum Beispiel der »Sonnengruß«:

- Such dir einen Platz und stell dich mit ausgebreiteten Beinen und dem Gesicht zur Sonne. Atme langsam und tief ein und aus. Beim Einatmen breite die Arme langsam und gleichmäßig aus und führe sie von unten in einem Kreisbogen bis über den Kopf. Führe die Hände dann beim Ausatmen gegenüberliegend in einer ruhigen und gleichmäßigen Bewegung nach unten, um beim Einatmen wieder in die aufwärts führende Kreisbewegung überzugehen. Führe diesen synchronen Atmungs- und Bewegungsablauf mehrfach ruhig und in deinem eigenen Atemrhythmus durch.

Meine Körperhaltung: »Spiritualität ist für mich …«:
An dieser Übung beteiligen sich alle Teilnehmer.

❋ Such dir einen Platz im Raum. Versuche das, was du unter Spiritualität verstehst bzw. was dir daran wichtig ist, in einer Körperhaltung auszudrücken. Tu dies, ohne zu sprechen. Benutze deinen ganzen Körper. Du kannst dich setzen, legen, stellen, verbiegen, strecken, kauern … Drücke mit deinem Körper aus, was für dich Spiritualität ist.

Anschließend schauen sich die Männer der Reihe nach ihre »Haltungen« an und sprechen darüber.

Gestalt-Einzelarbeit:
Meine Spiritualität heute und meine Biografie:
Ausgehend von ihrer Haltung zur Spiritualität haben einzelne Männer (Protagonisten) in dieser Übung Gelegenheit, durch das biografische »Stellen« ihrer Eltern und/oder anderer wichtiger Bezugspersonen dem nachzuspüren, wie sie in Bezug auf »das Heilige« geworden sind und wo sie selber heute stehen. Der Protagonist (also der Mann, der in dieser Übung im Mittelpunkt steht, der an sich arbeitet und etwas über sich erfahren möchte) bittet einen anderen Teilnehmer der Gruppe, in seine Körperhaltung zu schlüpfen und diese darzustellen. Zusätzlich stellt er andere Männer in den Raum, welche Vater, Mutter und andere bedeutsame Bezugspersonen und deren Spiritualität ausdrücken, und weist sie bezüglich typischer Körperhaltungen, Gesten, Distanz und Nähe, Blickrichtung etc. ein. Die Personen werden gestellt, ihnen werden keine Sätze zugewiesen!

Am Ende bringt der Leiter »das Heilige« (symbolisiert durch eine Kerze auf einem Schemel) in den Raum und bittet den Protagonisten, dieses »Heilige« in dem Arrangement zu platzieren. Dabei wird nicht gesprochen.

Die Gruppe schaut sich die gestellte Skulptur an. Anschließend ist Gelegenheit, sich im gemeinsamen Gespräch über die Eindrücke und Gefühle der »Gestellten« und der Beobachter auszutauschen. Die gestellte spirituelle Szenerie und die Biografie werden erläutert. Dabei kann auf Genderaspekte geachtet werden, auf die jeweilige Nähe zu Mann/Vater und Frau/Mutter und deren Färbung und Figur von Spiritualität. Abschließend kann ein Sharing den Transfer zu den Erfahrungen der anderen Teilnehmer herstellen: Von dem, was du hier dargestellt hast, entdecke ich bei mir folgende Anteile ... Diese Übung kann für mehrere Männer jeweils wiederholt werden.

3. Arbeitseinheit: Mein Leben ins Gebet nehmen (Klage und Bitte)
Dies ist eine einfache Übung, die auch in anderen Kontexten eingesetzt werden kann. Sie erfordert eine gewisse Vertrautheit damit, sich zu öffnen. Zeitdauer je nach Gruppengröße 30 bis 60 Minuten. Die Übung erhält ihre Dichte durch das wiederholte gemeinsame Singen[11].

Konzentration auf eine Klage und eine Bitte (einzeln):
Die Männer schreiben mit schwarzen Moderationsstiften auf je ein DIN-A4-/-A3-Blatt eine Klage und eine Bitte zu ihrem Leben. Der Satz sollte aus zwei bis vier Metern Entfernung lesbar sein.

Gemeinsames Klagen und Bitten:
Anschließend stellen sich die Männer nebeneinander in einen Kreis und legen ihre Klagen und Bitten (schweigend) vor sich ab – die Kla-

---

11 Ich kenne diese Übung von Christoph Walser, »Limburger Männertagung« 2005. Ihm verdanke ich auch manche andere Anregung. Danke dafür!

ge oberhalb von der Bitte. Gemeinsam singen sie »Ubi caritas et amor, deus ibi est« (deutsch: Wo Güte und Liebe sind, da ist Gott; Melodie aus Taizé).

Die Gruppe geht im Kreis einen Schritt nach rechts, so dass jeder Mann vor der Klage und Bitte seines Nachbarn steht. Nacheinander liest dann jeweils der rechte Nachbar die vor ihm liegende Klage und Bitte eines anderen Mannes laut vor. Die Gruppe würdigt diese Klage und Bitte nach jedem Mann schweigend und mit dem Wiederholen des Liedes »Ubi caritas«. Am Ende steht jeder wieder vor seinem eigenen Text.

Die Männer fassen sich an den Schultern und singen noch einmal »Ubi caritas«, je nach Situation auch mehrmals. Durch die ritualisierte Wiederholung entsteht eine dichte und konzentrierte Stimmung, in der der Einzelne sich in seiner Bitte und Klage als von der Gruppe getragen erfahren kann.

Ubi caritas

T: St. Gallen 8. Jh; M: J. Berthier (1923–1994)
© Ateliers et Presses de Taizé, 71250 Taizé-Communauté, Frankreich

U - bi ca - ri - tas et a - mor,
u - bi ca - ri - tas De - us i - bi est.

Schlussrunde zum Tagesausklang:
Wie war der Tag? Was nehme ich mit?
Struktur und Ablauf wie bei der »Steinrunde« zu Beginn des Tages.

4. Arbeitseinheit: Verallgemeinerung der persönlichen Erfahrungen?
Sonntagvormittag

»Steinrunde« (s. o.)

Gespräch über Spiritualität:
- Was ist mir daran wichtig?
- Was ist mir gestern wichtig geworden?
- Was verstehe ich unter Spiritualität?

Die Männer sprechen über ihre Erfahrungen vom Vortag, diskutieren Allgemeines, Gemeinsames und Unterscheidendes zu ihren persönlichen Erfahrungen. Als Leiter kann ich hier auch eine verallgemeinernde Sicht einbringen und Zusammenhänge herstellen.

5. Draußen in Wald und Wiese: Verdichtung und Dank
Die Gruppe wird eingeladen, die Erfahrungen des Wochenendes in einem Ritual in der freien Natur zum Abschluss zu bringen. Es empfiehlt sich ein schöner Ort, an dem die Gruppe ungestört ist.

Konzentrations-/Körperübung:
»Sonnengruß« (s. o.)

Übung »Mein Herzenswunsch«:
- Geh einzeln ein Stück weit umher und such dir einen Platz, an dem du eine Weile für dich sein möchtest. Spür dabei dem nach: Was liegt mir am Herzen? Was in meinem Leben möchte ich ändern oder auch verstärken, um mehr Rücksicht auf die Bedürfnisse meines Herzens zu nehmen? Such dir für diesen Herzenswunsch ein Symbol und bring es mit. Du hast dafür etwa 30 Minuten Zeit.

Zweiergespräch zum Herzenswunsch:
Die Männer kommen einzeln zurück und haben dann Gelegenheit, sich im Zweiergespräch (jeder fünf bis zehn Minuten) über ihre Herzenswünsche auszutauschen; dazu suchen sie in Zweiergruppen einen anderen Platz auf.

Gemeinsame Schlussrunde mit Brudermahl:
Zeit: ca. 30 Minuten. Erforderlich sind Brot, Wein und Becher.

Zum Abschluss kommen die Männer in einem Kreis stehend zusammen:

Sie stehen Schulter an Schulter, die eine Hand liegt auf dem eigenen Herzen, die andere auf der Schulter des Nachbarn. Die Gruppe singt »Ubi caritas« (s. o.). Jeder trägt einzeln und laut seinen Herzenswunsch vor: »Mir liegt am Herzen: ...« Nach jedem einzelnen Herzenswunsch singt die Gruppe »Ubi caritas«.

Im Anschluss daran teilen die Männer an diesem Ort Brot und Wein. Dieses Ritual kann mit einem vorgelesenen Text und einem Dank für die Offenheit des am Wochenende von jedem Einzelnen Gezeigten abgeschlossen werden.

Die Männer nehmen den symbolischen Gegenstand aus der Natur zu ihrem Herzenswunsch mit zurück in ihren Alltag.

Rituale oder rituelles Gestalten
TILMAN KUGLER

Von Ritualen ist wieder viel die Rede. Ein Zusammenhang, in dem Rituale an Bedeutung gewinnen, ist das Zusammenleben, die Kommunikation von Menschen, die Gemeinschaft und ihre Individuen. Der andere Zusammenhang ist das Feld der Religion und Spiritualität. Rituale gelten in diesem Zusammenhang als Ausdrucksform von Spiritualität. Oft spielen in Ritualen der Status des Einzelnen, die menschliche Gemeinschaft und das »größere Ganze« eng zusammen.

Hier sind zwei Randbereiche zu nennen, in denen es wenig Sinn macht, von Ritualen zu reden: Zum einen gehören dazu die alltäglichen Gewohnheiten, zum Beispiel das morgendliche Zähneputzen oder der samstägliche Gang zum Bäcker – auch ein »piep piep piep, wir ham uns alle lieb« vor dem Essen. Der andere Randbereich sind Zeremonien, die nach festen Protokollen ablaufen und keine Störung, auch nicht die »Störung Gottes«, vertragen. Beispiele dafür sind Begrüßungen von Staatsgästen am Flughafen oder bestimmte Beerdigungsfeiern.

Wesentlicher Bestandteil eines Rituals ist der so genannte »liminal space«, der Schwellenraum. Damit wird die Phase beschrieben, in der ein Einzelner oder eine Gruppe sich bewusst in das Feld einer Wandlung, in das Feld »göttlichen Zutuns« begibt. Rituale sind Gestalten von Religion, die auf Gott, auf das »größere Ganze« hin ausgerichtet und offen sind. Rituale haben eine einfache Struktur, die mindestens folgende Phasen umfasst:

1. Die Phase der Vorbereitung
Hier erfahren die Beteiligten, in welcher Form und in welchen Schritten das Ritual vollzogen wird, damit sie sich nachher ganz auf das Wesentliche, den Inhalt des Rituals, einlassen und konzentrieren

können. In der Phase der Vorbereitung findet auch die inhaltliche Einstimmung auf das Ritual statt.

2. Die Phase der Trennung, der Ablösung

Damit beginnt das eigentliche Ritual. Es ist eine Rückschau auf das Vergangene, auf das, was einen hierher geführt hat, und ein bewusstes Loslassen bisheriger Strukturen: Die Braut verlässt das Haus der Eltern, der Initiand oder Konfirmand verlässt die Gruppe der Kinder, der Teenies (und die Mutter), der Trauernde nimmt Abschied vom Verstorbenen, der von der Partnerin Getrennte verlässt die Zeit der Zweisamkeit, der Erholung und neue Impulse Suchende verlässt den Alltag...

Symbole und symbolische Handlungen, auch eine bestimmte Kleidung, erleichtern diesen Schritt der Loslösung, weil dadurch die Welt des Seelischen, Unbewussten stärker beteiligt werden kann.

3. Die Schwellenphase

Das ist der Kern des Rituals, in dem sich die Beteiligten bewusst ins Offene, in den Bereich des Göttlichen begeben und sich dem inneren Geschehen überlassen. Diese Phase hat wenig Struktur – aber einen klaren Zeitrahmen und einen festen Ort, Bereich.

Auch hier können Symbole eine wichtige Rolle spielen, z. B. Elemente wie Wasser oder ein Feuer oder besondere Gegenstände wie Brot, Kelch, Kerze oder auch bestimmte Gesten wie eine Handauflegung, eine Segnung.

Die Schwellenphase wird von den nicht unmittelbar Beteiligten durch Handlungen, Klänge, Worte oder Antworten, Gesang oder bewusste Stille begleitet: Läuten bei der Wandlung, ein Kreis um das Geschehen, Trommeln ... Wesentlich in dieser Phase ist das innere Geschehenlassen – und ganz und gar nicht das Machen oder Erreichen von irgendetwas!

4. Die Phase der Rückkehr, der Eingliederung

Im Ritual verändert sich etwas in den Beteiligten, verändern sich die Beteiligten selbst. Es wird etwas anders. Manchmal ist das äußerlich sichtbar, weil zwei jetzt zusammenwohnen, weil ein junger Erwachsener auszieht. Und manchmal geschieht die Wandlung im Verborgenen. Keinesfalls ist sie fassbar im Sinne des Erreichens eines Zieles oder Ergebnisses. Wichtig ist, den »heiligen Ort« des Rituals wieder zu verlassen, zurückzukehren in die Welt und die Strukturen des Alltags – wenn auch in einem neuen »Status«.

»Rituelles Gestalten« – im Gegensatz zu Ritualen – schlage ich vor, alle die Elemente in Lern-, Bildungs- und Entwicklungsprozessen zu nennen, die sich nicht absichtlich im spirituellen, religiösen Raum bewegen, aber bewusst rituelle Elemente einbeziehen. In der Persönlichkeitsentwicklung und in der Entwicklung von Gruppen gibt es Übergänge, die bewusst rituell gestaltet werden können. So kann eine Feier zur Schulentlassung, ein Teamtraining, ein Seminar im Bereich Persönlichkeitsentwicklung oder Wandern in den Bergen mit rituellen Elementen, symbolischen Zeichen und Handlungen gestaltet werden, die tiefer reichen und weiterführen und erlebte Prozesse bündelnd auf den Punkt bringen.

Unerlässlich bei jedem Ritual und bei jeder rituellen Gestaltung ist eine klare Leitung. Ein oder mehrere Leiter führen die Beteiligten durch das Ritual, vollziehen gegebenenfalls bestimmte strukturierende Handlungen, sorgen für einen geschützten Rahmen und für einen achtsamen Umgang der Beteiligten untereinander.

Literatur

ASTRID HABIBA KRESZMEIER / HANS-PETER HUFENUS, Wagnisse des Lernens. Aus der Praxis kreativ-ritueller Prozessgestaltung, Verlag Paul Haupt, Bern–Stuttgart–Wien 2000

VICTOR TURNER, Das Ritual. Struktur und Antistruktur, Campus Verlag, Frankfurt–New York 2005

Erfahrungen und Resümees
Wie erleben Männer Spiritualität?

Ich habe dafür oft keine Zeit. Mein Beruf verlangt so viel von mir, dass da kein Raum bleibt. Ab und zu mache ich abends ein Räucherstäbchen an. Da habe ich dann einmal etwas Zeit und kann mich spüren. Aber sonst: In meinem Leben ist da einfach zu wenig Platz, das passt nicht rein. Da ist dann so ein Wochenende schon einmal ganz gut, dass ich zu mir komme.

* * *

Meine Familie ist ziemlich religiös. Meine Eltern, meine Geschwister, die haben alle einen starken und klaren Bezug zum Glauben. Aber ich: Ich habe da so meinen Widerspruch. Irgendwie sträubt sich bei mir etwas dagegen. Ich glaube, ich muss da meinen eigenen Weg finden. Nicht, dass ich das falsch fände. Überhaupt nicht. Ich möchte auch meine Kinder religiös erziehen. Das ist mir wichtig. Aber: Ich muss meinen eigenen Weg finden. Ich habe da viel Distanz. Das ist einfach meine Geschichte.

* * *

Manchmal denke ich, da müsste mehr sein. Irgendwie ist mir das zu wenig in meinem Leben. In meinem Alltag kommt das viel zu kurz. Ich meine immer, ich müsste eigentlich mehr tun. Mehr tun für mich, für meine Spiritualität. Aber da ist so viel im Beruf. Und mit den Kindern. Ich glaube, wenn ich so Motorrad fahre, einfach so mal mit der Maschine lossause, dann kann ich so etwas spüren. Das ist für mich auch irgendwie ein spirituelles Moment. Auch draußen, die Natur, das ist mir wichtig.

* * *

Ja, ich habe da so meine Rituale. Früher habe ich das nicht so gehabt. Aber in letzter Zeit. Ich habe da so eine kleine Ecke in meinem Zimmer, mit einem Kreuz und einer Kerze. Da setze ich mich manchmal morgens so davor und habe so meine Zeit für mich. Da schicke ich auch meine Gedanken, meine Wünsche und meinen Segen an meinen kleinen Sohn, der von mir getrennt ist. Irgendwie brauche ich das.

✳ ✳ ✳

Im Gottesdienst, in der Kirche, da geht das gar nicht so an mich. Weihnachten, Ostern, die Feste der Kinder, klar haben wir das alles gemacht. Aber Spiritualität: Das spüre ich, wenn ich mich allein in eine Kirche setze. Das mache ich manchmal. Da kann ich dann den Raum auf mich wirken lassen.

✳ ✳ ✳

Ich gehe regelmäßig sonntags in die Kirche. Das ist mir wichtig. Wieder. In den letzten Jahren ist mir das wichtig geworden. Rituale finde ich gut.

✳ ✳ ✳

Ich bin auf der Suche nach männlichen Ausdrucksformen. Bei den Hauskreisen und den Bibelarbeiten, wo ich manchmal hingehe, da ist mir das oft zu weiblich. Das Geratsche von den Frauen, das ist nicht mein Ding. Aber die richtige Form für mich habe ich noch nicht gefunden.

✳ ✳ ✳

Mit meinem Vater kann ich gar nicht darüber reden. Das ist sehr schade. Er ist jetzt in einem Alter, wo das Sterben näher kommt. Das weiß er. Das verändert ihn. Aber er kann da nicht drüber reden. An seinem Geburtstag war ich mit ihm in der Kirche. Ich glaube, das hat ihm und mir gut getan, das gemeinsam, so nebeneinander, zu tun. Aber darüber reden, das geht nicht. Da lebt jeder seinen Glauben, seine Spiritualität alleine. Das ist sehr schade, aber er ist so. War schon immer so.

✳ ✳ ✳

Mir ist wichtig, mir immer wieder Zeit im Tag freizuschaufeln. Oft werde ich von meinem Job und den Notwendigkeiten richtig aufgefressen. Das möchte ich nicht. Ich brauche ab und zu meine eigene Zeit, um zu mir zu kommen. Um mich auf einen Stein zu setzen und mich zu spüren, zu mir zu kommen. Irgendwie muss ich mir das mehr einbauen, mir diese Zeit nehmen. Denn ich möchte nicht so leben. Es widerspricht eigentlich meinem spirituellen Bild von mir selber. Aber es geschieht immer wieder. Deshalb ist mir wichtig, dass ich einmal im Jahr in die Berge fahre. Da kann ich dann spüren, dass ich Teil von etwas Größerem bin. Dass es mehr gibt im Leben als Arbeit, Pflichten, Familie, Geldverdienen. Da kann ich dann staunen, einfach da sein und atmen. Mich als Teil der Schöpfung spüren. Das ist großartig. Das trägt mich dann ein Stück im Alltag.

* * *

Die Rituale müssen zu uns passen. So Schwitzhütte, Mandala, Yoga, das kommt doch alles aus einem anderen Kulturkreis. Wir müssen unsere eigenen Sachen finden, unsere eigenen Rituale und Formen. Ich weiß zwar nicht wie, aber die Rituale müssen zu uns und unserer Kultur passen.

* * *

Mir tut das hier gut. Hier ist es so ruhig. Nicht so laut wie in der Großstadt. Dort ist immer so ein Hintergrundrauschen, dort ist es nie still. Hier in der Stille kann ich besser zu mir finden. Leben möchte ich hier zwar nicht. O Gott, das wäre mir viel zu eng und zu sozial kontrolliert. Was willst du hier denn machen. Aber ab und zu hierher kommen: toll. Ich finde diesen Raum auch so gut. Dass wir hier auf dem Boden sitzen können, dass das hier so eine verdichtete Atmosphäre ist. Auch diese Fenster, einfach toll, diese Farben und das Motiv.

* * *

Die Haltung für meine Spiritualität ist dieses Sich-Hinlegen, mit dem Gesicht am Boden, die Arme ausgebreitet. Mit möglichst vielen Punkten den Boden berühren. Das tut gut. Mich geerdet zu spüren in meiner Spiritualität. In unserer Kirche ist das oft so flach. Die Rituale und Formen sind so halbherzig. Bei den Muslimen, in der Moschee habe ich das erstmals gespürt. Das ist etwas ganz anderes. Sich beim Gebet hinzuknien, mit dem ganzen Körper, die Stirn am Boden, an sieben Punkten den Boden zu berühren, und das mehrmals am Tag. Das ist viel beeindruckender und klarer als unsere christlichen Formen. Wir haben da vieles aufgegeben. Mir tut das gut, mich so ausgeliefert als Teil der Schöpfung zu spüren.

* * *

Wenn ich morgens ganz früh mit meinem Hund rausgehe, das hat auch etwas Spirituelles. Ganz früh, wenn es noch kalt ist und sonst niemand unterwegs. Das tut mir gut. Da kann ich zu mir finden. Wenn dann die anderen Hundebesitzer kommen, das ist grauenhaft. Aber so allein. Das hat etwas mit Spiritualität zu tun.

* * *

ADVENT

Licht in der Finsternis

Einführung
MARTIN HOCHHOLZER

Was ist der Advent über das Gemütvolle hinaus? Ursprünglich war er eine Art zweite Fastenzeit. Doch auch wenn er heute einen anderen Charakter hat: Er ist weiterhin die Vorbereitungszeit auf Weihnachten.

Stellen Sie sich vor, Sie haben einen wichtigen Termin, z. B. ein Vorstellungsgespräch. Natürlich wollen Sie einen optimalen Eindruck machen und bereiten sich intensiv vor.

Auch der Advent ist Vorbereitung auf eine wichtige Begegnung. Allerdings: Zu Weihnachten bewerben nicht wir uns bei Gott, sondern Gott bewirbt sich bei uns. Sind wir bereit, seinen Sohn aufzunehmen? Andererseits: Jeder gute Personalchef bereitet sich ebenfalls gründlich auf ein Gespräch mit einem Bewerber vor. Und so sollten wir uns nicht von Weihnachten überraschen lassen, sondern den Advent nutzen, geht es in der Heiligen Nacht doch um nicht weniger als um unser Heil, unsere Erlösung.

Doch auch aus prosaischeren Gründen können wir bewusst auf Weihnachten zugehen:

1. Nur einmal im Jahr ist Advent. Wollen Sie sich diese Zeit mit ihren Annehmlichkeiten und ihrer besonderen Stimmung völlig entgehen lassen?

Wenn man sich die Adventszeit nimmt, heißt das aber auch, dass man sie so nehmen sollte, wie sie kommt: vom ersten Adventssonntag bis zum 24. Dezember. Sonst franst der Advent aus, verliert seine Konturen, wird gewöhnlich. Es macht also Sinn, die ersten Spekulatius nicht schon im Oktober zu essen.

2. Der Advent ist eine Zeit des Innehaltens, der Besinnung. Allerdings wirkt die Bezeichnung »stille Zeit« angesichts von Berufsstress, Einkaufsgetümmel und Weihnachtsvorbereitungen für viele wie Hohn.

Aber: Gehört es nicht auch zu unserem Männerbild, dass wir Männer selbst in hektischen Zeiten den Überblick behalten, die Lage nüchtern betrachten?

Im Advent geht es um unsere eigene Lage, um unser inneres Befinden, letztlich auch um unsere Persönlichkeit:

- Wer will ich sein?
- Kenne ich meinen Weg oder lasse ich mich nur dahintreiben von Arbeitslast und Familienstress?
- Bin ich noch offen für die Wunder des Alltags und für meine Mitmenschen?

Vielleicht erfordert es Mühe, wie ein U-Boot aus dem vorweihnachtlichen Trubel aufzutauchen und seine eigene Position neu zu bestimmen. Doch vielleicht lassen sich mit ein wenig Ruhe und Besinnung auch die Annehmlichkeiten des Advents besser genießen.

3. Wenn ich jemandem etwas schenke, drücke ich damit aus: *Du bist mir wichtig und wertvoll, ich mag dich.* Der Advent als die Zeit des Geschenkekaufens lädt uns also dazu ein, darüber nachzudenken, wer uns wichtig und wertvoll ist, und neue Aufmerksamkeit für unsere Lieben zu entwickeln.

Männer neigen dazu, über Geschenke ihre Gefühle auszudrücken. Warum nicht? Schenken ist auch eine Art, Gefühle zu zeigen. Es muss ja nicht die einzige bleiben!

Es lohnt sich also, den Advent nicht einfach an sich vorüberziehen zu lassen. Gerade für Männer ist er eine Gelegenheit, einige positive Seiten an sich wiederzuentdecken und wiederzubeleben. So kann Weihnachten kommen.

Johannes – Warten für Fortgeschrittene
MARTIN HOCHHOLZER

> *Die meisten von uns warten nur ungern – und doch gehört Warten zu unserem Leben. Wie man Wartezeiten nicht nur passiv erduldet, sondern aktiv gestaltet, zeigt uns Johannes der Täufer. So ist auch der Advent keine bloße Warterei und/oder Hetzerei mehr, sondern eine ganz spannende Sache.*

Der Aussteiger

Johannes der Täufer – ein Aussteiger. Ein wilder Mann. Hat sich in die Wüste zurückgezogen – von jeher ein beliebter Ort für Menschen, die der Gesellschaft adieu sagen. Er »trug ein Gewand aus Kamelhaaren und einen ledernen Gürtel um seine Hüften und er lebte von Heuschrecken und wildem Honig«, berichtet die Bibel (Markus 1,6).

Nun, Heuschrecken sind nicht jedermanns Sache. Aber die ganze Komplexität unserer Kultur einmal hinter sich zu lassen? Viele spüren den Reiz des Einfachen.

Bei Johannes liegen die Gründe für seinen Ausstieg etwas anders. Er sieht, wo in der damaligen Gesellschaft der Wurm drin ist: Jeder sucht nur seinen eigenen Vorteil. Die Reichen und Mächtigen beuten das Land aus. Die einfachen Leute leiden unter Unterdrückung, Hunger, Krankheit.

Gegen solches Unrecht wendet sich Johannes. Deshalb ist er in der Wüste: Er stellt sich so symbolisch außerhalb der Gesellschaft.

Und was tut er? Er wartet.

Der Wartende

Johannes er-wartet etwas. Das Kommen des Messias, des von Gott gesandten Retters. Der soll die Herrschaft Gottes aufrichten, d. h. eine Ordnung nach Gottes Willen, wo es Gerechtigkeit, Freiheit und Wohlergehen für jeden gibt. Damit sind wir auch wieder beim Advent: Die Christen warten auf Weihnachten, das Fest der Geburt des Messias, Jesus Christus.

Johannes hat also ein Ziel seines Wartens, eine Sehnsucht, etwas, das seinem Leben einen Sinn gibt. Das ist aber noch nicht alles.

Im Dienst

Man könnte es »aktives Warten« nennen. Johannes hat nicht nur ein Ziel, auf das er wartet, sondern er tut auch etwas dafür. Vielmehr: Er lässt sich ganz und gar dafür in Dienst nehmen. Er bereitet das Kommen des Messias und des Gottesreiches vor, indem er die Menschen darauf vorbereitet und schon mal mit dem Umbau der Gesellschaft beginnt.

Die Menschen kommen in Scharen zu ihm. Manche wohl nur aus Neugier; aber offenbar erkennen viele ebenso wie Johannes, dass es so nicht weitergeht, dass ihr Leben in die Irre führt, wenn sie sich nicht neu auf Gottes Ordnung besinnen. Die tauft Johannes im Jordan als Zeichen des Neuanfangs.

Johannes steht mitten im größten Projekt aller Zeiten: die Gottesherrschaft, und es läuft hervorragend.

Ist das nicht auch ein Wunsch vieler Männer: an einem tollen Projekt teilzuhaben, etwas Bedeutendes zu schaffen? So dass sie einmal sagen können: Mein Leben hat einen Sinn gehabt.

Aber würde ich für ein solches Projekt in die Wüste gehen, wo es nur Heuschrecken und wilden Honig gibt?

Stärker als ich

Außerdem: Johannes ist gar nicht der Leiter dieses Projekts. Er stellt klar, dass er nicht selbst der Messias ist. »Nach mir kommt einer, der ist stärker als ich; ich bin es nicht wert, mich zu bücken, um ihm die Schuhe aufzuschnüren« (Markus 1,7). Da übertreibt er es aber: So klein sollte man sich doch auch nicht machen; zumindest nicht, wenn man vorankommen will.

Doch es kommt noch schlimmer: Er bereitet nur vor. Das Kernstück des Projekts führt Jesus von Nazaret durch. Und Johannes verpasst den Absprung in dessen Team; vielmehr laufen einige von seinen eigenen Jüngern zu Jesus über.

Sich ganz der Aufgabe unterordnen (denn irgendjemand muss auch die weniger spektakulären Jobs übernehmen): schön und gut. Aber sträubt sich da nicht etwas in mir, wenn ich bei einer Sache nur so mitlaufe?

Das Resultat einer Projektbeteiligung ist leider oft Frustration: wenn man nur der Handlanger war. Oder Stress, Überlastung, Magengeschwüre: weil man sich bis zum Geht-nicht-Mehr reinhängt in eine Sache, um vorne dranzubleiben, um zu zeigen, was man zu leisten vermag.

Übrigens: Johannes hat es trotz seiner Zurückhaltung in alle vier Evangelien geschafft! Vielleicht gerade, weil er zu warten verstand. Warten (à la Johannes), das heißt auch: nicht alles von sich selbst erwarten. Und: auf jemanden warten können, der etwas besser kann oder gar der Einzige ist, der das zu vollbringen vermag. Solches Warten entlastet: Man arbeitet sich nicht unnötig auf, sondern gewinnt Gelassenheit.

Und solches Warten führt vielleicht auch erst dazu, dass man Teil einer großen Sache wird: Weil man sich dann auch auf Projekte einlassen kann, die man allein nicht zu leiten oder zu leisten vermag.

Johannes hatte, weil er warten konnte, wesentlichen Anteil am großen Heilsprojekt Gottes; er hat Jesus Christus den Weg bereitet.

Advent – Warten für Fortgeschrittene

Johannes, der Meister des Wartens, kann uns einige Tipps für den Advent geben:

1. Ein wacher Sinn für die Realität:
   - Wo bin ich mit mir selbst und mit meinen Mitmenschen nicht im Reinen, wo stimmt etwas in meiner Umwelt nicht?
   - Und umgekehrt: Was ist mir wichtig, tut mir und den anderen gut?

2. Wissen, worauf man wartet:
   - Was bedeutet eigentlich Weihnachten für mich? – Es ist das Fest des Heils, das Gott schenkt.
   - Wo erwarte ich mir Heil, was sind die geheimen Sehnsüchte in meinem Leben? – So gewinnt mein Leben Orientierung.

3. Aktives Warten:
   Gutes, Heilvolles geschieht auf dieser Welt selten von selbst. Was bin ich bereit, für mich zu tun und für andere, die meine Sehnsucht nach einem erfüllten Leben teilen?

4. Sich zurücknehmen:
   Der Advent war ursprünglich eine Fastenzeit. Vielleicht täte uns einmal »Erfolgsfasten« gut: darauf zu verzichten, alles alleine schaffen, immer nach Leistung streben zu müssen. Und das genießen!

5. Schließlich: Christen wissen, dass all unsere Erfolge vor Gott nur wenig zählen, dass wir alle Gottes Heil, seiner übergroßen Güte anvertraut sind, die zum ewigen Leben führt. Gott will unserem Leben eine Erwartung, ein Ziel geben. Deshalb sollte nicht nur die Vorweihnachtszeit, sondern unser ganzes Leben adventlich sein.

Johannes der Täufer – nicht zu verwechseln mit dem Apostel Johannes, dem Evangelisten Johannes oder dem Verfasser der Geheimen Offenbarung – trat in der Judäischen Wüste als Bußprediger auf. Wenn Lukas ihn sogar als Verwandten Jesu darstellt, so will er damit die enge Verbindung zwischen beiden zum Ausdruck bringen. Manche Forscher vermuten, dass Jesus eine Zeit lang zum Jüngerkreis des Johannes gehörte. Während Johannes aber vor allem vor dem drohenden Gericht Gottes warnte, betonte Jesus die Zuwendung Gottes zu den Menschen.

Herodes Antipas, der über Teile Palästinas herrschte, ließ Johannes hinrichten – nach Darstellung der Evangelien, weil Johannes ihn wegen der Heirat mit der Frau seines Bruders verurteilte, aber wohl auch, weil der Täufer wegen seiner Gesellschaftskritik den Mächtigen ein Dorn im Auge war.

Zum Nachlesen: Markus 1,1–11; 6,14–29

Die folgenden Gestaltungsvorschläge basieren auf den dargelegten Gedanken zur Gestalt des Johannes:

Mit Johannes den Advent erleben 1
Liturgische Modelle
MARTIN HOCHHOLZER

> *Gerade im Advent bieten sich Frühschichten an: einmal pro Woche, am frühen Morgen vor der Arbeit, natürlich verbunden mit einem anschließenden Frühstück. Wer eher am Abend aktiv wird, kann alternativ einen Abendgottesdienst gestalten. So lässt sich mit dem Täufer der Advent als eine Zeit nicht nur stillen Wartens, sondern dynamischer Erwartung erfahren.*

Zum Rahmen des Angebots
- Die drei Termine der Frühschichten bieten – gerade, wenn ein gemeinsames Frühstück folgt – die Möglichkeit, dass sich (zumindest vorübergehend) eine Gruppe von Männern bildet. Natürlich kann Mann auch nur zu einem Termin kommen. Die Ausschreibung sollte auf jeden Fall möglichst offen erfolgen.
- Die Texte, die vorgelesen werden, stammen aus den oben dargelegten Gedanken zu Johannes. Sie müssen evtl. bearbeitet werden.
- Vorzubereiten: Bibel oder Lektionar, Texte, stimmungsvoller Raum, evtl. gemeinsames Frühstück; für den Gottesdienst: evtl. Fackeln

Ablauf
1. Frühschicht: Johannes – der Aussteiger
Lied: z. B. Kündet allen in der Not (GL 106)

Kreuzzeichen, Begrüßung

Einführung in die Reihe von Frühschichten zu Johannes

Lesung: Lukas 3,1–14

Text: Obiger Text, Abschnitt »Der Aussteiger«
(s. o., S. 62, Überleitungssätze weglassen!)

Kurze Besinnung:
- Wo, wann möchte ich aus meiner Umwelt aussteigen?
- Wie verhalte ich mich, wenn ich Unrecht sehe?

Fürbitten:
Frei formuliert, aber auch still möglich.

Gemeinsames Gebet:
Psalm 85 (GL 123)

Segen

Lied: z. B. GL 106, 4–5

2. Frühschicht: Johannes – im Dienst
Lied: z. B. Mit Ernst, o Menschenkinder (GL 113)

Kreuzzeichen, Begrüßung

Lesung: Markus 1,1–6

Anknüpfung an die letzte Frühschicht

Text: Obige Texte »Der Wartende«
und »Im Dienst« (s. o., S. 63)

Kurze Besinnung:
- Was erwarte ich für mein Leben, was ist die Sehnsucht meines Lebens?
- Wofür lasse ich mich in Dienst nehmen, wofür setze ich mich ein?

Fürbitten:
Frei formuliert; auch still möglich.

Gemeinsames Gebet:
Psalm 24 (GL 122)

Segen

Lied: z. B. Komm, du Heiland aller Welt (GL 108)

3. Frühschicht: Stärker als ich
Lied: z. B. O Heiland, reiß die Himmel auf (GL 105)

Kreuzzeichen, Begrüßung

Lesung: Markus 1,7f. oder Johannes 1,19–39

Anknüpfung an die vorangegangenen Frühschichten und Überleitung

Text: Obiger Text »Stärker als ich« (s. o., S. 64)

Kurze Besinnung:
- Welche Leistungen werden von mir verlangt, welche verlange ich von mir selber?
- Kann ich Verantwortung abgeben?
- Kann ich andere neben mir stark sein lassen – ohne in Konkurrenz zu gehen?

Fürbitten:
Frei formuliert; auch still möglich.

Gemeinsames Gebet:
Vaterunser mit kurzer Einleitung:
Das Vaterunser ist davon geprägt, dass wir nicht alles selber leisten müssen, sondern das Wesentliche voller Vertrauen von Gott erwarten dürfen. –
Vater unser …

Segen

Lied: z. B. Wer nur den lieben Gott lässt walten (GL 295)

Alternativen

- Adventsgottesdienst für Männer zum Thema »Johannes – Warten für Fortgeschrittene«: Die Predigt kann sich am obigen Text orientieren, die Tipps können zu Fürbitten, Kyrierufen oder zu Impulsen für eine Besinnung umformuliert werden.
- Eine andere Möglichkeit: Man macht sich an einem Abend in der Dunkelheit mit Fackeln auf den Weg. An verschiedenen Stationen werden einzelne Abschnitte des obigen Textes vorgelesen. Letzte Station kann die Kirche sein, die – adventlich geschmückt – Weihnachten schon erahnen lässt. Fürbitten, Segen und die Aussendung der »fortgeschrittenen Wartenden« in den Alltag schließen den Gottesdienst ab. Im Anschluss kann zu Glühwein und Lebkuchen eingeladen werden.

Mit Johannes den Advent erleben 2
Besinnungsabend oder -nachmittag für Männer
MARTIN HOCHHOLZER

> *Auch hier stehen wieder die Gedanken zum wartenden Johannes im Hintergrund. Die Zielgruppe ist aber sicherlich etwas anders als bei den Frühschichten. Dennoch ist das Anliegen dasselbe: sich mit Johannes auf die Suche nach den eigenen Stärken und Schwächen und dem Einsatz für andere zu machen.*

Zum Rahmen des Angebots
- Die Gruppe sollte nicht größer als 20 bis 30 Personen sein.
- Bei Gruppen bis 15 Personen kann eine Vorstellungsrunde unter den Männern die Intensität des Austauschs fördern.
- Vorzubereiten: Bibeln, Plakate, Stifte

Ablauf
Begrüßung, evtl. Vorstellrunde

Austausch in Zweier-/Dreiergruppen zu der Frage:
- Was erwarte ich in meinem Leben?
- Was kann ich mir als Mann erwarten?

Lesen: Markus 1,1–9

Plenumsgespräch:
- Worauf wartet Johannes?
- Was ist mir sympathisch an ihm, was nicht?
- Muss ein Mann manchmal in die Wüste gehen, um gehört zu werden?

Lesen: Lukas 3,7–20: Johannes setzt sich ein, bezieht Stellung

Gespräch in Kleingruppen:
- Wer/wie wäre Johannes heute?

Auf einem Plakat den heutigen Johannes skizzieren und Antworten suchen:
- Wie sähe er aus?
- Wo würde er auftreten?
- Was würde er sagen?
- Wofür würde er sich einsetzen?
- Was würde ich von ihm halten?

Gegenseitiges Vorstellen der Ergebnisse aus den Kleingruppen

Abschließende Besinnung (jeder für sich in der Stille):
- Von wem, für was lasse ich mich in Dienst nehmen?
- Für was möchte ich mich einsetzen?
- Was von der Kraft der Johannes fühle ich auch bei mir?
- Was möchte ich von seiner Gestalt mitnehmen, mir aneignen?

Blitzlichtrunde:
- Welche Gedanken nehme ich von heute Abend mit nach Hause?
- Welche Frage beschäftigt mich weiter?

Der Archetyp des Kriegers
TILMAN KUGLER

In der Gestalt Johannes des Täufers begegnen uns Aspekte eines zentralen männlichen Archetyps – des Kriegers. Im Zusammenhang mit den notwendigen Konflikten im Leben gewinnt das Symbol oder der Archetyp des Kriegers Bedeutung. Manche mögen ihn lieber den Kämpfer nennen, weil im Begriff des Kriegers in unserer Kultur zu viel negative, zerstörerische Aggression steckt. Zunächst verkörpert der Krieger die positive Kraft der Aggression (lat. *aggredi* – »sich nähern, auf etwas/jemanden zugehen, etwas unternehmen, angreifen«): das entschlossene Zugehen auf eine Sache oder eine Person, das Wahren und gegebenenfalls auch Verteidigen von Grenzen, der entschiedene Einsatz für etwas Wertvolles. Mit dem Krieger ist die Frage verbunden, wofür ein Mann sich im Leben einsetzt, wofür er lebt und zu kämpfen bereit ist und mit welchen Mitteln er das tut. Die Frage nach der eigenen Integrität und der der anderen, die Frage nach Selbstbestimmung und Autonomie.

- Wofür stehst du mit deinem Leben ein?
- Lebst du dein Leben, deine Berufung, oder fährst du nur in Gleisen, die andere dir legen?
- Welchen Werten weißt und fühlst du dich und dein Leben verbunden?
- Stimmt das, was du sagst, mit dem überein, was du tust?
- Wie gehst du mit Hindernissen und Widerständen in deinem Leben um? Nimmst du die Konflikte an, die sich in deinem Leben stellen – und wie trägst du sie aus? Hast du einen guten Weg gefunden, Wut, Zorn und Aggressionen zu leben? Und welche Rolle spielt dabei die Gewalt?

Auch die Schattenseite des Kriegers hat – leider – im Leben von Männern einen nicht geringen Stellenwert: Unterdrückte und zerstörerische Aggressionen, Gewalt und Missbrauch der eigenen Kräfte, die Verletzung der Grenzen anderer, die Missachtung der eigenen Grenzen, Autoritätsgläubigkeit, Konfliktvermeidung und der Verzicht auf notwendigen Widerspruch sind die Gesichter des »unerlösten Schattenkriegers«.

Die Propheten leben »Kriegerenergie«, indem sie für die Wahrheit eintreten. Auch Johannes der Täufer lebt, wie dieses Kapitel zeigt, wesentliche Aspekte des Kriegerarchetypen: Entschiedenheit, Wahrheit und Demut. Er macht in seinen Drohworten keinen Hehl aus seiner Sicht und Deutung der Dinge. Und er handelt kraftvoll von innen heraus – im Wissen um seine Stärke und seine Grenzen.

Literatur

Titel, die im Literaturverzeichnis am Ende des Buches aufgelistet sind, werden hier nur in Kurzform wiedergegeben.

PATRICK M. ARNOLD, Männliche Spiritualität

HERIBERT FISCHEDICK, Der Weg des Helden. Selbstwerdung im Spiegel biblischer Bilder, Kösel Verlag, München 2002

ROBERT MOORE / DOUGLAS GILLETTE, König, Krieger, Magier, Liebhaber

MAFRED TWRZNIK, Aufbruch zum Mann

Licht im Dunkel
Meditation im Advent
TILMAN KUGLER

> *Licht ist **das** Symbol im Advent – passend zur dunklen Jahreszeit, passend auch zu Jesus Christus, der das Licht der Welt ist und den wir zu Weihnachten erwarten. Licht im Dunkeln – das kennen wir auch von unserem Lebensweg. Dass wir in den Finsternissen unserer Existenz nicht allein sind und woran wir uns im Dunkeln orientieren, können wir bei einem nächtlichen Gang erfahren.*

Zum Rahmen des Angebots
- Zeit: Am frühen – noch dunklen – Morgen oder am Abend
- Vorbereitung: Ein Weg, ca. 500 bis 1000 Meter lang, an dem immer wieder ein Teelicht oder eine Kerze in einem Glas steht und leuchtet. Bei schmalen, dunklen Pfaden stehen die Lichter näher beieinander, bei guten Wegen kann der Abstand größer sein.
- Liedblatt

Ablauf
Die Teilnehmer treffen sich, z. B. auf dem Kirchplatz. Eventuell üben sie gemeinsam die Lieder »Wasser in der Wüste« und »Gottes Wort ist wie Licht in der Nacht«, damit sie nachher im Dunkeln ohne Liedblatt gesungen werden können.

Einführung:
Ganz bewusst haben wir uns heute Morgen (Abend) in der Dunkelheit getroffen. Wir sind mitten in der dunklen Jahreszeit. Und wir warten auf das Licht. Das Licht, in dem wir unseren Weg finden.

Licht, an dem wir uns orientieren können, wenn unser Lebensweg
durch Dunkelheiten führt.
Verweile eine Zeit lang ganz bewusst im Dunkel dieser Nacht...

Dunkelheit ist ein Bild für Situationen in deinem Leben.
Wo herrscht in deinem Leben Dunkelheit?
Wo weißt du nicht mehr weiter?
Wo bist du ratlos und ohne Orientierung?

Vielleicht fallen dir Situationen am Arbeitsplatz ein;
oder Situationen aus deiner Partnerschaft;
oder Situationen mit deinen Kindern;
oder Situationen mit Freunden;
oder die politische Lage, Arbeitslosigkeit, Gewalt, Hunger...

Wo ist es dunkel in deinem Leben?

Stille

Lied:
Wasser in der Wüste

T/M: aus Frankreich; Übersetzung: Diethard Zils;
© Text: tvd-Verlag, Düsseldorf

Was-ser in der Wüs-te der Welt. Licht im
Dun-kel der Nacht, wann kommst du, dein
Volk zu be-frei---en?

Licht im Dunkeln erleben:
Wir gehen jetzt schweigend einen Weg durch die Nacht. Immer wieder steht irgendwo ein Licht. Ein Licht im Dunkeln. Lass deine Gedanken schweifen: Was kommt dir in den Sinn, wenn du deinen Weg im Dunkeln gehst, wenn da ein Licht am Weg ist – und wenn andere Männer denselben Weg gehen …?

Alle gehen den Weg, langsam und ruhig – einer der Organisatoren geht zur Orientierung voraus, einer geht zur Sicherheit am Schluss.

Lied am Ende des Weges: s. o.

Wir werden jetzt die Lichter am Adventskranz anzünden – ein, zwei, drei, vier Kerzen sind es, die wir anzünden. Zeichen für den Weg, den wir gehen, durch die Dunkelheit, auf die Heilige Nacht, auf die Geburt Christi zu.

Stille

Schrifttext:
z. B. aus Jesaja 60

Lied:
z. B. Gottes Wort ist wie Licht in der Nacht

Gottes Wort ist wie Licht in der Nacht

T: unbekannt; M: aus Israel

Gottes Wort ist wie Licht in der Nacht: Es hat Hoffnung und Zukunft gebracht; es gibt Trost es gibt Halt in Bedrängnis, Not und Ängsten, ist wie ein Stern in der Dunkelheit.

Gebet:

Gott – deine Schöpfung begann damit, dass du Licht
geschaffen hast im Dunkel und Durcheinander der Welt.
Und oft bist du den Menschen im Feuer erschienen.
Dem Moses, den Israeliten in der Wüste, den Jüngern an Pfingsten.
Der Prophet Jesaja hat dich verheißen als Licht in der Finsternis.
Und deinen Sohn Jesus Christus hast du als Licht
ins Dunkel der Welt geschickt.
Er kann auch Licht in unseren Dunkelheiten werden.
Wenn wir die Dunkelheit, die da ist, annehmen.
Und wenn wir achtsam werden für das Licht an unseren Wegen.
Gib uns den Mut, durch dunkle Zeiten, schwierige Phasen, durch
Krisen, Konflikte und Verluste in unserem Leben zu gehen.
Schritt für Schritt.
Gib uns das Vertrauen, dass von irgendwo Licht in dieses Dunkel
scheint:

Menschen an unserer Seite, neue Horizonte, tieferes Wissen.
Gott – wir hoffen in dieser Nacht gemeinsam mit allen, die durch dunkle Zeiten gehen, dass Licht in unser Leben kommt.
Dein Licht, Jesus Christus, unser Bruder.
Amen.

Segen:
Auf unseren Wegen durch alle Dunkelheiten des Lebens bist du in unserer Nähe.
Lass uns diese Nähe spüren in deinem Segen:
im Namen des Vaters, des Sohnes und des Heiligen Geistes. Amen.

In vertrauten Kreisen ist es auch möglich, dass einer dem anderen den Segen spendet. Als Zeichen: *Ich bin mit dir auf dem Weg.* Oder die Teilnehmer stehen zum Segen in einem Kreis, jeder die rechte Hand auf der Schulter des rechten Nebenmannes. Es ist wichtig, zu schauen, welche Gestaltung für den Teilnehmerkreis passt – wie viel Nähe und wie viel Distanz stimmig ist!

Bei einer Frühschicht kann nun die Einladung zu einem gemeinsamen Frühstück im Gemeindezentrum erfolgen – wenn die Meditation abends ist, könnte es dort noch einen Glühwein und Spekulatius geben.

Nikolausabend
Eine Gelegenheit für Väter und Großväter
TILMAN KUGLER

> *Es ist in manchen Familien oder Familienkreisen und in vielen Kindergärten üblich, ein Nikolausspiel zu machen – am Vorabend oder am Abend des 6. Dezember, des Sankt-Nikolaus-Tages. Und in den meisten Fällen ist es ein Vater, der den Heiligen Nikolaus spielt. Angesichts der Väterlücke in unserer Kultur eine gute Gelegenheit, sich ins Spiel zu bringen.*

Keine schwarze Pädagogik
Es gab Zeiten, da erschien der Nikolaus als pädagogische Hilfskraft, der besondere Leistungen der Kinder hervorhob und belohnte oder ihre Vergehen tadelte und mit der Rute bestrafte. Im »Struwwelpeter« finden wir noch ein Musterbeispiel »schwarzer Pädagogik« mit Hilfe der strafenden Gestalt des Nikolas »mit seinem großen Tintenfass«. Heute kümmert sich die »Super Nanny« im Fernsehen um hilflose Eltern und schwierige Erziehungsfälle ...

Und den Heiligen Nikolaus können wir heute wieder als den gütigen, hilfreichen, wundersamen, auch zupackenden und weisen Mann und Bischof sehen, von dem uns die Legenden erzählen. Diese gehen auf den Bischof von Myra im 4. Jahrhundert zurück, doch haben sich anschließend verschiedene Gestalten und Traditionen vermischt, so dass uns heute ein vielschichtiges Bild des Heiligen vorliegt. Es lohnt sich, diese Legenden einmal nachzulesen. Drei Beispiele (so zusammengestellt bei Hubertus Halbfas, Religionsunterricht in der Schule, S. 127 ff.):

Die Kornvermehrung

Als Nikolaus Bischof in der Stadt Myra war, entstand nach einer langen Trockenheit eine furchtbare Hungersnot. Die Menschen wurden schwach und krank. Da legte eines Tages ein Schiff im Hafen an, das Weizen geladen hatte. Dieser Weizen war für die Stadt Rom bestimmt, in der der Kaiser lebte. Nikolaus eilte zum Hafen hinab und bat den Kapitän, ihm hundert Säcke Getreide für die hungernden Menschen in seiner Stadt zu geben, damit sie nicht umkämen und neuer Weizen gesät werden könne. Aber der Kapitän weigerte sich. »Das Korn ist genau gemessen worden«, sagte er. »Es ist für die kaiserlichen Scheuern bestimmt. Wenn etwas fehlt, geht es mir an den Kragen.« Da entgegnete der Bischof: »Seid ohne Sorge und gebt mir die hundert Sack Weizen. Ich verspreche euch, dass euch nichts fehlen wird, wenn ihr in Rom seid!«

Der Kapitän ließ sich erweichen und gebot seinen Matrosen, hundert Sack Korn für den Bischof der Stadt Myra abzufüllen. Als das Schiff in Rom landete und die kaiserlichen Aufseher das Getreide maßen, hatten sie genau so viel, wie in den Papieren stand. Der Kapitän und seine Besatzung wunderten sich sehr darüber und erzählten überall davon. Der Bischof Nikolaus aber ließ das Korn austeilen. Die hundert Säcke reichten zwei Jahre, um die Stadt über die nächste Ernte hinaus zu versorgen.

* * *

Die Errettung der unschuldig zum Tode Verurteilten

Zur Zeit des Kaisers Konstantin gab es Unruhen und Aufstände in Phrygien. Der Kaiser sandte drei Feldherren mit ihren Soldaten dorthin, damit sie die Ruhe wiederherstellten. Als die Soldaten aber in den Dörfern und Städten plünderten und die Einwohner belästigten, ging Bischof Nikolaus von Myra hinaus aufs Land und drängte die Feldherren, dass ihre Soldaten Frieden hielten und keiner es wage, irgendjemanden zu bedrohen.

Währenddessen kamen Boten aus der Stadt, die zu Nikolaus sprachen: »Herr, wenn du in der Stadt wärest, geschähe kein Unrecht dort. Der Statthalter hat nämlich Bestechungsgelder angenommen und befohlen, drei Bürger durch das Schwert töten zu lassen. Die ganze Stadt trauert, dass du dort nicht anwesend wärest.«

Eilig kehrte Nikolaus in die Stadt zurück. Als er zum Löwenplatz kam, hörte er, dass die Verurteilten gerade das Stadttor durchschritten. Als er das Tor erreichte, sagten ihm die Leute dort, dass die Verurteilten auf dem Weg zur Hinrichtungsstätte seien. Schnell lief der Bischof weiter und traf an der Richtstätte viele Menschen und den Scharfrichter, der schon das Schwert in der Hand hielt. Nikolaus sprang schnell herbei, entriss dem Henker das Schwert und schleuderte es weit fort. Dann befreite er die Gefangenen von ihren Fesseln und brachte sie zurück in die Stadt: »Ich bin bereit, anstelle dieser Unschuldigen zu sterben!« Keiner aber von den Wachmannschaften wagte ihm entgegenzutreten oder ihm zu widersprechen, denn »ein Gerechter hat Zuversicht wie ein Löwe«.

Nun eilte Nikolaus zum Statthalter, pochte laut gegen das Tor und forderte Einlass. Der Statthalter hörte, wer vor dem Tore stand, kam heraus und begrüßte den Bischof mit einem Kniefall. Doch der stieß ihn von sich, schimpfte ihn einen Blutsauger und Gesetzesbrecher und sagte: »Obwohl du Unschuldige töten lässt, kommst du mir unter die Augen! Ich werde deine Verbrechen dem Kaiser melden und ihm berichten, wie du dein Amt verwaltest, wie du dieses Land plünderst und wie du ohne Gesetz und Recht unschuldige Bürger aus Habgier hinrichten lässt.«

Da fiel der Statthalter auf die Knie und flehte den Bischof Nikolaus an: »Nicht ich bin schuldig, sondern meine hohen Beamten, die eine falsche Anklage erhoben.« Doch Nikolaus erwiderte: »Nichts davon! Zweihundert Goldpfund hast du angenommen, um dafür diese drei Männer gemein zu beseitigen.« Und er brachte den Statthalter dazu, seine Schuld zu erkennen und das Recht wiederherzustellen.

Dies alles erlebten die drei Feldherren, während sie in Myra weil-

ten. Nachdem sie aber ihren Auftrag ausgeführt hatten, kehrten sie mit allen Soldaten zum Kaiser nach Konstantinopel zurück. Dort wurden sie mit so großen Ehren empfangen, dass unter den übrigen Offizieren einige neidisch wurden. Diese gingen heimlich zum Polizeikommissar und sagten, die drei Feldherren seien Verräter, die selbst die Kaisermacht erobern möchten, und sie versprachen dem Polizeikommissar Geschenke, wenn er die drei Feldherren gefangen setze und verurteile. Der Polizeikommissar ging zum Kaiser und beschuldigte die drei Feldherren, Verräter zu sein. Da wurde der Kaiser sehr zornig, weil er dem Kommissar glaubte, und ließ die Feldherren sofort und ohne Untersuchung in den Kerker werfen. Dann gab er Befehl, sie in der Nacht durch das Schwert hinrichten zu lassen.

Als die Feldherren das hörten, weinten sie bitter. Dann erinnerten sie sich an alles, was sie in Myra erlebt hatten, als der Bischof Nikolaus unschuldige Bürger vor dem Tode errettete, und in ihrer Not beteten sie: »Du Gott deines Dieners Nikolaus! Habe auf die Fürsprache deines Bischofs Nikolaus Mitleid mit uns! Wir vertrauen darauf, dass dieser Mann unsere Not schaut und deine Güte uns zuwendet!« Und laut riefen sie: »Heiliger Nikolaus, wenn du auch fernab lebst, so sei uns doch mit deiner Hilfe nah!«

So beteten die Gefangenen, und in derselben Stunde erschien der Heilige Nikolaus dem Kaiser im Traum: »Konstantin, steh auf und lass die drei Feldherren frei, die du unschuldig in deinem Gefängnis hast.« Der Kaiser fragte: »Wer bist du?« Und die Stimme antwortete: »Ich bin Nikolaus und lebe in Myra.« Dann entschwand er.

Als der Kaiser aus dem Schlaf erwachte, rief er seinen ersten Eilboten und sagte: »Lauf und melde dem Polizeikommissar, was ich geschaut habe. Auch soll er mir die Gefangenen vorführen.« Als die Gefangenen vor ihn traten, sprach der Kaiser zu ihnen: »Ist euch ein gewisser Nikolaus bekannt?« Als diese den Namen Nikolaus hörten, wurden sie frohen Mutes, und sie gaben dem Kaiser Bescheid. Der Kaiser sprach zu ihnen: »Seht, ihr seid nun frei. Geht nach Myra und sprecht dem Mann dort euren Dank aus. Denn nicht mir verdankt ihr euer Leben, sondern Gott und Nikolaus, den ihr zur Hilfe gerufen habt. Und meldet dem Nikolaus auch von mir: ›Sieh, deinem Befehl habe ich gehorcht. Nun bete für mich und das Reich, dass Frieden sei auf der ganzen Welt.‹« Er gab ihnen Geschenke mit, und die drei Feldherren zogen erneut nach Myra, ihren Dank abzustatten. Zusammen mit dem Bischof Nikolaus priesen sie den menschenfreundlichen Gott für ihre wunderbare Rettung. Ihm ist Ruhm und Macht in die Ewigkeit der Ewigkeiten. Amen.

* * *

Errettung aus Seenot

Ein Schiff, mit dem eine Reisegesellschaft unterwegs war, geriet in einen großen Sturm. Die Segel schlugen um, das Schiff bekam Schlagseite, und alle fürchteten, dass sie versinken würden. Hoch oben vom Mastkorb war bereits der Schiffsjunge, der Ausschau nach einem Hafen halten sollte, heruntergestürzt und tot. Da riefen alle auf dem Schiff in ihrer Not den Heiligen Nikolaus als ihren Fürbitter an: »Nikolaus, wenn es wahr ist, was wir von dir gehört haben, so errette uns!« Da erschien ihnen der heilige Bischof und sprach: »Ihr habt mich gerufen, hier bin ich!« Er half ihnen, Mut zu fassen und die Segel wieder zu richten. Bald danach beruhigte sich auch das Meer. Da neigte sich der Heilige zu dem toten Knaben, segnete ihn und erweckte ihn wieder zum Leben. Dann war er nicht mehr zu sehen. Als das Schiff landete, gingen die geretteten Seefahrer voll Dankbarkeit in die Bischofskirche zu Myra. Dort sahen sie Nikolaus, eilten zu ihm, fielen nieder und dankten ihm. Er aber antwortete: »Nicht ich, sondern euer Glaube und Gottes Gnade haben euch geholfen.«

In einer weiteren märchenhaften Geschichte springt der Bischof Nikolaus einem Vater in großer Not zur Seite (zitiert nach Christian Feldmann, Kämpfer, Träumer, Lebenskünstler, S. 591):

Die drei Jungfrauen

Ein Witwer hatte ohne eigene Schuld sein Vermögen verloren und konnte seinen drei Töchtern keine Aussteuer mitgeben, was damals entscheidend wichtig war.

Schon hatte er sich entschlossen, die Mädchen in die Fremde zu schicken (nach alten Quellen sogar in ein Bordell), da erfuhr der Bischof von der Not des Vaters und warf ihm nachts unbemerkt einen Beutel mit Geld durch das Fenster. Genug, um die älteste Tochter zu verheiraten. Das tat Bischof Nikolaus – aus Freude über den umsichtigen Umgang des Vaters mit der Spende – noch zweimal, bis ihn der dankbare Mann erkannte.

Ein Beispiel guter Väterlichkeit

Wo der Brauch des Nikolausabends gepflegt oder wieder neu mit Leben gefüllt wird, ist er eine gute Gelegenheit für Männer, ganz bewusst in die Rolle des väterlichen, sorgenden, hilfreichen, vielleicht auch großväterlichen Bischofs zu schlüpfen. Und weil die Väter von Kindern zwischen zwei und acht Jahren oft beruflich sehr gefordert sind, könnten sich heute tatsächlich auch Großväter als »Nikolaus« ins Spiel bringen.

Sowohl in Kindergärten als auch in vielen Familien fehlen bisweilen Männer, Väter und andere männliche Bezugspersonen. Da bietet das Nikolausspiel eine Chance. Spielen Sie mit!

Durchführung

1. Befassen Sie sich in Ruhe mit verschiedenen Nikolauserzählungen. Auf der unten genannten Internetseite finden Sie einige. Welche Seite des Mannes sagt Ihnen besonders zu? Der gütige Helfer in der Not? Der mutige, risikobereite Retter? Der, der Mächtigen die Wahrheit sagt? Der Wundertäter?

Die Facetten der legendären Figur »Nikolaus«, die Ihnen zusagen, können Sie auch im Spiel gut rüberbringen.

2. Nehmen Sie Kontakt mit dem Kindergarten am Ort auf und schlagen Sie Ihre Idee vor. Die meisten Kindergärten, auch manche Kindertageseinrichtungen und Familienkreise gestalten die Adventszeit als besondere Zeit. Klären Sie mit den beteiligten Erwachsenen:

- Fügt sich ein »Nikolausabend« gut in diese Gestaltung?
- Was wissen die Kinder vom heiligen Nikolaus?
- Welche Bilderbücher oder Geschichten können zur Vorbereitung vorgelesen oder erzählt werden?
- Worauf möchten Sie eingehen, wenn Sie den Nikolaus spielen?
- Gibt es kleine Geschenke für die Kinder, z. B. Obst, Nüsse, Lebkuchen?
- Wie können Sie die Kinder am Spiel beteiligen? Es ist wichtig, dass Interaktionen, Fragen und Antworten zwischen den Kindern und dem Nikolaus Platz haben.
- Gibt es ein Lied oder mehrere Lieder, die das Spiel umrahmen?

3. Das Spiel:
- Kinder (und Erwachsene) singen gemeinsam ein Nikolauslied. Flöten und Orff'sche Instrumente begleiten die Sängerinnen und Sänger.
- Nachdem das Lied verklungen ist, klopft es dreimal kräftig an die Tür, und der heilige Nikolaus tritt ein. Er setzt sich auf einen Stuhl in den Kreis der Anwesenden und begrüßt sie.
- In einem freundlichen Frage- und Antwortspiel tragen die Jungen und Mädchen ihr Wissen über den Nikolaus zusammen – und der Nikolaus ergänzt diesen »Flickenteppich« an der einen oder anderen Stelle.
- Dann erzählt der Nikolaus eine der Geschichten ausführlich. Dazu ist es gut, wenn er ein paar Gegenstände oder Symbole dabeihat – ein Säckchen Getreide, einen Beutel mit Münzen, drei Äpfel … Diese Symbole können Brücken bauen zwischen der erzählten Geschichte und heute.

- Ein schönes, einfaches Spiel geht so: Alle singen folgendes Lied:

Der Nikolaus, der Nikolaus,
der geht bei uns von Haus zu Haus.
Ihr seht ihn hier im Kreise gehn –
halt, Nikolaus, bleib stehn.

Derweil geht der Nikolaus mit einem Sack voller Lebkuchen, Mandarinen, Nüsse, Äpfel und anderer leckerer Dinge im Kreis. Am Ende des Verses bleibt er vor einem Kind im Kreis stehen. Es darf in den Sack langen und muss raten, was es fühlt. Wenn es richtig geraten hat, sagen alle im Chor:

Gut geraten, komm heraus!
Jetzt hilfst du dem Nikolaus.

Dann geht der Nikolaus mit dem Kind, das den Sack tragen darf, im Kreis und alle singen wieder: »Der Nikolaus …«
So kommt der Nikolaus bei jedem Kind vorbei – und jedes Kind darf einmal dem Nikolaus helfen.
- Wenn alle etwas bekommen haben und eventuell noch andere kleine Geschenke verteilt sind, bedankt sich der Nikolaus bei seinen Gastgebern.
- Dann singen sie noch ein Lied oder das vom Anfang ein zweites Mal, der Nikolaus verabschiedet sich wieder und geht.

Einmal habe ich es auch erlebt, dass der Nikolaus sich vor den Kindern und Eltern »verkleidet« hat. Und man erfuhr, was so alles zu einem Bischof gehört – im Gegensatz zum Weihnachtsmann. Die Mitra hatten die Kinder gebastelt und verziert. Nach dem Spiel hat sich der Nikolaus wieder in den Helmut verwandelt, der er vorher war.

Wichtig ist, dass das Nikolaus-Spiel stimmig ist. Es ist keine Show, sondern ein gemeinsames Spiel. Das tut dem Zauber keinen Abbruch.

Und die Erinnerung an die Taten des heiligen Mannes zugunsten der Stadt Myra oder der drei Töchter eines armen Mannes können Anstoß sein, darüber nachzudenken, wem der Nikolaus heute helfen würde.

Literatur und Internet

Erna und Hans Melchers, Das große Buch der Heiligen. Geschichte und Legende im Jahreslauf. Bearbeitung Carlo Melchers, Cormoran Verlag, München 1996
Christian Feldmann, Kämpfer, Träumer, Lebenskünstler. Große Gestalten und Heilige für jeden Tag, Herder, Freiburg i. Br. 2005
Hubertus Halbfas, Religionsunterricht in der Grundschule. Lehrerhandbuch 1, Patmos, Düsseldorf ^{5}1991
Fachstelle Medien der Diözese Rottenburg-Stuttgart, Jahnstraße 32, 79597 Stuttgart, Aktion: »Mein Name ist Nikolaus – Sankt Nikolaus« (www.drs.de)

www.nikolaus-von-myra.de

Ich bin auch ein Josef
Ökumenische Adventsfeier für Männer
INGO BÄCKER / CHRISTIAN EGGENBERGER
& das Team der Männerarbeit
der Evangelisch-reformierten Landeskirche im Kanton Zürich

> *Er steht meist eher am Rand im adventlich-weihnachtlichen Geschehen: Josef. Und spielt doch eine unentbehrliche Rolle. Der ökumenische Gottesdienst lädt dazu ein, mit Josef die eigene Rolle – gerade auch im Leben anderer – zu entdecken, ohne die nichts läuft.*

Zum Rahmen des Angebots
- Ort: Kirche, evtl. eine Krypta, die nur mit über den ganzen Raum verstreutem Kerzenlicht beleuchtet wird
- Thema »Ich bin auch ein Josef«: Die Formulierung geht auf die erste Durchführung dieses Projekts in der Krypta des Großmünsters, Zürich, zurück und ist eine Anspielung auf eine in der Schweiz weit verbreitete Werbekampagne für den öffentlichen Verkehr.
- Aus dem Text des Handzettels:
  Wie Josef kommt sich mancher Mann vor: Steht stumm neben dem Weihnachtsgeschehen und weiß nicht recht, was er da soll. Weglaufen gilt nicht, wenn schon mal Könige und Hirten, Kinder und andere Verwandte da sind. – Träume hat man(n) ja auch wie Josef. Und plötzlich vielleicht doch das Erwachen: Ich finde unerwartet meine Rolle. Auch in der Adventszeit.
- Musik: Evtl. verschiedene Flöten und Klanginstrumente, die vor allem atmosphärisch wirken und außerdem die Liedbegleitung wahrnehmen

Ablauf

Vor dem Gottesdienst begrüßen sich alle teilnehmenden Männer, angeregt durch die Veranstalter, persönlich als »Josef«: *Ich bin Peter Josef. – Und ich bin Hans Josef. – Und ich bin Urs Josef...*

1. Einleitung
Musik zur Einstimmung

Begrüßungs- und Einleitungsgedanke:
Ich will euch Zukunft und Hoffnung geben, spricht Er, der Ewige.
Wir kommen zusammen zur Adventsfeier für Männer.
Seid willkommen!
Diese Krypta ist ein tiefer, besonderer Ort.
Dieser Abend soll dazu dienen, dass der Advent nicht einfach an uns vorbeigeht, damit wir nicht vor Advent und Weihnachten fliehen müssen. Advent ist nicht allein Frauensache. Schließlich spielen in der Weihnachtsgeschichte einige Männer nicht unbedeutende Rollen: Josef zum Beispiel.

Ich bin auch ein Josef. – Bin ich das?
Wo finde ich mich wieder in Josef?
Wo erkenne ich den Bruder in Josef?
Wo ist Josef mir seelenverwandt?
Welche Saite bringt die Geschichte von Josef in mir zum Schwingen?
Welches Lied lässt die Geschichte von Josef in mir erklingen?
Berühren Josef und seine Geschichte mich an der Schulter oder liegen sie mir im Magen?
Bringen Josef und seine Geschichte mich in Bewegung oder lassen sie mich erstarren?

Lied:
Macht hoch die Tür (GL 107, EG 1)

Gebet:
Lebendiger Gott,
ich danke dir für Josef und seine Geschichte:
mit all ihren Irritationen und Fragezeichen,
aber auch mit allem, was mir daran Mut macht,
mein eigenes Leben zu leben,
meinen eigenen Weg zu gehen.
Amen.

Was wir über Josef aus der Bibel wissen:
Mit verteilten Rollen lesen:

Wir haben die Josefsgeschichte aus der Bibel zusammengetragen:
- Josef stammt vom berühmten König David ab.
- Josef hat also »blaues Blut«.
- Josef ist der Sohn eines Zimmermanns und übt selbst diesen Beruf aus. Es war damals ein angesehener Beruf.
- Ein Zimmermann musste gebildet sein, denn er konnte Häuser bauen.
- Josef ist mit Maria verlobt und nimmt sie zu sich und heiratet sie, obwohl er weiß, dass sie nicht von ihm schwanger ist.
- Josef findet sich mit dieser Situation ab und sagt Ja dazu.
- Josef verzichtet auf sexuellen Kontakt mit Maria bis zur Geburt des Kindes.
- Josef hört auf den Befehl des Kaisers Augustus und zieht mit seiner Maria zur Volkszählung nach Betlehem.
- Josef muss eine notdürftige Unterkunft nehmen, weil andere Herbergen besetzt sind.
- Josef hilft Maria bei der Geburt und kümmert sich um sie und das Kind.

- Josef hört auf den Befehl des Engels und flieht mit seiner Familie nach Ägypten. Denn Herodes hat ein barbarisches Vorhaben: alle Knaben bis zwei Jahre zu töten.
- Josef erkennt die eigenwillige Wortwahl des Engels an, der sagt: Nimm das Kind und seine Mutter und warte so lange in Ägypten, bis ich es dir sage.
- Josef hört im Traum wiederum den Engel und zieht nach dem Tod des Herodes mit dem Kind und seiner Mutter zurück nach Nazaret in Galiläa. Denn Josef hat Angst vor dem Regime des Archelaos, des Sohnes von Herodes, der im südlicher gelegenen Judäa regiert.
- Josef nimmt in Nazaret eine Wohnung und betreibt eine Schreinerwerkstatt.
- Josef zieht mit Maria einmal jährlich zum Passahfest nach Jerusalem, bis Jesus zwölf Jahre alt ist.
- Danach erzählt die Bibel nichts mehr über Josef. Hin und wieder wird sein Adoptivsohn Jesus – als »Sohn des Zimmermanns« – mit ihm in Verbindung gebracht.

2. Entscheiden

Leiter: Josef stand vor einigen bedeutenden Entscheidungen: Soll er sich zu Maria und dem Kind stellen – oder sie verlassen? Soll er der Stimme des Engels, der ihm im Traum erschienen war, trauen? Entscheidungen musste Josef treffen.

Sich entscheiden müssen – das gehört zu unserem Leben. Gewiss hat jeder von uns schon bedeutsame gute Entscheidungen getroffen. Ich möchte euch dazu einladen, einige Momente über eigene getroffene Entscheidungen in der Stille nachzudenken.

Dazu einige Impulse:
- Versuche dich an Entscheidungen zu erinnern, die du vor längerer oder kürzerer Zeit getroffen hast.
- Gibt es Entscheidungen, die du demnächst wirst treffen müssen?
- Was hängt von diesen Entscheidungen ab?

- Lass nun die bevorstehenden Entscheidungen los und versuche dich an eine Entscheidung zu erinnern, die du ganz offensichtlich gut getroffen hast!

Für die folgende Kleingruppenphase verlassen die Männer die Krypta und gehen ins Kirchenschiff:

Leiter: Nun tu dich mit zwei anderen Männern zusammen und unterhaltet euch im Kirchenschiff über Folgendes:
- Erzählt einander von Entscheidungen, mit denen ihr zufrieden seid!
- Was hat euch geholfen, diese zu treffen?
- Will jemand von einer vor ihm liegenden Entscheidung erzählen?

Auf ein Signal hin (Musik etc.) versammeln sich alle wieder in der Krypta.

3. Engel haben, Engel sein
Leiter: Im Neuen Testament vernehmen wir mehrmals, dass Josef von Engeln angesprochen und geführt wurde. Engel sind eine Realität in seinem Leben geworden.

Engel – ein Reizwort!
   Vielleicht können Esoteriker und Verliebte etwas damit anfangen. Aber für uns durchschnittliche Männer, die wir uns zersorgen, wie wir allein, zu zweit oder mit unserer Familie die kommenden Stresstage hinter uns bringen können, für uns reduziert sich das Engelerlebnis auf die Glimmerpüppchen hinter den Schaufenstern.
   Reicht das?

Ein Vorschlag:

Vielleicht helfen uns beim Thema Engel Kinder weiter, möglicherweise sogar unsere eigenen.

Kinder haben mit Engeln keine Probleme. Im Gegenteil: Ab und zu erleben wir, wie Kinder unbefangen über ihre Engelerlebnisse berichten können.

Warum nicht einmal unbefangen und ohne zu werten Kindern zuhören?

Eine Warnung:

Engel können einen äußerst ärgerlichen Auftritt haben. Ein Mann berichtet:

»Es war im Peloponnes: Ein junger Grieche überholte mich auf die unmöglichste Art und Weise, bremste sogleich nach dem Manöver seinen Wagen und zwang uns so zum abrupten Halten. Zum Glück! Unsere beiden Wagen hielten vor einer Kette, die einen Bahnübergang absperrte. Und kaum standen wir, rollte ein Zug heran. Ohne diesen Raser würde ich heute vermutlich nicht mehr leben. – Ein Engel? – Für mich eindeutig ja!«

Wo liegt unser Männer-Problem mit Engeln?

Wir Männer sind Macher und Alleskönner. Wir brauchen doch keine Hilfe.

Ich meine, wir Männer könnten weicher werden, könnten Demut lernen und uns lösen von der Wahnvorstellung, immer der Größte und Beste sein zu wollen.

So werden wir empfänglicher für die Handreichungen von Engeln. Engel sind dann vielleicht auch Männer, unter Umständen sogar mir bekannte, solche, mit denen ich arbeite oder die Freizeit teile.

Kann ich selber Engel sein?

Mitunter nehmen wir es womöglich gar nicht wahr, dass wir selbst für andere Menschen als dienende Engel tätig werden.

Es wäre schon etwas, wenn wir im anderen Mann nicht mehr den Konkurrenten sähen, sondern den Bruder entdeckten: den leidenden, verletzlichen, sehnsüchtigen Mann.

Ritual:
Leiter: Stellt euch zu Dreiergruppen zusammen: jeweils einer vorn, zwei dahinter, und legt dem Vordermann jeweils eine Hand auf die Schulter.
(Dazu leise Musik.)

Zum Mann, der jetzt vorn steht:
Du weißt, zwei Männer stehen hinter dir. Versuche, ihre Stärke, ihre Kraft in dich aufzunehmen! Es gibt für dich Engel: Männer, Freunde, die zuhören können, die dich stärken und unterstützen können, dich bei deinen Entscheidungen begleiten können.

Zu den Männern, die jetzt hinten stehen:
Du hast einen Mann, einen Bruder vor dir. Du kannst ihm weit mehr mitgeben, als du glaubst, auch manchem Mann an deinem Arbeitsplatz, in deiner Nachbarschaft, in deinem Bekanntenkreis. Du kannst da und dort Engel sein.

Die Positionen werden zweimal gewechselt, damit jeder einmal vorn steht.

Anschließend ein Kanon:

Ich will euch Zukunft und Hoffnung geben

T: nach Jeremia 29,11; M: Arthur Eglin

Kanon zu 3 Stimmen

Ich will euch Zukunft und Hoffnung geben, spricht der Herr, Zukunft und Hoffnung.

4. Rollen übernehmen

Von mehreren Männern abwechselnd gesprochen:
Ich bin Ernährer, ich bin Vater, ich bin Sohn, ich bin Partner, ich bin Berufsmann, ich bin Chef, ich bin Vereinsmitglied, ich bin Wanderer, ich bin Botschafter, ich bin Tierschützer, ich bin Einsiedler, ich bin Held, ich bin Patriarch, ich bin Philosoph.

Dieselben Männer benennen Rollenkonflikte, z. B.:
- Als Ernährer sollte ich so viel Geld nach Hause bringen, dass wir uns als Familie ein angenehmes Leben leisten können. Dabei bin ich nicht einmal sicher, ob ich nächstes Jahr noch einen Job habe.
- Als Vater bin ich so wenig zu Hause, dass mich meine Kinder schon bald nicht mehr kennen und mit all ihren Problemen ausschließlich zur Mutter gehen.
- Ich bin Partner. Früher waren wir richtig verliebt und haben viel gemeinsam unternommen. Heute funktionieren wir oft nur noch als gutes Arbeitsteam. Unsere Zweisamkeit kommt mir abhanden.
- Mein Chef will von mir als Angestelltem immer mehr Leistung. Dabei gebe ich doch jetzt schon alles und kann einfach nicht mehr.

- Als Chef soll ich für alle Sorgen meiner Mitarbeiter Zeit haben. Und zu wem gehe ich mit meinen Sorgen?
- Wenn ich abends nach Hause komme, bin ich so müde, dass ich nur noch meine Ruhe möchte. Wo ist der Liebhaber geblieben?
- Es macht viel Freude, im Verein mit anderen etwas zu unternehmen. Aber woher nehme ich Zeit und Energie dafür?
- Als Tierschützer setze ich mich für den Schutz der Robben ein. Aber oft fühle ich mich allein mit meinen Anliegen.
- Manchmal bin ich Einsiedler. Wenn ich allein bin, werde ich lebendig. In der Einsamkeit schöpfe ich Vertrauen.
- Als Held will ich Taten vollbringen. Ich stehe gern vor anderen. Ich reiße Verantwortung an mich. Wenn es darauf ankommt, bin ich präsent und einsatzfähig. Ich würde sterben für meine Partnerin.
- Mit einer Schreinerei hat es angefangen. Heute bin ich quasi Patriarch eines großen Möbelhauses. Jetzt will der Sohn das Geschäft übernehmen, aber ich kann es nicht gut loslassen. Die Streitereien treiben uns noch in den Ruin.
- Als Philosoph träume ich gern von Möglichem und Unmöglichem. Leider bleibt es immer nur beim Träumen, und ich kann nichts von alldem realisieren.

Lied: Go, tell it to the mountains (ET 209)

5. Schluss
Schlussgedanke:

Josef war der Vater des Jesus von Nazareth. Und der hat ja wirklich eine ganz neue Perspektive in unsere Welt gebracht. Josef hat Jesus heranwachsen sehen, hat ihn begleitet, ins Leben hineingeführt. Könnte diese Rolle nicht manchmal auch unsere sein?

Auch wir könnten diesem Jesus, seinem Geist, seiner Menschlichkeit, seiner Hoffnung in unserer Umgebung mehr Raum verschaffen. Wir könnten ihn sozusagen heranwachsen lassen, den Weg für ihn freimachen.

Segen:
Wir legen einander nochmals die Hand auf die Schulter.

Wir wollen doch nicht so tun,
als hätten wir alles und jedes im Griff,
als wären wir heute schon rundum glücklich,
als hätten wir alles bewältigt.
Wir wollen doch nicht so tun,
als wäre die Welt schon zu Ende gedacht
und unser Leben nur ein ausgelassenes fröhliches Lied.
Wie oft sind wir ratlos und ohne Sprache,
in unseren Köpfen kreisen Konflikte und Sorgen.
Dann, Gott, nimm unsere Hände und
führe uns auf den Weg der Versöhnung
mit allen Menschen und allen Welten.
Schenke uns ein Segelschiff voller Liebe
und lass uns über deine Meere fahren
zu alten und zu neuen Ufern, zu alten und zu neuen Menschen.
Es segne uns der lebendige Gott,
der Vater, der Sohn und der Heilige Geist.
Amen.

Text nach HANNS DIETER HÜSCH

WEIHNACHTEN

Gott ist da

Einführung
TILMAN KUGLER

Weihnachten – Gott ist in deiner Nähe.
Es ist die schlichteste Wahrheit im christlichen Glauben,
die wohl am schwersten begriffen werden kann:
Gott ist Mensch – einfacher Mensch.
Gott kommt nicht mehr von oben.
Gott kommt nicht mehr im Unwetter oder im Säuseln des Windes von irgendwo.
Gott kommt – wie du und ich – zur Welt.
Gott kommt ohne spektakuläres Tamtam.
Gott kommt ohne Macht und Herrlichkeit.
Gott kommt einfach. Im Stall.
In der Nähe von einfachen Hirten.
Und ist dann da. Einfach da.

Das ist kaum zu glauben. Dass Gott einfach da ist.
Klar, wenn es mir gut geht, dann glaube ich das gerne. Wenn ich glücklich bin, zufrieden, erfolgreich, stolz auf meine Arbeit oder meine Kinder, wenn ich lieben darf und geliebt werde.

Was ist, wenn alles schief geht?

Wenn ein Erdbeben Tausende von Menschen vernichtet? Wenn jahrelang ein Krieg wütet? Wenn ein Volk ausgerottet wird? Wenn dein Kind drogenabhängig wird? Wenn deine Eltern dich im Stich gelassen haben? Wenn deine Frau einen andern liebt? Wenn deine Familie zerbricht? Wenn deine Firma pleite geht – oder nur dich entlässt? Wenn Krankheit und Schmerzen dir das Leben schwer machen?

Und was ist, wenn dein Leben dazwischen verläuft, durchschnittlich und ein bisschen langweilig? Wenn der Alltag grau geworden ist, zwischen Büro, Fernseher, Kaufhaus und immer den gleichen Gesichtern?

Es gibt auf viele dieser Fragen keine Antwort. Das Beste, was du tun kannst, ist, die Fragen wach zu halten. Wie Hiob in seinem Leid. Wie Gandhi oder Martin Luther King. Wie die Frauen auf der Plaza del Majo und in Srebrenica.

Und die Vermutung, die Botschaft weitertragen: Es ist ein Kind geboren!

Gott ist Mensch geworden. Ein Mensch wie du. Gott ist dir nahe. Gott ist da. Wie ein Hirte. Egal, was geschieht. Ob es dir gut geht oder schlecht. Ob die Welt heil ist oder blutig…

Das ist der wahre, harte, schier unglaubliche Kern von Weihnachten – nicht mehr und nicht weniger.

Übung:
* Versuche, heute und die nächsten Tage mit der Vermutung zu leben, dass Gott da ist. Dass er, seine Kraft, das »große Ganze« in deinem Leben wirkt. Ob es dir gefällt oder nicht; ob es dir (damit) gut geht oder nicht. Gott ist wirksam. Nicht extra und irgendwie besonders… Du musst nichts tun – darfst nur diese Vermutung gelten lassen, so gut es eben geht: Gott ist da. In deiner Nähe. So und so. Damit fängt Beten an. Notiere deine Erfahrungen, deine Fragen, deine Zweifel und deine Erkenntnisse mit dieser Übung. Schreibe ein kleines »Tagebuch mit Gott«. So ähnlich, wie es der Autor von Psalm 23 gemacht haben mag. Der Psalm steht in einer Variation weiter unten in diesem Kapitel. (s. u., S. 109f.)

Der Hirte
WILFRIED VOGELMANN

> *Hirten sind die Ersten, die von der Geburt des Messias erfahren. Sie machen ihre Arbeit, hüten ihre Schafe und lagern nachts draußen auf dem Feld. Da erreicht sie die Botschaft des Engels. Zunächst fürchten sie sich – doch dann reagieren sie. Sie gehen zum Stall und schauen sich die Sache an. So werden sie im Evangelium zu den ersten Boten der Menschwerdung Gottes. Warum Hirten?*

Hirte ist die Berufsbezeichnung für jemanden, der eine Herde gleichartiger Tiere hütet. Das können Ziegen, Schafe, Esel, Kamele, Rinder oder auch Gänse sein. Der Hirte ragt gut sichtbar aus seiner Herde heraus, ist ruhender Pol, Orientierungspunkt und Leitfigur. Er weiß, was für ein gedeihliches Leben notwendig ist. Er kennt die fetten Weideplätze, hat die besten Tränkstellen ausgekundschaftet und weiß die Herde zu ihrem Besten zusammenzuhalten. Wenn ein Weideplatz abgeweidet ist, ziehen die Hirten bis heute mit ihren Herden weiter. Hirten sind daher Nomaden, die ihr Leben an die Bedürfnisse der Herde anpassen. Als leitende Gestalt ziehen sie auf der Wanderung ihrer Herde voran.

Im Beruf des Hirten fließen die positiven Energien der vier zentralen Archetypen König, Krieger, Liebhaber und Magier zum Wohl und Gedeihen der anvertrauten Herde zusammen: Im Idealfall ist der König der Hirte seines Volkes. Der Hirte sorgt vorausschauend und aufmerksam für segensreiche Lebens- und Entfaltungsbedingungen, denn er kennt das Leben sehr genau. Die Herde ist fruchtbar, gedeiht und wächst. Ein Hirte ist stets zum Kampf bereit, wenn es um die Verteidigung seiner Herde geht. Stock und Stab des Hirten sowie eine Schleuder geben Zuversicht gegenüber Feinden. In der Hürde schafft er einen klar abgegrenzten, sicheren Raum für die Nacht. Der gute Hirte liebt dabei seine Herde so sehr, dass er bereit ist, sogar sein Leben für die Schafe einzusetzen, wenn der Wolf oder Löwe kommt. Er lässt sich auch nicht abhalten, einem verlorenen Schaf in unwegsames Gelände nachzusteigen. Als Naturbursche hat der Hirte eine lebendige Beziehung zu den Kräften des Himmels und der Erde, er gilt als besonders empfänglich für Offenbarungen Gottes. Hirten auf den Feldern vor Betlehem haben daher als Erste von der Geburt des Messias erfahren.

Auch Menschen suchen seit jeher Anleitung und Führung. Heute ragt zum Beispiel der Trainer aus seiner Jugendmannschaft heraus und ist eine Leitfigur, an der sich die Jungs oder Jugendlichen orientieren. Sie schauen zu ihm auf, lesen genau in seiner Mimik oder Gestik, was er von ihnen hält, und warten auf seine Anregungen. Er entwickelt Ideen, um die Mannschaft zu fordern und zu fördern. Ähnliche Aufgaben haben Lehrer, Väter, Erzieher, Jugendleiter – auch Firmenchefs, Abteilungsleiter oder Politiker.

Ganz organisch ist so schon früh der Hirte zum Leit-Bild für menschliche Herrscher geworden. Dies war z. B. in Israel, bei den Babyloniern, Sumerern, Assyrern und phasenweise auch bei den Griechen der Fall. Bedeutendstes Beispiel ist der Hirtenjunge David, der von der Herde weggeholt und zum König über Israel gesalbt wird. Mit seiner Schleuder erlegt er den Philister Goliat, wie er zuvor ein feindliches Tier bekämpfte, das seine Schafherde bedroht hat. Er kann seine Herde bzw. das Volk gegen Feinde verteidigen, das qualifiziert ihn für das Amt des Königs. Da in Israel Gott selbst der König ist, verbinden sich im unnennbaren Gott JHWH (Jahweh) die Königs- und die Hirtenrolle eng miteinander. Besonders anschaulich und dicht kommt dies im 23. Psalm zum Ausdruck.

Im Neuen Testament kommt das Bild des Hirten durch Jesus neu zur Bedeutung. Er ist der Hirt, der die zerstreute Herde, das führerlose

Volk Gottes, als seine Herde sammelt. Er erlebt die Menschen seiner Zeit wie Schafe, die keinen Hirten, also keine Anleitung, Begleitung, Wegweisung, Orientierung haben. Im zehnten Kapitel des Johannesevangeliums entfaltet Jesus in der Bildrede vom guten Hirten seine Lebenshaltung und seinen Auftrag.

Die Schattenpole des Hirten – als einer Variante des Archetyps des Königs – sind aktiv wirksam, wenn der Hirte seine Herde gängelt oder bedrängt oder ihr eine Richtung aufzwingt, bloß um sie seine Macht und Überlegenheit fühlen zu lassen. Im passiven Pol lehnt der Hirte es ab, seine Verantwortung wahrzunehmen: Er flieht ohnmächtig, wenn er den Wolf kommen sieht, oder lehnt es ab, der Hüter seines Bruders zu sein.

In seiner symbolischen, archetypischen Bedeutung ist der Hirte einerseits ein Spiegel für Männer: Findest du dich zurecht, draußen in der Wildnis des ganz gewöhnlichen Lebens? Kennst du deine Fähigkeiten und Möglichkeiten? Traust du dir etwas zu? Wie gestaltest du deinen Herrschaftsbereich? Nimmst du die Verantwortung an, die dir zufällt? Wie übst du die Macht aus, die du hast? Wem und was gilt deine Sorge? Hast du Freude an deinen Aufgaben? Ist das, was du tust, sinnvoll und zukunftsträchtig?

Dass der Hirte »archetypisch in unserer Seele wohnt«, kann Männer andererseits ermutigen, ihr Leben bewusster und eigen-sinniger zu gestalten und darin selbstbewusster und sicherer zu werden. Möglichkeiten dazu trägt jeder in sich. Diese Möglichkeiten zu erlauschen, zu erspüren, dazu regen die Hirten, die »Könige der Weihnachtsgeschichte«, an.

Hirtenwache – vom Abend bis in die späte Nacht
WILFRIED VOGELMANN

> *Nach den festlichen Weihnachtstagen im gut geheizten Wohnzimmer im Kreis von Familie und Freunden zieht es Männer wieder hinaus in die Natur und ins Unbehauste. Da bietet es sich an, mit ihnen aufzubrechen und der Frage nachzugehen, was aus den Hirten geworden ist, nachdem sie von der Krippe wieder zu ihren Herden zurückgekehrt sind. Es geht darum, zu erforschen, welche Seiten des Hirten in Männern heute (noch) lebendig sind.*

Ziele
- Einen die Sinne ansprechenden Übergang von Weihnachten her auf den Jahreswechsel hin anbieten
- Eine erfüllte Perspektive/Kraftquelle für sich nutzen: Die Fülle der Zeit ist da, Jesus ist geboren – auch in mir!?
- Vom romantisierenden und verklärenden Weihnachtsidyll weg und näher zum Ursprünglichen hin finden: Naturnähe, Einfachheit, Kälte
- Zugang zum königlichen Archetyp des Hirten und Hüters eröffnen – Räume zur Erforschung anbieten: Ist der Hirte auch in mir noch lebendig und wichtig?
- Sich verbinden mit den großen Hirten Gott und Jesus und sich darin seiner Verantwortung für das Leben stellen
- Männer miteinander und mit der fürsorgenden Grundaufgabe des Hirten in Verbindung bringen, die ganz einfach scheint, aber den Mann zur Grandiosität herausfordern kann: schützen, nähren, versorgen, verteidigen, mehren, leiten, hüten, wachen …

Biblische Anknüpfungspunkte
- Die Hirten hielten in der Nacht Wache bei ihren Herden.
- Engel kamen und verkündeten ihnen die Geburt Jesu im Stall.
- Sie brachen auf und eilten zum Stall, fanden das Kind in der Krippe.
- Sie kehrten in die Nacht hinaus zu ihren Herden zurück. Ihre Herzen sind erfüllt von der göttlichen Kraft des Hirtensäuglings – die Kraft des Hirten ist in ihnen neu geboren.
- Daraus gestalten sie ihren Alltag neu.

In freier Anlehnung gestaltet sich daraus die Gliederung der Rituale des Abends.

Organisatorisches
Die Planung für eine solche Veranstaltung muss frühzeitig begonnen werden, da allerhand Ausrüstungsgegenstände zu besorgen sind: Feuerholz, Kochgerät für offenes Feuer etc. Es wäre günstig, möglichst viele der notwendigen Dinge von den Teilnehmern mitbringen zu lassen. Der Leiter des Rituals sollte selbst frei von organisatorischen Fragen und Aufgaben sein.

Ausrüstung, die (laut Handzettel zur Werbung) mitzubringen ist:
- Wettergeeignete Kleidung für draußen, feste Schuhe
- Isomatte (kälte- und wasserabweisende Sitzgelegenheit)
- Tiefe Teller, Löffel, Trinkbecher, Taschenmesser
- Kleiner Schreibblock, Stift
- Zwei Liter frisches Trinkwasser in Flaschen
- Rucksack
- Ein Paar Würste zum Heißmachen (nicht Braten)

Ausrüstung, die von der Leitung besorgt wird:
- CD-Player und CD mit Gloria
- Kerzenlicht für die Kirche bzw. den Stall

- Material für Feuer: Streichhölzer, Zeitung etc.
- Feuerholz aus dem Wald für Ast- bzw. Zweigbündel
- Fürs Kochen: feste Suppennudeln, Brühwürfel, Tee
- Teig für Stockbrot
- Gefäße: Dreibein, Topf, Teekannen
- Haselstöcke als Hirtenstab
- Taschenlampe, Stirnlampe
- Fackeln
- Erste-Hilfe-Tasche

Gruppengröße: 8 bis 16 Männer

Neben offener Werbung über Flyer und andere Medien führt vor allem die direkte Ansprache Männer dazu, sich auf ein solches ungewohntes Projekt einzulassen.

Ablauf

1. Phase: In behutsamen Schritten Kontakt zum Hirten aufnehmen
Kontaktaufnahme zum Raum, zu Krippe und Hirten
Meditation, Gespräch, Gebet und gegenseitige Bestärkung
Ort: Dorf- oder Pfarrkirche, Kirchenraum, Krippenstall mit Hirtenfiguren

Der Leiter führt vor der Kirche oder im Vorraum in den Ablauf ein:
Leiter: Findet euch in einem Kreis zusammen. Jeder nennt nun seinen Namen und benennt in ein oder zwei Sätzen, was ihn zu dieser Veranstaltung gelockt hat.

Anschließend stellt er die Phasen, die in der Kirche angeboten werden, kurz vor. Die einzelnen Phasen werden jeweils durch das Anschlagen einer Klangschale eingeleitet.

1. Gong: Die Kirche betreten – dem Heiligen nahe kommen
Leiter: Ihr seid zum Stall in Bethlehem aufgebrochen. Wie nahe wollt ihr gehen? In welchem Tempo wollt ihr euch nahen?

Spürt gut eure Verfassung. Lasst euch Zeit, euren Platz im Raum der Kirche zu finden. Man kann, muss aber nicht gleich direkt zur Krippe gehen. Erfüllt den richtigen Platz von Nähe und Distanz.

Dazu spielt auf CD eine Orgel ein Gloria, das noch den Engelsgesang, Echo der Weihnacht, intoniert.

2. Gong: Hirtenbegegnung
Leiter: Tretet einmal an die Krippe. Lasst die Szene auf euch wirken. Schenkt den Hirten besondere Aufmerksamkeit: ihrer Ausrüstung, Haltung, Gebärde, Mimik. Vielleicht wollt ihr selbst die Haltung eines Hirten einnehmen? Schauen, wahrnehmen, wie sich das anfühlt, was es auslöst … Nimm ruhig eine Hirtenfigur in die Hand, fühle: Aus welchem Holz sind Hirten geschnitzt? Wo fühle ich mich dem Hirten nahe, wo ist er mir vertraut, wo fremd?

3. Gong: Den Hirten meditieren, ihm nachspüren, nachsinnen
Leiter: Nimm irgendwo im Kirchenschiff Platz (mit Teelicht). Lass Gedanken und Gefühle zum Hirten in dir aufsteigen und, wenn du magst, mach Notizen für dich persönlich zu folgenden Fragen:

- Welche Tätigkeiten prägen einen Hirten?
- Welche Eigenschaften qualifizieren oder charakterisieren einen Hirten?
- Welche Tätigkeiten und Eigenschaften kennzeichnen mich als Hirten?

4. Gong: Hirtenpalaver
Leiter: Setzt euch nun zu zweit mit euren Lichtern zusammen. Jeder hat fünf Minuten Zeit, von sich zu erzählen, der andere hört zu. Mit Glockensignal zeige ich den Wechsel an.

- Was berührt mich an den Hirten, ihren Tätigkeiten und Eigenschaften?
- Wie begegnen mir im Hirten eigene Verhaltensweisen, Aufgaben, Qualitäten?

5. Gong: *Palaver verebbt, Stille*

Leiter: Wir lesen nun den Hirtenpsalm, den 23. Psalm, als Echopsalm: Ich lese eine Zeile vor und eröffne immer mit »Gott ist mein Hirte« bzw. »Du, Gott, bist mein Hirte« und schließe jeweils die nächste Psalmaussage an. Danach wiederholt ihr den Vers, den ich gesprochen habe, wie ein Echo. So beten wir den ganzen Psalm.

Gott ist mein Hirte
mir wird nichts mangeln

Gott ist mein Hirte
er lässt mich lagern auf grüner Aue

Gott ist mein Hirte
er führt mich zum Ruheplatz am Wasser

Gott ist mein Hirte
er stillt mein Verlangen

Gott ist mein Hirte
er leitet mich auf rechten Pfaden treu seinem Namen

Gott ist mein Hirte
muss ich auch wandern in finsterer Schlucht
ich fürchte kein Unheil

Du, Gott, bist mein Hirte
denn du bist bei mir

Du, Gott, bist mein Hirte
dein Stock und dein Stab geben mir Zuversicht

Du, Gott, bist mein Hirte
du deckst mir den Tisch vor den Augen meiner Feinde

Du, Gott, bist mein Hirte
du salbst mein Haupt mit Öl

Du, Gott, bist mein Hirte
du füllst mir reichlich den Becher

Du, Gott, bist mein Hirte
lauter Güte und Huld werden mir folgen mein Leben lang

Du, Gott, bist mein Hirte
in deinem Haus darf ich wohnen für lange Zeit

6. Gong: Aufbruch zum Kreis der Männer an der Krippe
Leiter: Wir stärken einander in unserer Hirtenenergie: Der Stock und Stab der Zuversicht geht von Mann zu Mann. Wer den Haselstock hält, spricht und empfängt Stärkung durch die Gruppe.

Sage deinen Namen: »Ich bin N.« Dann füge einen Satz an: »Hirte sein erlebe ich bei mir ...«

Darauf erfolgt die Fürbitte der anderen Männer: »N. N., Gott, der gute Hirte, stärke dich mit seiner Kraft!«

2. Phase: Weg der Hirten von der Krippe zurück zu ihrem Lager
Fußwanderung hinaus auf Felder oder einen Hügel; ca. 30 bis 60 Minuten

7. Gong: Aufbruch zum Lager
Leiter: Jeder nehme sich nun schweigend seinen Rucksack, sein Bündel Holz oder sein Dreibein, Kessel, Kanne … Wir brechen in Stille auf. Jeder geht für sich (Ortskundige gehen voran). Geht auch noch beim Feuermachen sparsam mit Worten um. Nehmt die Nacht, Natur, Kälte, Atmung wahr. Schenkt euch dies selbst und gegenseitig.

3. Phase: Feuer machen, Kochen, Essen und Gespräche am Feuer
Die Zeit am Feuer darf gesellig und lebendig werden. Nach den konzentrierten Phasen der Besinnung ist es nun gut, Freizeit zu haben:

- Zeit zum Tee- und Suppe-Kochen
- Zeit zum Essen und Trinken, Sich-Wärmen und -Stärken
- Zeit zum Palaver, Gespräch, zu geselligem Austausch

4. Phase: Drei geführte Schritte mit Fackelritual zum Ausblick auf das kommende Jahr

1. Schritt: Austauschrunde oder Kleingruppengespräch
Leiter: Wir haben nun Gelegenheit, einander zu erzählen: Wie habe ich Weihnachten erlebt und gefeiert? Was war mir an Weihnachten dieses Jahr wichtig? Was hat mich berührt? Wo ist mir ein Licht (neu) aufgegangen? Was hat mich gestört oder geärgert?

Währenddessen backt ein Mann am Hirtenstab über dem Feuer ein Stockbrot, das hinterher alle miteinander essen. Wer macht das?

2. Schritt: Erinnerung an Jesus, den guten Hirten
Leiter: Verteilen wir nun das Stockbrot. Beten wir miteinander, wie Jesus, der gute Hirte, seine Jünger zu beten gelehrt hat.

Gebet: Vaterunser

Essen des Brotes

3. Schritt: Am Feuer der Weihnacht seine Fackel entzünden
Leiter: Jesus sagte einmal: Ich bin gekommen, Feuer auf die Erde zu werfen, und ich wollte, dass es schon brenne! Damit kommt er unserer Sehnsucht nach Licht entgegen, die in einem Weihnachtslied ausgedrückt wird: »O Jesu, Jesu setze mir selbst die Fackel bei …« Macht euch zum Aufbruch bereit, schultert den Rucksack und bildet stehend einen Kreis um das Feuer.

Jeder Mann ist nun eingeladen, allein zum Feuer zu treten und seine Fackel zu entzünden. Danach tritt er in den Kreis zurück und beginnt: »Von Weihnachten her trage ich diese Fackel ins neue Jahr. Das Feuer meiner Fackel steht für …« Und er beendet seinen Satz mit einem HOU! Die Gruppe antwortet darauf geschlossen ebenfalls mit einem HOU!

Abschluss
Segensgebet:
Gott, Hirte aller Hirten,
du hast uns reich gesegnet
mit unserem Körper,
seiner sehnigen Kraft
und Muskulatur,
mit unseren fünf Sinnen,
mit unserer sexuellen Energie,
mit Händen und Füßen.
Lass uns mit unserem Körper
ein Segen sein.

Gott, Hirte aller Hirten,
du hast uns reich gesegnet

mit Spürsinn und Feingefühl,
mit Hunger nach Visionen,
mit Lust auf erfülltes Leben.
Lass uns mit unserer Sehnsucht
nach Leben
ein Segen sein.

Gott, Hirte aller Hirten,
du hast uns reich gesegnet mit Menschen,
die uns von Anfang unseres Lebens an
begleitet haben.
Mit Menschen, die uns versorgt,
beschützt, herausgefordert oder getröstet haben.
Mit Menschen, die uns gute Hirten
und Hüterinnen sind und waren.
Lass uns mit unserer Hirtenenergie
ein Segen sein.

Aufbruch
Gemeinsame Wanderung als Fackelwanderung in den Ort zurück.
Auflösen des Kreises der Gruppe am Ort des Anfangs.
Persönliche Verabschiedung der Männer voneinander.

JAHRESWECHSEL

Wer sich wandelt, bleibt sich treu

Einführung
TILMAN KUGLER

Die Zeit um den Jahreswechsel ist ein Zwischen-Raum, eine Übergangszeit. Man redet auch von der Zeit »zwischen den Jahren«. Dieser Zeitraum ist kurz, reicht maximal von Weihnachten bis Dreikönig, die Tage und Nächte, die anderswo auch die »Raunächte« genannt werden.

Übergänge im Leben – Zeiten des »Dazwischen« – sind sensible Zeiten. Wenn ein Mann alte Lebens(t)räume hinter sich lässt und neue noch keine Gestalt gewonnen haben, befindet er sich gewissermaßen »im Flur«, »im Treppenhaus« des Lebens.

Zwischenzeiten im Leben haben oft keine feste Struktur, zumal, wenn man sie nicht freiwillig gewählt hat: nach dem Tod eines Partners bzw. einer Partnerin, nach dem Auszug der Kinder, nach dem Ende der Erwerbstätigkeit, nach einer Trennung, nach dem Verlust der Arbeit… Das Fehlen eines festen »Geländers« durch eine solche Zeit ist die Gefahr – Absturz! – und gleichzeitig die Chance dieser Lebensphase. Ausgerüstet mit mehr oder weniger guten »Landkarten« (früheren Erfahrungen, Vorbildern, psychologischem Wissen, religiösen Weisheiten) beginnt eine Expedition in ungelebtes Lebensland!

Der Archetyp des Wanderers
TILMAN KUGLER

Die biblischen Erzählungen und die Geschichte der Heiligen sind voller »Wanderer«. Alte Pilgerwege laden seit Jahrhunderten ein, dem Wanderer Raum zu geben. Und gerade in Übergangszeiten ist der »Archetyp des Wanderers« in uns gefragt. Das Unterwegssein zwischen Vergangenem und Zukünftigen ist die Welt des Wanderers. Aufgebrochen und noch nicht angekommen. Der Wanderer hat Distanz zu Dingen und Menschen. Er kommt, rastet hier und da und zieht weiter auf seinem Weg. Der »Archetyp« des Wanderers ist in uns lebendig, wenn wir uns auf einen Weg begeben haben, aufgebrochen sind zu neuen Horizonten oder neuen Ufern.

Im Prozessmodell der Archetypen von Heribert Fischedick (Der Weg des Helden, S. 83ff. – vollständige Literaturangabe s. o., S. 74) folgt der Wanderer auf den »Verwaisten«, der aus dem Paradies vertrieben wurde. Damit ist angedeutet, dass das absichtliche und noch mehr das unfreiwillige Verlassen einer heimatlichen Welt den Wanderer in uns herausfordert. Den, der Ja sagt zur Heimatlosigkeit, zum Unbehaustsein, zur Reise.

Der Archetyp des Wanderers hat auch eine Schattenseite: Männer, die nicht in der Lage sind, die Verbindlichkeit einer Beziehung, des Dazugehörens zu einer Gemeinschaft einzugehen; Männer, die immer getrieben sind, ohne sich irgendwo niederzulassen; Männer, die sich dünn machen, wenn ihnen jemand nahe kommen möchte ...

Im Laufe eines Lebens gibt es ganz selbstverständliche »Zeiten des Wanderers«: der Auszug aus dem Elternhaus in eine Ausbildungsphase, Zeiten des Verliebt- und Verlobtseins, Umbruchzeiten im Beruf, Elternzeiten, Übergang in den (Vor-)Ruhestand – auch Krankheiten und das Sterben. Wie heißt es in einem Lied? »Wir sind

> nur Gast auf Erden und wandern ohne Ruh …« Im Zeichen des Wanderers lernen wir, selbständig zu sein, unseren persönlichen Weg nicht aus den Augen zu verlieren und dass wir bei allem verwiesen sind auf die größere Wirklichkeit, die Gott ist.

Dem Wanderer Raum geben

Im Jahreslauf ist die »Zeit zwischen den Jahren« vielleicht am deutlichsten vom »nicht mehr« und »noch nicht« geprägt – eine gute Zeit, um dem Wanderer in sich Raum zu geben. Das geht zum Beispiel, indem man sich bewusst zu Fuß auf den Weg macht, Revue passieren lässt, was hinter einem liegt, und das Neue Jahr wie ein neues Schulheft mit leeren Seiten in den Blick nimmt.

Es ist gut, diese zwei Phasen auseinander zu halten: das Loslassen des Alten – und das Aufbrechen ins Neue. Und es ist gut, sich Begleiter oder begleitende Geschichten und Bilder für eine solche Übergangszeit zu suchen. Richard Rohr, der amerikanische Priester und Autor wichtiger Bücher für Männer, riet in einem Seminar dazu, sich für solche bewusst erlebten und durchschrittenen Übergänge einen »Ältestenrat« zu suchen: einschlägig erfahrene Männer und Männergestalten, die als Begleiter und Inspiratoren in Gedanken hinter einem stehen.

Ein solcher Inspirator ist der biblische Abraham, der mit seinem späten Aufbruch aus dem Haus und Land des Vaters in ein verheißenes fernes Land der Ahnherr der Wanderer und eine bedeutende Verkörperung dieses Archetyps ist. Ein anderer ist sein Enkel Jakob. Beide sind wertvolle Begleiter für Männer in Übergangszeiten.

Abraham bricht auf ...
HUBERT FRANK

> *Abraham ist eine klassische Verkörperung des »Wanderers«. Erst dadurch, dass er seine gewohnte Umgebung hinter sich ließ und sich auf ein Abenteuer mit Gott einließ, wurde er zum Stammvater im Glauben für Juden, Christen und Muslime.*

Der Herr sprach zu Abraham: Zieh weg aus deinem Land, von deiner Verwandtschaft und aus deinem Vaterhaus in das Land, das ich dir zeigen werde. Ich werde dich zu einem großen Volk machen, dich segnen und deinen Namen groß machen. Ein Segen sollst du sein.
GENESIS 12,1ff.

»*Zieh weg ...*« hat zum Ziel, die eigenen Lebensmöglichkeiten zu erweitern, über das hinauszugehen, was z. B. dem Vater vergönnt war. Dahinter steckt die Zumutung, Gewohntes zu verlassen, Sicherheiten aufzugeben, und gleichzeitig verbirgt sich die Verheißung darin, Neues, vielleicht Größeres, aber zumindest Eigenes zu erhalten. Abraham muss sich lösen und auf den Weg machen. Zu Hause, in seinem Vaterhaus, scheinen die Möglichkeiten ausgereizt zu sein.

»*... aus deinem Land*« war damals nicht das Heimatland im heutigen Sinn, sondern das Weide- bzw. das Ackerland. Es könnte heute auch die Firma sein oder der eigene Beruf oder womit man sein Geld zum Leben verdient. Es ist das Versorgende, das Abhängigsein, vielleicht auch das Mütterliche, mit dem man gut leben, das aber auch manchmal zum Käfig werden kann. »Lieber den Spatz in der Hand als die Taube auf dem Dach« wäre das passende Sprichwort dazu. In solchen

(Arbeits-)Verhältnissen ist oft keine persönliche Weiterentwicklung möglich.

»*... von deiner Verwandtschaft*«: Damit ist die Großfamilie gemeint, die Sippe in der Zeit damals, wo es keine Singles gab. Sie war die soziale Absicherung. Wer da hinausging, war ein Außenseiter, verspielte sozusagen seine Rente, es sei denn, er fand etwas Neues. Die Großfamilie schmälerte aber auch den Spielraum des Einzelnen. Dafür war er eingebunden, man sorgte für ihn, z. B. wenn er krank war. Da haben wir heute mehr Möglichkeiten, sind nicht mehr so existentiell angewiesen auf die Geschwister, Onkel und Tanten.

»*... aus deinem Vaterhaus*«: Das sind die Traditionen und Religionen, die wir gelernt haben, um das Leben zu bewältigen und uns zu orientieren. Oder der Beruf, der von Generation zu Generation derselbe ist. Diese Familien gibt es heute noch, z. B. Politikerfamilien, Arztfamilien, in denen die Kontakte da sind, man selbst nur noch einsteigen muss. Aber das Leben ist auch vorgespurt. »Wie finde ich dann mein Eigenes?«, fragt sich so mancher in solchen Sippen. Und wie schwer ist es, die Religion in einer Familie zu wechseln, ohne den Kontakt zum »Vaterhaus« zu verlieren!

Abraham hat einen schwierigen Lebensverlauf. Er ist kinderlos, das heißt, das Leben geht nicht weiter. Das ist für die damalige Gesellschaft ein großer Makel. Vergleichbar wäre dies damit, dass jemand heute niemals eine passende Arbeit für sich findet, rumjobbt, wieder arbeitslos ist und nur wenig in die sozialen Sicherungssysteme einzahlt. Aus dem ist nichts geworden, würden wir sagen. Abraham passt nicht in die Tradition. Er geht viele Umwege, macht Fehler und zweifelt oft an seiner Existenz. Abraham versucht, seinen Impulsen zu folgen, seinen Weg zu finden. Biblisch gesprochen: Er versucht, sich auf Gottes Anruf einzulassen, ihm zu gehorchen. Dieses Verhalten nennt der Verfasser unserer Geschichte den Glauben Abrahams, was heißt: sich festmachen in Gott. Glauben wird möglich im Auszug aus den oben genannten Bindungen. Wer wagt, sich von den alten Bindungen zu lösen, erhält dafür viel, nämlich die »Verheißung«.

»Ich werde dich zu einem großen Volk machen« heißt, dass sich das Risiko beim Auszug aus dem Althergebrachten auszahlen wird, nämlich indem neue Bindungen entstehen. Man bleibt nicht in der Vereinzelung, sondern weitet sein Leben aus und bindet sich neu. Jemand, der seine Firma wechselt, hat zunächst vielleicht Angst davor, in einem anderen Betrieb keine netten Kollegen zu finden. Wenn er es dann tut, stellt er fest: Auch dort gibt es freundliche und unfreundliche Menschen, und er fühlt sich nach einer Weile wieder zu Hause.

»... deinen Namen groß machen«: Bei alten Völkern sagt der Name viel über das aus, was ein Mensch ist. Mit dem Namen ist er auch von einer bestimmten Tradition geprägt. Diese Geschichte bürgt dann für einen Menschen. Aber wirklich große und berühmte Figuren sind über die eigene Geschichte hinausgewachsen, haben noch mal was Eigenes, Unverwechselbares daraus gemacht. Sie haben sich nicht nur von ihrer Herkunft bestimmen lassen, sondern haben zu ihren Talenten und Fähigkeiten gefunden und sie weiterentwickelt. Wenn wir uns also den Luxus leisten, unser eigenes Leben zu suchen und zu finden, dann wird unser Name groß sein, d. h. er wird dann unverwechselbar und eigen.

»... dich segnen« verheißt Lebensfülle und Fruchtbarkeit. Die Glaubensväter waren immer auch reiche Leute, gesegnet mit vielen Tieren und Mägden und Knechten. Vor allem waren sie innerlich reich an Erfahrung und Weisheit, sie waren bei sich selbst angekommen, zu Hause. Das ließ ihnen die Dinge, die sie anpackten, gelingen. Der Weg zur Fülle ist aber erst mal mit Kargheit und Entbehrung verbunden. Ohne irgendeinen Verlust der Heimat, des Mütterlichen ist die Fülle

des Lebens und der Zuwachs an äußerem und innerem Reichtum nicht zu haben. Wer dem nicht zustimmt und gleich alles auf einmal haben will, möglichst bequem und ohne viel Anstrengung, wird es nicht finden, sondern scheitern. Ohne Risiko und Entbehrung finden wir nichts Neues und vor allem nicht uns selbst. Wenn wir aber zu dem Risiko Ja sagen, werden wir auch für andere ein Segen werden.

»Ein Segen sollst du sein«, wird zu Abraham gesagt. Menschen, die ihren eigenen Weg mit allen Umwegen und Rückschlägen gewagt haben und die Fehler in ihrem Leben nicht beschönigen, sind meist sehr interessante Menschen, deren Geschichte man gerne zuhört. Sie haben etwas gewagt und sind an diesen Herausforderungen gewachsen. Sie können einem Mut machen und zu neuen Taten inspirieren.

Aufbrechen – Vertrauen erfahren
Übungen für Männergruppen
NORBERT WÖLFLE

> *Die Männer entwickeln in diesen kooperativen Übungen Vertrauen in ihre Kraft und Stärke und erleben, dass sie auf ihren Wegen nicht allein unterwegs sind. Wir alle werden begleitet und getragen von Menschen, die mit uns gehen. Wir können darauf vertrauen, dass Gott uns auf unseren spirituellen Suchbewegungen begleitet, segnet und uns durch Menschen, die mit uns gehen, die notwendige Unterstützung zukommen lässt. Alle diese Aspekte können mit den folgenden Übungen erfahren, erlebt und vertieft werden.*

1. Komm-und-Stopp-Übung (ca. 30 Minuten)

* Alle Männer stehen in einem großen Kreis. Abhängig von der Raumgröße werden verschiedene Hindernisse in den Kreis gestellt, z. B. Stühle, Tisch, Bücher usw. Ein Mann beginnt und legt einen Weg von A nach B fest, an verschiedenen Hindernissen vorbei oder auch darüber oder darunter (bei Stuhl/Tisch). Der Weg wird zweimal abgelaufen, so dass alle im Kreis ihn genau kennen. Danach kehrt der Mann zur Ausgangsposition A zurück und bekommt die Augen verbunden.
Die Gruppe leitet die Person nun durch folgende Anweisungen: »Komm« ruft der genau gegenüber stehende Mann so lange, bis der Weg sich ändert. »Stopp« bedeutet Hindernis oder Richtungsänderung, darauf ruft ein anderer Mann wieder »Komm«, und in diese Richtung geht es weiter. Bei einem Tisch kommt der Zuruf »Runter«, damit der Mann unter dem Tisch hindurch kann, oder »Hoch«, wenn der Weg über den Tisch führen soll.

Hier ist eine Hilfestellung durch den Leiter der Gruppe möglich. Sie sollte auf jeden Fall angekündigt sein; auch die Art der Unterstützung muss geklärt werden.

Am Ende von manchmal komplizierten Wegen bekommt der Gehende die Augenbinde wieder abgenommen und kann kurz berichten, wie er sich bei der Übung gefühlt hat. Danach macht sich die nächste Person auf den Weg.

Die folgende Übung kann sich direkt an die »Komm-Stopp«-Erfahrung anschließen:

2. »Der Wanderer« (ca. 30 Minuten)

❋ Für diese Übung werden halb so viele Holzbalken wie Teilnehmer benötigt. Bei 18 Männern wären das neun Balken, die ca. 1,2 m lang sein und einen Durchmesser von 6–8 cm haben sollten.
Je zwei Männer stehen sich gegenüber und halten einen Balken. So entsteht eine Reihe von Männern, Schulter an Schulter stehend. An ein Ende der Balkenreihe wird ein Stuhl gestellt. Auf diesen Stuhl steigt der erste Mann und macht sich mit der Aufgabe vertraut, über die Balkenreihe zu gehen. Wichtig ist der Hinweis, dass es auch möglich ist, die Aufgabe nicht anzugehen – sich bewusst für oder gegen die Erfahrung zu entscheiden!
Nachdem sich der erste Mann mit der Aufgabe vertraut gemacht hat, wird folgendes Ritual eingeführt. Am Anfang steht immer die Frage an die Gruppe: »Seid ihr bereit, mich zu tragen?« Die Gruppe antwortet: »Ja, N. (Vorname des Mannes), wir sind bereit, dich zu tragen!«
Erst danach geht die Person über die Balken. Sie sucht sich beim Gehen Halt und Unterstützung an den Schultern der Männer. Anschließend sollten Sie jedem Mann die Möglichkeit geben, sich spontan zu äußern, wie er sich bei dieser Übung gefühlt hat.

Diese Übung lässt sich fantasievoll variieren, indem z. B. die Männerpaare sich hinten an der Reihe wieder anschließen, nachdem der Wanderer durchgegangen ist. So entsteht ein richtiger Weg quer durch den Saal. Ebenso lässt sich z. B. eine Kurve auf diesem Weg einbauen oder gar eine Treppe (in diesem Falle steht ein Paar, ca. an dritter/vierter Stelle, auf einem Stuhl). Der Fantasie sind keine Grenzen gesetzt, nur muss sorgsam darauf geachtet werden, dass sich die Gruppe die Aufgaben nicht zu schwer macht (Absturzmöglichkeit) und dass das Ritual eingehalten wird.

Impulsfragen zur Weiterarbeit

- Hast du in deinem Leben Ähnliches erlebt? Wer gibt dir Halt? Wen hast du getragen? Wähle, wenn möglich, eine konkrete Situation aus deinem Alltag aus!
- Gibt es Situationen in deinem Leben, in denen du dich getragen fühlst? Wer oder was trägt dich? Spielt dein Glaube dabei eine Rolle? Was gibt dir Sicherheit und Vertrauen? Was verunsichert dich?

Schreibe alles auf – du entscheidest frei und nur für dich, was davon du nachher den anderen Männern mitteilen willst und was nicht.

Jakob – ein kraftvoller Mann und Vater
NORBERT WÖLFLE

> *Auch Jakob war ein Wanderer. Im Alten Testament (Genesis 25–37; 42–50) wird von ihm als einer bedeutenden Person berichtet. Durch seine zwölf Söhne wurde er zum Stammvater aller Israeliten. Dabei verlief sein Leben alles andere als geradlinig. Es war vielmehr gekennzeichnet von Umwegen, Kämpfen und einem stetigen Suchen nach Ganzheit und Lebenssinn. Ein spiritueller Weg, der Höhen und Tiefen beinhaltet und uns zeigen kann, dass es nicht in erster Linie darauf ankommt, zielgerichtet und mit kühlem Kopf durchs Leben zu gehen. Vor allem kommt es wohl darauf an, Wagnisse einzugehen, um die Fülle des Lebens zu erlangen.*

Jakob erschleicht sich den Segen des Vaters

Ein kraftvoller und listiger Kämpfer war Jakob, und ein ganzes Leben lang lag er im Streit mit seinem Zwillingsbruder Esau. Der Kampf der beiden Brüder ging schon früh los. Bereits im Mutterleib hielt Jakob mit der Hand die Ferse von Esau fest, der dann doch als Erstgeborener zur Welt kam. Für die damalige Zeit hatte dies im Blick auf die Übergabe der familiären Rechte und Besitzansprüche eine große Bedeutung.

Als der Vater alt und erblindet war, gab er seinem Lieblingssohn Esau den Auftrag, noch einmal ein Stück Wild zu jagen und es ihm zuzubereiten. Danach wollte er Esau, dem Erstgeborenen, den Segen erteilen. Dies erfuhr die Mutter, die es wiederum ihrem Lieblingssohn Jakob mitteilte. Mit allerlei List und Tücke sollte Jakob, auf Geheiß der Mutter, das Wild jagen und sich anschließend mit den Fellen seines Bruders Esau verkleiden, um auf diesem Weg den Segen des Vaters zu erschleichen. So geschah es, und somit erhielt Jakob, anstelle von Esau, unwiderruflich den Vatersegen von Isaak.

Als Esau kurze Zeit später seinem Vater das gejagte Wild zubereitet hatte, erfuhr er von ihm, dass er den Erstgeburtssegen schon über Jakob gesprochen hatte. Da begann Esau laut zu weinen und war auf das Äußerste verbittert und wütend auf seinen Bruder. Nach alttestamentlicher Auffassung war der erteilte Segensspruch allerdings wirksam und nicht mehr rücknehmbar – auch wenn er von Jakob erschlichen worden war. Von diesem Segen, mit List erlangt, lebte und zehrte im Übrigen das ganze Volk Israel. Denn der Segen zielte auf das Volk Israel ab, das sich in der Folge der Geschichte auf den Stammvater Jakob bezieht. Alle, die zu Jakob, dem Gesegneten, stehen und diesen anerkennen, werden somit selbst Gottes Segen erlangen.

Ein zweiter Segen in Jakobs Leben (Genesis 32,23–33)

Nach vielen Jahren in der Fremde kehrte Jakob wieder in seine Heimat zurück. Unterwegs erhielt er die Nachricht, dass sein Bruder Esau ihm mit vielen Leuten entgegenkam. Dies löste große Angst bei Jakob aus und er sandte seinem Bruder wertvolle Geschenke voraus.

In der Nacht vor dem Zusammentreffen nächtigte Jakob alleine am Fluss Jabbok, nachdem er seine Familie und all sein Hab und Gut über die Furt gebracht hatte. Er erwartete und befürchtete eine gefährliche Auseinandersetzung mit Esau. Bevor es aber zur Begegnung mit dem Bruder kam, kämpfte Jakob die ganze Nacht mit einem ihm unbekannten Mann. Es war ein harter Kampf – er kämpfte mit Gott, wie er später erkennen sollte.

Im Verlauf des Kampfes wurde Jakob von dem Mann auf die Hüfte geschlagen, die er sich im Ringen auskugelte. Trotzdem wurde die Auseinandersetzung verbissen weitergeführt. Der Kampf war noch unentschieden, als Jakob den anderen Mann zwang, ihn zu segnen. Er rang Gott den Segen ab: »Ich lasse dich nicht los, wenn du mich nicht segnest!« (32,27–30)

Der Segen wurde aber nicht sofort gewährt. Zuerst erfolgte die Namensänderung: Jakob wurde fortan Israel genannt. Ein Gottesstreiter, der mit Gott und den Menschen gekämpft hatte, erreichte, dass er einen neuen Namen und dazu den Segen Gottes erhielt.

Aspekte der Jakobsgeschichte, die sich auch in unserem Leben widerspiegeln, werden in den folgenden Praxismodellen aufgegriffen:

Die Beziehung zu meinem Vater
Männerabend
NORBERT WÖLFLE

> *Der eigene Vater – für viele Männer ein schwieriges Kapitel. Gerade die Jakobsgeschichte kann dabei helfen, über diese Beziehung nachzudenken.*

In Seminaren oder Männergruppen taucht die Frage nach der Beziehung zum eigenen Vater immer wieder auf. Dieses Thema zeigt sich oftmals recht schmerzhaft, mit allen Verwundungen und der Verlusterfahrung, dass der Vater gar nicht erlebt worden ist. Die meisten Männer sind vaterlos groß geworden, und dies gilt nicht nur für die Generation, die ihre Väter zu einem großen Teil im Krieg verloren hat. Viele Jungen sind und werden ohne die Nähe, ohne emotionale Präsenz des Vaters groß. Dies hinterlässt eine so genannte »Vaterwunde« – ein Ausdruck für das erlebte Vakuum, für den Mangel an erlebter Väterlichkeit.

Wie wohltuend wäre für die Männer eine dichte Erfahrung von Zuneigung und Nähe zum eigenen Vater, die sich in einem Gebet oder gar in einem Segen ausdrücken könnte! Das wäre heilsam, erlösend – und kann, wenn der eigene Vater nicht mehr lebt oder die Beziehung dies nicht zulässt, auch stellvertretend durch andere Männer geschehen.

Durchführung

Nach der Begrüßung und der Vorstellungsrunde kann es günstig sein, mit einem Bewegungsimpuls aus der Bioenergetik, dem Chi Gong, zu beginnen. Das macht lockerer und fördert die Konzentrationsfähigkeit – gerade abends.

Mit einigen Worten führen Sie in das Thema des Abends ein und lesen gemeinsam aus dem Alten Testament die Stelle zum Erstgeburtssegen, Genesis 27,1–29. Für den anschließenden Austausch über die Bibelstelle (max. 30 Minuten) können folgende Impulsfragen hilfreich sein:

- Welche Stellen in dem Text sprechen mich an?
- Bei welchen Textpassagen verspüre ich Wut, habe ich Unverständnis?

Im Anschluss an das Bibelgespräch lassen Sie, je nach Arbeitsweise der Gruppe, die Teilnehmer ein Bild malen, eine Skulptur stellen oder Fotos auswählen, die etwas von der Beziehung zum eigenen Vater erzählen können. Impulsfragen für diese Arbeit können lauten:

- Wo gibt es Parallelen zu meinem Leben?
- Wie gestaltet sich die Beziehung zu meinem Vater?
- Wurde ich von meinem Vater gesegnet?
- Habe ich den Segen meines Vaters?

Für den Austausch sollten Sie genügend Zeit einplanen. Achten Sie darauf, dass es nicht mehr so sehr um die Jakobsgeschichte, sondern um die biografischen Erfahrungen von Nähe und Distanz, um Verletzungen und um die Zuneigung zum eigenen Vater geht.

Eine Erfahrung wird vermutlich sein, dass die Männer selten einen Vatersegen – also eine dichte Erfahrung von Nähe und Zuspruch – erlebt haben. Bieten Sie ihnen, zum Abschluss des Abends, eine solche Erfahrung an und erbitten Sie, stellvertretend für die Väter der Männer, einen Segen. Lassen Sie hierzu jeweils zwei Männer zusammenstehen, die sich gegenseitig die Hände auf die Schultern oder auch auf den Kopf legen. Ein mögliches Gebet dazu:

Segensspruch:
Du Gott des Lebens, ich bitte dich für uns alle:
Stärke jeden Mann in seinen Beziehungen und der Arbeit,
gib jedem Mann Kraft, die eigenen Wege zu gehen
und Freundschaften zu begründen.
Schenke uns die Phantasie und Kreativität,
Türen zu öffnen, die bisher noch verschlossen sind.
Verhilf uns zu mehr Sinnlichkeit
und gib uns Zugang zu unseren Gefühlen.
Stelle jedem Mann einen Menschen zur Seite,
der in Liebe und Respekt die Wege mitgeht,
und gib uns bei dir Geborgenheit.

Das Leben annehmen – füreinander zum Segen werden
Männerabend
NORBERT WÖLFLE

> *An Jakob zeigt sich: Das Leben ist oft ein Kampf und es hinterlässt viele Wunden. Wie können wir dennoch kraftvoll und zuversichtlich das Leben annehmen?*

Vielerlei Verletzungen und Wunden erfahren wir im Laufe unseres Lebens. Oftmals entwickelt sich das Leben nur mühsam, vieles erscheint wie zugesperrt, nicht veränderbar, es kommt keine Lust am Leben auf, es stellt sich keine tiefere Zufriedenheit ein. Dauerhafte Wunden können daraus erwachsen, sei es im körperlichen oder im seelischen Bereich.

Wie kann es gelingen, auch die schweren Seiten des Lebens zu integrieren, sie zu bejahen und bewusst anzunehmen? Kann hierzu, in der Begegnung von Männern in der kirchlichen Männerarbeit, ein Beitrag geleistet werden? Gibt es einen spirituellen Weg, der Heilung und Annahme verspricht?

Ich denke ja – und zwar dann, wenn es gelingt, sich im Loslassen einzuüben, und wenn die Bereitschaft zur Veränderung vorhanden ist.

Durchführung
Führen Sie mit solchen oder ähnlichen Überlegungen in den Gesprächsabend mit Männern ein. Wichtig ist, dass Sie dies mit eigenen Worten tun, von Ihren Wegen und Kämpfen berichten und daran anschließend einen Zusammenhang mit dem Kampf und der Segnung des Jakob herstellen. Nach dieser Einführung leiten Sie eine

Übung ein, die Jakobs Kampf mit Gott erfahrbar werden lässt. Elemente dieses Kampfes, der Kraft und Energie, sollen mit dieser Übung nachvollzogen und spürbar werden.

❋ Bilden Sie Paare, die sich gegenüberstehen. Die beiden Männer berühren sich Brust an Brust und lehnen sich gegenseitig an. Zunächst sollte der Druck etwa gleich stark sein. Nach und nach wird die Übung immer mehr gesteigert, so dass die jeweilige Energie und Kraft gut gespürt werden kann. Regen Sie auch an, dass die Übung mal stark und energievoll und, im Gegensatz dazu, mal mit zurückgenommener Kraft durchgeführt wird. ❋

Der gespielte Kampf kann in dieser Übung auch mit List und Tücke geführt werden. An diese Körperübung schließt sich ein Paargespräch an, in dem sich die beiden Männer über das Erlebte austauschen. Geben Sie dafür ausreichend Zeit.

Nach einer kleinen Pause leiten Sie zum zweiten Teil des Abends über, bei dem die Männer sich in der Haltung des Loslassens einüben und füreinander in der Gruppe zum Segen werden können. Bieten Sie zunächst das Körper-Gebet »Erde und Himmel« an und erklären Sie, dass es sich hierbei nicht nur um eine wohltuende Körperübung, sondern um ein durch den Körper hindurchgehendes Gebet handelt.

Körper-Gebet »Erde und Himmel« – eine Übung zum Loslassen

❋ Alle Männer stehen verteilt im Raum, so dass jeder Einzelne genügend Platz um sich herum hat. Im Hintergrund läuft meditative Musik, die dem Herzrhythmus des Menschen verwandt sein sollte. Zu Beginn erklären Sie die fünf folgenden Körperbewegungen:

Erde und Himmel verbinden: Beide Arme von unten (Erde) nach vorne führen, mit gefalteten Händen (Himmel) nach oben weiter bewegen, die Finger weit spreizen.

Dich zentrieren: Beide Hände auf den Unterbauch, wenige Zentimeter unterhalb des Bauchnabels legen.

Dich öffnen für die Gemeinschaft: Beide Arme langsam und maximal weit öffnen, für die Gemeinschaft, für die Welt, für das Draußen ...

Was ist dir wichtig? Die Arme langsam verschränken und die Hände auf das Brustbein legen – was ist mir in meinem Leben wichtig, wo erlebe ich mich leidenschaftlich, wann brennt mir mein Herz, was ist mir lieb und teuer?

Loslassen – eine wichtige Grundhaltung des Lebens: Die Hände und Arme langsam öffnen und die Hände nach unten zur Erde führen – all das, was ich liebe, was ich festhalten möchte, muss ich lernen loszulassen. Spätestens im Tod wird dies geschehen.

Zeit für das Körpergebet: 3–6 Minuten. Jeder führt die Körperbewegungen im eigenen Rhythmus und Tempo durch.

Anschließend sollte es genügend Zeit für den Austausch über die Übung geben.

Segen erbitten – füreinander Segen sein

Leiten Sie zum Abschluss des Abends über, indem Sie betonen, dass die Gruppenmitglieder bereits begonnen haben, füreinander zum Segen zu werden. Und zwar ganz einfach dadurch, dass sich in der Gruppe Solidarität unter den Männern entwickelt hat, dass Anteilnahme an den Fragen und Themen der Einzelnen vorhanden ist und dass jeder Zeit für sich und seine Anliegen erhält.

Beenden Sie den Abend mit einem Segensgebet Ihrer Wahl. Geeignet wären Auszüge aus dem folgenden Text »Seligpreisungen für Männer«. Laden Sie die Männer dabei ein, sich gegenseitig den Rücken zu stärken, indem jeder dem nächsten Mann im Kreis die Hand auflegt.

Seligpreisungen für Männer

Selig bist du, Mann, wenn du die Idee loslässt, stark und unabhängig sein zu müssen, und wenn du zu deinen Grenzen und zu deiner Bedürftigkeit stehen kannst, dann erhältst du das, was du mit ganzem Herzen suchst, die Liebe, dich selbst, als Geschenk.

Selig bist du, Mann, wenn du aufhörst, die Zähne zusammenzubeißen, sondern trauern kannst über deine Verletzungen, deine zerbrochenen Träume, deine Versäumnisse und die Wunden, die du geschlagen hast, dann wirst du väterlich und mütterlich, brüderlich und schwesterlich getröstet werden.

Selig bist du, Mann, wenn du deine tötende Angst und die Not, dich und andere zu beherrschen, loslassen kannst und deine Kräfte und deine Macht in Liebe und Verbundenheit spielen lässt. Du wirst zusammen mit Männern und Frauen Neu-Land betreten.

Selig bist du, Mann, wenn du nicht allein auf dich gestellt, sondern verbunden mit Frauen und Männern hungerst und dürstest nach Gerechtigkeit zwischen Männern und Frauen, zwischen Kindern und Alten, zwischen Mensch und Schöpfung: Ihr werdet der Fülle Gottes nicht satt werden und den Reichtum seiner Geschöpfe genießen.

Selig bist du, Mann, wenn du barmherzig bist mit dir und anderen und andere mit dir barmherzig sein lässt: Das Erbarmen Gottes wird die Welt regieren und alle Wunden heilen.

Selig bist du, Mann, wenn du nicht zulässt, dass die Finsternis deiner Schatten dein Herz verfinstert und alles ins Dunkel der Bedrohung taucht, wenn du dein Herz weit und arglos öffnen kannst, um der Schönheit und dem geheimen Gottesglanz von allem zu trauen, du wirst ins ewige und strahlende Licht Gottes schauen und erfahren, dass es immer schon in dir leuchtet.

Selig bist du, Mann, wenn du die Gegensätze in dir und um dich nicht abspalten, verdrängen oder bekämpfen musst, wenn du versöhnlich mit dir Versöhnung suchen und Frieden stiften kannst. Dann wird offenbar, dass du ein Sohn Gottes bist.

Selig bist du, Mann, wenn du annimmst, dass du auf dem Weg deiner Verwandlung Leiden annehmen und Widerstände erdulden musst, die du nicht bekämpfen oder vernichten kannst, dann bist du auf dem Weg schon am Ziel.

Hierzu segne und behüte uns der Gott des Lebens.

Aus: Erzbischöfliches Seelsorgeamt (Hg.), Freiburger Materialdienst für die Gemeindepastoral, Heft 3/2002, Sag mir, wo die Männer sind … Kirchliche Männerarbeit, S. 70

FASTENZEIT

Weniger ist manchmal mehr

Einführung

MARTIN HOCHHOLZER

Ein Mann kommt in die Hölle. Aber es ist ganz anders, als er es sich vorgestellt hat: Überall Fröhlichkeit, ständig Party, man bekommt unverzüglich alles, was man sich wünscht ... Nach drei Wochen wendet sich der Mann an den Teufel – mit dem Wunsch, er wolle ein wenig arbeiten. »Arbeiten«, meint der Teufel bedauernd, »ist das Einzige, was Sie hier nicht dürfen.«

Wir brauchen diesen Wechsel von Arbeit und Muße, von Anstrengung und Entspannung. Und auch von Fest und Alltag. Das gibt unserem Leben Struktur, erhält in ihm die Spannung. Beispielhaft erleben wir das mit Fasching und Fastenzeit: Beides gehört zusammen, das eine gäbe es nicht ohne das andere. Beides ist wichtig.

Es ist wie bei einem Bild: Wenn der Kontrast zu gering ist, erscheint das ganze Bild blass und langweilig. Erst durch den Kontrast wird es richtig scharf. Oder stellen Sie sich vor, Sie hätten bei einer Feier zu viel gegessen, wären vollgestopft bis obenhin. Dann hätten Sie wohl auch an der leckersten Nachspeise kein Interesse mehr.

Die Fastenzeit kann helfen, neuen Geschmack am Leben zu finden. Als Mittel gegen Überfüllung und Überdruss angesichts einer Kultur, in der Konsum eine dominante Rolle spielt. Als Erholung vom Trubel und den Feiern zu Fasching, Fasnet und Karneval. Als Entschlackungskur.

Das ist nicht nur ein äußerlicher Prozess, sondern auch ein innerlicher. Man kann das unter dem Begriff Umkehr fassen. Umkehr bedeutet zuerst einmal, zur Besinnung, zur Ruhe zu kommen. Überflüssiges, Übermäßiges wegzulassen, einfach zu leben. Dann wird vieles klarer – so wie man auch den Geschmack von Speisen besser wahrnimmt, wenn man Wasser statt Wein dazu trinkt.

Die Fastenzeit kann dann zu einer Entdeckungszeit werden, in der man neu erfährt, was einem entspricht, was wirklich zählt. Auch das, was eigentlich zu viel ist und nur belastet. Natürlich bedeutet das einen gewissen Aufwand – vor allem am vielleicht wertvollsten Gut heute: Zeit. Doch wie man an einem Fahrrad oder einem Auto mehr Freude hat, wenn man sich die Mühe gemacht hat, alles zu überprüfen, manches zu reparieren und einiges neu zu justieren, so kann auch unser Leben von Zeit zu Zeit einen Check vertragen, um neue Impulse, neuen Schwung zu bekommen. Vielleicht gilt es, Belastendes, das man schon länger mit sich herumschleppt, loszulassen oder zu klären, vielleicht auch, jemanden um Verzeihung zu bitten. Um mit sich, den Mitmenschen und mit Gott ins Reine zu kommen, kann ein geistliches Gespräch hilfreich sein oder auch die Beichte.

Die Fastenzeit bildet nicht nur einen Kontrast zum Fasching, sondern auch zu Ostern. Wenn man an Ostern das Fasten bricht, dann hilft das, dieses Fest bewusster wahrzunehmen, nicht einfach daran vorbeizueilen.

Zugleich geht es um eine neue Lebensqualität. Wer in der Fastenzeit erfahren hat, was ihm wirklich wichtig ist und was ihn von den wichtigen Dingen ablenkt, der ist auch offen für das wahre Leben, das Gott uns in seinem Sohn, in dessen Tod und Auferstehung geschenkt hat. Und das feiern wir an Ostern.

Jesus in der Wüste
TILMAN KUGLER

> *Visionssuche, Vision Quest, Männer Quest, der Jakobsweg zu Fuß, Schweigeexerzitien – bevor neue Projekte oder Lebensabschnitte beginnen, nehmen sich immer mehr Männer Zeit, sich zu vergewissern: Was ist wichtig in meinem Leben? Was sind meine Grundlagen und Wurzeln? Was sind meine Hoffnungen und Visionen? Dabei begegnen sie sich selbst – auch ihren, vielleicht verdrängten, Schattenseiten und Versuchungen.*

Und eine Stimme aus dem Himmel sprach: Du bist mein geliebter Sohn, an dir habe ich Gefallen gefunden. Danach trieb der Geist Jesus in die Wüste. Dort blieb Jesus vierzig Tage und wurde vom Satan in Versuchung geführt. Er lebte bei den wilden Tieren und die Engel dienten ihm.
MARKUS 1,11–13 (VGL. MATTHÄUS 3,17 – 4,11 // LUKAS 3,22b; 4,1–13)

Zwischen der Taufe im Jordan und dem Beginn seines Wirkens geht Jesus, vom Geist geführt, in die Wüste. Heute würden manche sagen, er macht eine Quest. Was er dort erlebt, beschreibt Markus so knapp wie bilderstark. Der »Geist« führt Jesus in die »Wüste«. Er bleibt dort »vierzig Tage«. Der »Satan« führt ihn dort »in Versuchung«. Er lebt bei den »wilden Tieren« und die »Engel« dienen ihm.

Eine Begegnung mit den eigenen Schatten, den wilden, tierischen, ungezähmten und teuflischen Anteilen, passiert leicht, wenn es still wird um einen herum. Wenn man allein ist, einsam, und die Projektionsflächen groß sind. In der Wüste. Doch da sind auch Engel, die Jesus dienen.

Matthäus und Lukas erwähnen, dass diese Zeit in der Wüste für Jesus eine Zeit des Fastens ist. Und sie schildern drei konkrete Versuchungen, in die der Teufel Jesus zu führen versucht:

1. Die Macht, aus Steinen Brot zu machen
2. Die Fähigkeit, über Gott und seine Engel zu verfügen
3. Unermesslicher Besitz um den Preis der Anbetung des Teufels

Diese drei Versuchungen – sind es nicht auch Versuchungen, denen Männer immer wieder ausgesetzt sind?

1. Die Macht, zu gestalten und zu formen, ist ein wichtiger Bestandteil der Arbeit – beruflich, aber auch politisch und sozial. Und es ist gut, Macht zu haben und sie zum Wohle der Menschen zu gebrauchen. Es ist die Aufgabe eines jeden, die Gestaltungsmöglichkeiten zu nutzen, die er hat: als Kunde, als Vereinsvorstand, als Mitarbeiter, als Führungskraft, als Politiker, als Vater, als Eigentümer ...

Doch nichts zu tun bewirkt auch etwas. Ein reifer Mann kennt und nutzt seine Gestaltungsmöglichkeiten – und er kennt seine Grenzen. »Der Mensch lebt nicht nur vom Brot, sondern von jedem Wort, das aus Gottes Mund kommt«, erwidert Jesus dem Verführer und zitiert damit sinngemäß die Tora. Das Leben kommt wesentlich von Gott und seinem Wort. Erst danach kommen die Dinge, die ein Mann planen, gestalten und machen kann.

Ein *Impuls* für Männer in der Fastenzeit könnte lauten:
Werde demütiger gegenüber der eigenen Schaffens- und Gestaltungskraft, der eigenen Potenz, dem, was du machst und was dich auszumachen scheint. Nicht um das »Brot« gering zu schätzen – sondern um es neben »Gottes Wort« ins richtige Größenverhältnis zu setzen. Wenn du Gestaltungsmöglichkeiten, also Macht hast – wo setzt du sie ein, um deine Bedeutung zu unterstreichen, wo also dient deine Macht in erster Linie deinem Ego? Und wo dient sie den Menschen, ihrem guten Auskommen, ihrem Wohlergehen und ihrer Freiheit?

2. Die Macht, zu bestimmen und über andere zu verfügen, ist ebenfalls ein selbstverständlicher Bestandteil unseres sozialen Lebens. Deutlicher in Wirtschaft und Politik, verhaltener in privaten sozialen Beziehungen.

Es ist keine Frage: Eine klare Regelung von Zuständigkeiten, Verantwortlichkeiten, Hierarchien und Kompetenzen erleichtert vieles – je größer eine Organisation ist, desto mehr. Wie flach oder wie steil Hierarchien sein müssen, wo partnerschaftliche Teamarbeit auf Augenhöhe angesagt ist (z. B. in einer Gemeinschaftspraxis oder in einer Familie) und wo Befehl und Gehorsam (z. B. bei einem Feuerwehreinsatz), hängt davon ab, zu welchem Zweck Menschen zusammen arbeiten und zusammen leben.

Darüber hinaus benützen Menschen einander und missbrauchen diejenigen, die ihnen unterstehen, für persönliche, egoistische Zwecke. Wer »oben« ist, lässt gerne mal die Puppen tanzen ... Und genau dazu fordert der Versucher Jesus heraus.

»Du sollst den Herrn, deinen Gott, nicht auf die Probe stellen«, antwortet Jesus und stellt damit klar: Gott ist nicht kalkulierbar und ich kann ihn nicht für egozentrische Zwecke missbrauchen. Genauso wenig seine Geschöpfe – seien es Engel oder Menschen. Alle, Führungskräfte und Angestellte, Politiker und Volk, sind aufgefordert, dem Leben zu dienen.

> Ein *zweiter Impuls* für Männer in der Fastenzeit könnte lauten:
> Begegne den Menschen in deiner Umgebung, auch denen, die du angestellt hast, die dir unterstellt und von dir abhängig sind, mit Achtung. Es sind Menschen mit einer eigenen Würde und Bedeutung, die nicht von dir stammt.

3. Die dritte Versuchung ist der Besitz. »Mein Haus, mein Auto, meine Yacht«, lautete ein Werbespot für ein wirkungsvolles Finanzkonzept. Die Frage ist hier weniger: Was habe ich? – Wiewohl es auch bezüglich des Besitzes unanständige und für ein faires soziales Mit-

einander schädliche Verwerfungen in unserer Gesellschaft gibt. Die Fragen sind: Wovor wirfst du dich nieder? Wovor gehst du in die Knie? Wofür schaffst du dich krumm? Wie viele materielle Sicherheiten brauchst du, um ruhig zu werden? Vertraust du Gott? Was traust du Gott zu?

Ein *dritter Impuls* für Männer in der Fastenzeit lautet:
Weniger ist mehr! Eine Auseinandersetzung zu diesem Thema bietet der gleichlautende Beitrag auf den folgenden Seiten.

Macht über Dinge, Macht über Menschen und Besitz sind ständige Begleiter in unserem Leben als Mann. Damit gehen immer auch deren Schattenseiten, Gefahren und Missbräuche einher: im Beruf, im Umgang mit Frauen, Kindern, anderen Männern, im Straßenverkehr, in der Politik, im Sport, in der Freizeit.

Jesus stellt sich diesen Schatten, weil er um sie weiß. Und er lädt Männer (und Frauen) dazu ein, immer wieder in die Wüste zu gehen. Der vierzigtägige Weg durch die »Wüste« einer bewusst gestalteten Fastenzeit ist eine Chance, diesen »satanischen« Schatten ganz bewusst entgegenzutreten. Sich selbstkritisch mit ihnen auseinanderzusetzen. Und das nicht im Rampenlicht und nicht mit großer Geste.

Bleiben Sie dabei wohlwollend sich selbst und anderen gegenüber. Rigide oder selbstherrliche Fastende und Verzichtende hat Jesus nicht gemocht.

Weniger ist mehr:
Formsuche in der Fastenzeit
GÜNTER BANZHAF

> »Mehr« ist ein Zauberwort unserer Zeit: mehr arbeiten und produ-
> zieren, mehr leisten und sich leisten können, mehr konsumieren
> und erleben. Das moderne Leben beschleunigt sich selbst und wir
> uns mit ihm: Morgens zum Frühstück die Schlagzeilen der Zeitung,
> auf dem Weg zur Arbeit Hits und Werbung aus dem Radio, abends
> schnell E-Mails checken, im Internet surfen oder zum Abschalten
> noch ein wenig zappen. Wäre da weniger nicht mehr?

Gute Anstöße dazu gibt die Fastenaktion »7 Wochen Ohne« der Evangelischen Kirche in Deutschland. Ihr Ziel ist eine bewusste Gestaltung der Passionszeit von Aschermittwoch bis Ostern. Jährlich beteiligen sich daran über zwei Millionen Menschen. Jeder entscheidet selbst, worauf er in diesen Wochen verzichten will: sieben Wochen ohne Fernseher, ohne Zeitunglesen beim Frühstück, ohne abendliches Bier – sieben Wochen weniger hektisch sein, langsamer und weniger essen – sieben Wochen mehr Bewegung, mehr Zeit für die Familie, mehr Momente der Stille. Immer geht es darum, lieb gewordene, aber ungute Gewohnheiten einmal zu lassen und Neues auszuprobieren.

Der folgende Vorschlag ist für Männergruppen oder Männertreffs gedacht. Auch wenn in diesen Wochen jeder für sich etwas anderes ausprobiert, so geht es doch gemeinsam besser. Denkbar ist auch, eine spontane Projektgruppe anzubieten und Männer für drei Abende der Formsuche in der Fastenzeit einzuladen. Das Thema ist für alle Männer eine Herausforderung, gleich, ob sie viel, wenig oder gar keine Arbeit haben. Entsprechend verschieben sich die Akzente von Männerleben zu Männerleben.

Durchführung

1. Abend: Was ich ausprobieren könnte

Die Männergruppe trifft sich ein oder zwei Wochen vor Aschermittwoch.

Begrüßung und Einstimmung:
Herzlich willkommen in unserer Männerrunde. Noch ist Faschingszeit, doch bald schon beginnt die Fastenzeit. Seit einigen Jahren gibt es eine moderne Form des Fastens, die Aktion »7 Wochen Ohne«, die vor allem in der Evangelischen Kirche Verbreitung gefunden hat. Jedes Jahr nehmen rund zwei Millionen Menschen daran teil. Die Aktion möchte dazu anregen, das eigene Leben anzuschauen, Unnötiges zu lassen und Elementares neu zu entdecken. Wer mitmacht, begibt sich auf eine interessante Entdeckungsreise. Jeder kann selber entscheiden, was er einmal ausprobieren möchte. Wer Dinge weglässt, bekommt einen freieren Blick für das Wesentliche. Heute Abend kann jeder für sich herausfinden, wo bei ihm weniger mehr sein könnte und wie er das in den sieben Wochen in einem interessanten Selbstversuch ausprobieren kann. Weniger ist mehr. Begeben wir uns auf eine persönliche Formsuche in der Fastenzeit.

Phantasiereise »Ein typischer Tag«:
✻ Lassen wir einmal einen ganz normalen Tag vor unserem geistigen Auge vorüberziehen. Am besten geht das mit geschlossenen Augen. Lassen wir die Bilder, Szenen eines gewöhnlichen Tages entstehen. Achten wir dabei besonders auf unsere täglichen Gewohnheiten: Wie beginnt für mich der Tag, wie frühstücke ich, wie ist der Weg zur Arbeit, wie sieht der Arbeitsalltag aus, wie verbringe ich die Mittagspause und Pausen überhaupt, wann und wie komme ich nach Hause, wie schalte ich ab, wie sieht der Abend aus, wann und wie gehe ich zu Bett? Dafür lassen wir uns zehn Minuten Zeit. (Im Hintergrund meditative Musik.)

Austauschrunde »Was ist mir aufgefallen?«:
Wer mag, kann jetzt erzählen, wie ein typischer Tag bei ihm aussieht, was ihm daran aufgefallen ist und wie er seinen »Fahrstil« (nicht mit dem Auto, sondern mit sich selbst) beschreiben würde.

Festhalten »Wo wäre weniger mehr?«:
Auf einem Blatt mit zwei Spalten hält jeder für sich fest:
- Spalte 1: Wo würde mir weniger gut tun?
- Spalte 2: Was könnte ich davon in diesen sieben Wochen ausprobieren?

Vorstellungsrunde »Was möchte ich ausprobieren und warum?«:
Nun könnt ihr einander eure Ergebnisse vorstellen: Was möchte ich ausprobieren und warum wäre das für mich interessant und lohnend?

Abschließende Frage in die Runde:
Gibt es gemeinsame Beobachtungen und Erfahrungen in unserem Leben als Männer? Wo erkennen wir ähnliche Wünsche?

Impuls »Jeder für sich und doch gemeinsam unterwegs«:
In den nächsten Wochen hat jeder Zeit, die Dinge nochmals zu überdenken und sich gegebenenfalls auch für etwas anderes zu entscheiden. Am Aschermittwoch schreibt er auf die Rückseite des Blattes »Was ich mit mir vereinbare«, z. B. »7 Wochen ohne Fernsehen – zur Belohnung gibt es am Samstag die Sportschau« oder »7 Wochen ohne Surfen im Internet – dafür einen Abendspaziergang« oder »7 Wochen frühstücken ohne Zeitung – dafür mit schöner Musik« …
Bitte nicht zehn Vorsätze wie an Neujahr, sondern nur ein oder zwei feste Vereinbarungen! Es geht um ein exemplarisches Lernen. Lieber sich nur eines vornehmen, das aber richtig. Ein Begleitbrief gibt weitere Anregungen. Vielleicht lassen sich auch andere Mitglieder der Familie oder Kollegen am Arbeitsplatz zum Mitmachen animieren.

Begleitbrief zur Fastenaktion »7 Wochen Ohne«

Lieber N. N.,

Du hast Dich entschlossen, bei der diesjährigen Fastenaktion »7 Wochen Ohne« mitzumachen. Herzlichen Glückwunsch! Du begibst Dich auf eine spannende Entdeckungsreise: »Weniger ist mehr«. Ich wünsche Dir ein gutes Ausprobieren, ganz ohne Leistungsdruck und schlechtes Gewissen, wenn es nicht gleich so klappt, wie Du es Dir vorgestellt hast. Sei Dir selbst ein guter Freund in diesen Wochen. Denn Gewohnheiten zu ändern ist nicht leicht. Sie sitzen tief, weil sie von tieferen Bedürfnissen, Wünschen oder inneren Anspannungen gesteuert werden. Wenn etwas schwer fällt, dann ist es gut, mit Dir selbst in ein Gespräch zu kommen: »Warum brauchst Du jetzt Deine Zigarette? Warum fällt Dir das Abschalten ohne Zappen am Abend so schwer?« Deine Widerstandskraft und Dein Gestaltungswille sind herausgefordert, damit Du Deine Tagesform überprüfen kannst, d. h. das, was Deinen Tagen Form und Struktur gibt.

Hier einige Anregungen, die Lust machen sollen, Neues auszuprobieren und zu entdecken:

> »Ich beginne jeden Tag mit einem ruhigen Augenblick: Man muss stillhalten, um zu sehen, was sich meldet.«
> C. F. von Weizsäcker

Den Tag bewusst beginnen: Nur zehn Minuten Zeit für Stille, für ein In-sich-Hineinhören, für ein Beten mit oder ohne Worte, für ein Bibelwort oder ein anderes Wort in den Tag – und der Tag bekommt ein anderes Gesicht. Es wird mein Tag, an dem ich leben und nicht gelebt werden will.

> »Wenn ich sitze, dann sitze ich,
> wenn ich esse, dann esse ich,
> wenn ich gehe, dann gehe ich.«
> ZEN-BUDDHISTISCHER LEHRER

Es ist eine andere Qualität des Lebens, wenn ich ganz bei dem bin, was ich gerade tue, und nicht schon mit den Gedanken und Gefühlen woanders bin. Es ist ein großer Unterschied, ob ich hastig und schnell esse oder langsam kaue und genieße, ob ich aus meiner Mitte heraus ruhig gehe oder immer schon am Ziel sein will. Eine spezielle Herausforderung für Männer, die immer effizient sein und nebenher alles Mögliche mit erledigen wollen.

> »Sorgt euch nicht um euer Leben.«
> MATTHÄUS 6,25

Ein Jesuswort für Männer, die viel mit sich herumtragen an Sorgen und Problemen. Sie werden nicht weniger, wenn wir sie dauernd hin und her bewegen. Mit negativen Gefühlen und Gedanken geht man am besten so um, dass man mit ihnen spricht und sie dann vor Gott ablegt, damit das Schöne und Positive im Leben Raum bekommen kann.

> »Glücklich ist, wer will, was er hat.«
> MEISTER ECKART

Wer mehr haben oder mehr sein will, der vergeudet viel Energie. Wer sich mit dem zufrieden gibt, was er hat, und seine Grenzen akzeptiert, ist ein glücklicher Mensch.

> »In Stille und Vertrauen liegt eure Kraft.«
> JESAJA 30,15

Täglich Augenblicke der Stille suchen, möglichst regelmäßig. Da geschieht am wenigsten und passiert doch am meisten. Wir kommen in Kontakt mit uns selbst, mit der schöpferischen Kraft Gottes. In der Stille liegt ein großes Potenzial an Kraft und Konzentration für unser Leben. Sie braucht allerdings etwas Zeit und Übung.

Zum Schluss: Es ist gut, wenn nicht alle Wochen des Jahres gleich sind. Die Fastenaktion findet in der Passionszeit statt. Das Fasten sollte die Menschen früher dafür öffnen, das Leiden Jesu zu bedenken und die Leiden in der Welt neu wahrzunehmen. Wir können nicht alle Probleme der Welt an uns heranlassen, aber doch da und dort Not neu sehen, mitfühlen und ein Projekt oder eine Aktion unterstützen.
Ich weiß nicht, wie Du es mit der Religion hältst. Ob Du einmal in der Karwoche die Passionsgeschichte in Markus 14 und 15 in Abschnitten lesen willst? Jesus hatte auf seine Weise seinem Leben eine Form gegeben: die Liebe. Weil er für die Armen und Ausgegrenzten eintrat und ihnen vorbehaltlos die Liebe Gottes zusagte, wurde er unbequem. Doch er hat diese Liebe zu allen Menschen durchgehalten bis ans Kreuz. Ein Mann mit Rückgrat. Ein Mann, der kämpfen und lieben konnte. So sollte die Kirche vielleicht mehr von ihm reden.
Ich wünsche Dir gute Erfahrungen mit der Fastenaktion. »Weniger ist mehr«, sagt das Sprichwort. Ich hoffe, dass es sich auch für Dich bewahrheitet.

Es grüßt Dich ...

2. Abend: Was leicht fällt, was schwer ist

Ein zweiter Abend in der Mitte der Fastenzeit ist hilfreich. Hier können sich die Männer über erste Erfahrungen austauschen, eine Art Zwischenbericht geben und hören, wie es den andern geht. Denn Gewohnheiten zu verändern, ist nicht leicht. Dahinter stecken tiefere Bedürfnisse und Wünsche. Diese könnten das Thema des zweiten Abends sein. Zum Beispiel auf einem gemeinsamen Spaziergang.

3. Abend: Was ich entdeckt habe

Der dritte Abend gegen Ende der Fastenzeit gilt dem Rückblick und dem Austausch der gemachten Erfahrungen. Was hat in diesen Wochen in meinem Leben eine neue Qualität bekommen? Das Durchhalten kann in geeigneter Form gefeiert werden. Ein Ausblick auf die Zeit nach Ostern kann sich anschließen: Was möchte ich in Zukunft mehr leben?

Tipp

Mehr über die Fastenaktion kann man im Internet erfahren unter www.7-wochen-ohne.de. Jedes Jahr wird ein neues Thema vorgeschlagen. Dazu gibt das Fastenbüro in Frankfurt Begleitmaterialien und einen Fastenkalender heraus.

Aus welchem Holz bist du geschnitzt?
Männergottesdienst in der Fastenzeit
MARKUS ROENTGEN

> *Aus welchem Holz bin ich als Mann geschnitzt? Die Fastenzeit kann uns mit ihrer Kargheit ein Stück weit von äußerlichen Ablenkungen befreien und zu uns selbst zurückführen. In einer Feier dürfen wir vor Gott unser Leben in den Blick nehmen und erfahren, dass es gut ist, wie Gott uns als Männer geschaffen hat.*

Zum Rahmen des Angebots

Vorbemerkung

Der Männergottesdienst kann in einer Kirche, in einem Versammlungsraum oder, bei entsprechenden Wetterbedingungen, im Freien gefeiert werden. Er eignet sich auch im Rahmen von Männerwallfahrten und Männerpilgerwegen, etwa zu Fuß oder mit dem Fahrrad.

Vorbereitung

- Verschiedene Hölzer und Holzsorten sollen im Vorhinein gesammelt werden – grobe, feine, kantige, runde, weiche, harte, alte, junge, behandelte, unbehandelte, geschliffene, ungeschliffene, geschälte, mit Rinde etc.
- Ist der Mann, der den Gottesdienst leitet, mit der Männergruppe in der Natur unterwegs, kann das Sammeln von Hölzern mit den Männern gemeinsam unternommen werden. Hierbei sollte noch nichts thematisch vorweggenommen werden.
- Eine feuerfeste Schale wird benötigt, ebenso ein größeres Gefäß mit Wasser, DIN-A5-Zettel, Stifte, eine große Kerze, wenn möglich eine Osterkerze.

- Fotokopien (für jeden Mann vorbereitet – und jeweils eine größere für die Mitte) von der »Erschaffung des Adam« und der »Erschaffung Evas« aus Michelangelos Gemälden in der Sixtinischen Kapelle.
- Es soll für die Möglichkeit gesorgt werden, dass die Männer im Kreis sitzen können. Im Raum hängt das Misereor Hungertuch 2006, dessen Ausdruck der Schöpfung von Frau und Mann im Gottesdienst Aufnahme findet. In der Mitte stehen Osterkerze, Feuerschale, Wasserkrug; zwei DIN-A3-Abbildungen von den oben beschriebenen Bildern der »Erschaffung des Adam« und der »Erschaffung Evas« liegen davor, ebenso die Zettel und Stifte. Um dieses Zentrum herum liegen die vielen verschiedenen gesammelten Hölzer.

Ohne Zeitdruck Gottesdienst zu feiern ist wichtig, alles soll leicht, intensiv, aufmerksam und in Ruhe entstehen können. – Die Impulstexte sind Vorschläge, die sich jeder Leiter des Gottesdienstes so zu Eigen machen sollte, dass sie ihm entsprechen und er sie glaubwürdig sprechen kann.

Ablauf
Lied: Ausgang und Eingang (EG 175)

Begrüßung:
Die Männer sollen sich vergegenwärtigen, dass Gott als der stets liebend Gegenwärtige immer schon vor ihnen da ist. Jeder Mann soll sich ganz individuell eingeladen fühlen, dieser stets vorhandenen Gegenwärtigkeit des lebendigen Gottes mit einer eigenen Geste zu entsprechen.

Individuelle Gesten der Männer:
Verbeugung, Stehen, Knien, Liegen, Erheben der Hände etc.

Alle sprechen und vollziehen gemeinsam, langsam und nachdrücklich:
>Im Namen des Vaters und des Sohnes und des Heiligen Geistes.

Erbarmen und Versöhnung
Begrüßung:
Wir feiern Gottesdienst, wir feiern, dass Gott uns immer schon zuvor dient und liebt, indem er uns will, erschafft und begleitet, bevor wir Gott, uns selbst und einander entsprechen können in Wort und Tat und Leben.

Wir Männer verkehren das oft, wollen alles alleine und selber schaffen und machen, verschließen uns, gottfern, hart gegen uns selbst, hart und auch verletzend, ungerecht, mitunter auch zerstörend gegeneinander, gegen Frauen und Kinder, Lebewesen und Dinge.

Hören wir ein Gebet von Ernst Herhaus. Er hat seine Alkoholkrankheit in einem Buch ausgedrückt: »Gebete in die Gottesferne«. Er hat seine Krankheit durchgebetet, ohne in endgültige Selbstverachtung zu fallen – aber auch ohne sich und seine Situation als Mann tragisch zur Schau zu stellen. Seine Gebete sind tief. Sie können uns Männern in unseren unterschiedlichsten Krankheiten, auf unseren Kreuzzügen und Kreuzwegen, in unseren je eigenen Verkehrungen und Verdrehungen durch Schuld und Sünde etwas aufschließen, das uns wieder stärker für Gott, für uns selbst, für die Menschen auf unserem Weg bereiten möge. Darum bitten wir Gott, den Vater, der in Jesus Christus, durch die Kraft des Heiligen Geistes, in Leben, Lieben und Leiden, durch Kreuz und Tod hindurch auferweckt zur Auferstehung und uns so Nähe und Öffnung gibt.

Gebet:
Nimm Wohnung, Gekreuzigter, im Haus meiner Mängel. Meine Liebe zu dir ist größer als meine Mängel. Mein Haus ist kalt und leer, aber meine Liebe zu dir ist nicht kalt, und sie ist nicht leer. Meine Liebe zu dir ist die Fackel des Nichts im Haus meiner Mängel, ein Schimmer der

Freude durch meine Leere. Lasse mich unreinen Mann meine Wohnung für dich reinigen und schmücken mit festlicher Demut vor dir, mit kargen und aufrichtigen Zeugnissen von deiner Wirklichkeit in meinen Mängeln.

Ernst Herhaus, Gebete in die Gottesferne, dtv, München 1987

Aktion zum Kyrie-Ritus:
Einladung, dass jeder Mann zur Mitte geht, sich einen Zettel, einen Stift nimmt, sich wieder an seinen Platz begibt und ein Ereignis seines Lebens aufschreibt, das ihn mit besonders starken Schuldgefühlen belädt.

Den Impulssatz hineingeben:
Der Gott des Erbarmens vergibt uns Sünde und Schuld – wir Männer müssen oft erst lernen, diese Vergebung anzunehmen und uns mit uns selbst zu versöhnen. Lassen wir uns mit Gott und miteinander versöhnen.

Einladung an jeden Mann, nach vorne zu gehen, seinen Zettel an der Osterkerze zu entzünden und in der Feuerschale zu verbrennen. Danach Wasser aus dem Krug zu nehmen und sich damit Gesicht und Hände zu waschen. Dies soll langsam und nacheinander und in Ruhe geschehen.

Immer, wenn ein Mann dies getan hat, gemeinsames *Lied:*

Misericordias Domini

T: *Liturgie der Kirche*, M: *J. Berthier (1923–1994)*
© *Ateliers et Presses de Taizé, 71250 Taizé-Communauté, Frankreich*

Impuls danach (ganz kurz und prägnant):
Jetzt können wir befreit loben – und alle Menschen, alle Männer, Frauen, Mädchen und Jungen, ja die Welt und all ihre Völker in unser Lob mit hineinnehmen, vielleicht gerade die Menschen, mit denen wir es schwer haben oder denen wir es schwer machen.

Lied: Laudate omnes gentes (EG 181.6)

Leiter: Jetzt sind wir bereit, Worte der Heiligen Schrift zu hören und mit dem Herzen aufzunehmen. Wir hören ein Wort aus dem Anfang des Schöpfungsberichtes und dazu ein Wort des Apostels Paulus. Sie klingen wie Gegensätze, beziehen sich aber aufeinander, so, wie unsere Natur und die Gnadenerfahrung, glauben zu können, die Gott uns schenken kann, nicht auseinandergerissen werden dürfen.

Lesungen
Es wäre gut, hier zwei mitfeiernde Männer als Lektoren zu finden.

1. Lektor: Lesung aus dem Buch Genesis, aus den Versen 26–28 des 1. Kapitels: »Dann sprach Gott: Lasst uns Menschen machen als unser Abbild, uns ähnlich ... Gott schuf also den Menschen als sein Abbild; als Abbild Gottes schuf er ihn. Als Mann und Frau schuf er sie ... Gott segnete sie.«

2. Lektor: Lesung aus dem Brief des Apostels Paulus an die Galater, aus dem 3. Kapitel der 28. Vers; aus dem 6. Kapitel der 2. Vers:
»Es gibt nicht mehr Juden und Griechen, nicht Sklaven und Freie, nicht Mann und Frau; denn ihr alle seid ›einer‹ in Christus Jesus ... Einer trage des anderen Last; so werdet ihr das Gesetz Christi erfüllen.«

Lassen wir die gehörten Worte tief in uns hineinfallen.

Stille halten (etwa zwei Minuten)

Aktion zu den Lesungen (statt einer Predigt):
Leiter: Schaut auf den Teil des Hungertuches, wo der gleichberechtigten Erschaffung von Frau und Mann durch den Schöpfergott gedacht wird. Wir haben unsere Gottverbundenheit, ja Gottähnlichkeit und Würde als Mann, als Männer vernommen, wir haben zugleich gehört von derselben Gottverbundenheit, Gottähnlichkeit und Würde der Frau, der Frauen.

Wir haben die Zusage, dass es in und durch Jesus Christus, durch das Geheimnis seiner Liebe, in Menschwerdung, Leben, Kreuz, Leiden, Tod und Auferstehung eine größere Einheit von Mann und Frau gibt, die die Geschlechter nicht mehr auseinanderreißt, ohne Weiblichkeit und Männlichkeit aufzulösen in ein geschlechtsloses Drittes. Diese größere Einheit überspringt unser wunderbares Geschaffensein als geschlechtliche Wesen, als Mann und Frau, nicht. Mozart lässt es von Pamina und Papageno in der »Zauberflöte« singen: »Mann und Weib und Weib und Mann rühren an die Gottheit an.«

Aus diesem Zusammenhang bitte ich jeden Mann hier, in die Mitte zu gehen und sich eines der Hölzer zu suchen, eines, das zu dir passt; nimm dir auch wieder einen Zettel und einen Stift mit. Dann schaue es dir an unter der Frage: Aus welchem Holz bin ich, als Mann, geschnitzt? Geh zurück, setze dich dann wieder in den Kreis und erzähle zunächst deinem Nebenmann etwas von dir.
(Etwa fünf Minuten)

Jetzt finde für dich einen Satz, der dich und das Holz, aus dem du geschnitzt bist, so beschreibt, dass er dich als guten, zärtlichen, kraftvollen Mann aus der grundguten Schöpfung Gottes sehen lässt. Bitte beschreibe dich jetzt einmal nicht negativ. Versuche zu ahnen, dass Gott Grundgutes in dich hineingelegt hat. Schau auf das wundervolle Bild der Erschaffung des Adams und der Eva, gemalt von Michelangelo in der Sixtinischen Kapelle, das in der Mitte ausliegt. Nimm dir eine Kopie als Anregung mit an den Platz.

Noch ein Hinweis auf dieses Bild: Bei der »Erschaffung des Adam« durch Gott, den Vater, ist die göttliche Weisheit als junge Frau in der linken Armbeuge Gottes des Vaters zu sehen. Die Dynamik des Heiligen Geistes beim Schöpfungsakt wird also weiblich dargestellt – ergänzend zum männlich dargestellten Gottvater. So wird deutlich, dass die Ebenbildlichkeit Gottes im erschaffenen Menschen nie geschlechtslos, vielmehr von Anfang an »männlich und weiblich« ist.

Schreibe jetzt den Satz auf, deinen Satz über dich als Mann, und lege ihn dann in die Mitte.

Einladung zur Aktion:
Jetzt bitte ich zwei Männer, nach vorne zu gehen und uns diese Sätze, Sätze über uns und unsere gottverbundene Männlichkeit, die uns Männern, den Frauen und Kindern hoffentlich zugute kommen, vorzutragen. Dies soll uns Ansage sein und darin auch Bitte und Dank.

Nach jedem Satz singen wir den *Liedvers:* Bonum est confidere – hören, aufmerksam vernehmen, in den Liedruf, als Bejahung, Bitte und Dank verstanden, einstimmen.

Bonum est confidere

T: Liturgie der Kirche; M: J. Berthier (1923–1994)
© Ateliers et Presses de Taizé, 71250 Taizé-Communauté, Frankreich

Bo-num est con - fi - de - re in Do - mi - no,
bo-num spe - ra - re in Do - mi - no.

Impuls zum Evangelium:
Das, was wir gehört haben, wird uns vom Evangelium Gottes weiter erschlossen, wenn wir es so nehmen können, wie es der erste Psalm der Heiligen Schrift sagt, aus dessen ersten drei Versen wir hören:

Wohl dem Mann, der …

… Freude hat an der Weisung des Herrn,
über seine Weisung nachsinnt bei Tag und bei Nacht.

Er ist wie ein Baum,
der an Wasserbächen gepflanzt ist,
der zur rechten Zeit seine Frucht bringt
und dessen Blätter nicht welken.

Alles, was er tut,
wird ihm gut gelingen.

So lasst uns mit Dank das Evangelium vernehmen und, wenn möglich, im Herzen verkosten. Es ist dem Markusevangelium entnommen, den Versen 26–28 im 4. Kapitel, wo Gott mit einem Mann verglichen wird, der Kostbares in uns hineinlegt und uns zu dessen Entfaltung freilässt, ja, im Bild legt er, Gott, sich sogar schlafen und traut uns viel, sehr viel Fruchtbares zu, in unserem Männerleben, in unseren Beziehungen, als Partner, Väter, Großväter, in Arbeit, Freizeit und Ruhe.

Evangelium:
Er (Jesus) sagte: Mit dem Reich Gottes ist es so, wie wenn ein Mann Samen auf seinen Acker sät; dann schläft er und steht wieder auf, es wird Nacht und wird Tag, der Samen keimt und wächst, und der Mann weiß nicht, wie. Die Erde bringt von selbst ihre Frucht, zuerst den Halm, dann die Ähre und dann das volle Korn in der Ähre.

Ein Satz dazu:
In der Annahme dieser Gabe Gottes an uns können wir Männer selber, Tag für Tag mehr, gebender, zutrauender und zulassender werden wie der Mann, von dem das Evangelium spricht.

Abschluss
Leiter: Ich bitte euch jetzt, einen Kreis zu bilden, wo jeder Mann seine Hand stärkend auf die Schulter seines Vordermannes legt und so jeder die stärkende Hand seines Hintermannes auf seiner Schulter spürt. Wir stehen um die Mitte herum, mit der Osterkerze im Herzen des Raumes und unserer Zeit, mit der Schale, gefüllt mit unseren, dem Erbarmen Gottes übergebenen Verstrickungen, mit dem Wasserkrug, aus dem uns Reinigung und Belebung zukam, mit den uns wohl-meinenden Sätzen auf den Zetteln, rund um die Erschaffung Adams und Evas in Michelangelos Gemälde. Unsere freie Hand hält das »Holz, aus dem wir geschnitzt sind.« Die andere Hand hält und stützt, unsere Schulter wird von hinten gut berührt. So können wir im großen Gebet Jesu alles zusammenfließen lassen.

Gemeinsames Gebet:
Vaterunser

Segen:
Wendet euch jetzt einander zu. Jeder Mann segne seinen Nachbarn – und lasse sich von ihm segnen. Werdet zum Segen! Amen!

Segensvollzug

Impuls danach:
Jetzt löst euch voneinander. Wir gehen jetzt wieder auseinander, ein jeder in sein Eigenes: zur Partnerin, zu Kindern, in die eigenen vier Wände, zur Arbeit, in Alltage und Sonntage.

Nehmt euch gleich einen der Zettel mit, die Wertschätzendes über uns Männer mitteilen. Es kann der eigene sein, es kann auch ein Zettel eines anderen Mannes sein. Verwahrt ihn gut auf, da, wo euer Blick in Zukunft öfter hingeht (in die Geldbörse, an den Computer, in die Brieftasche, in die Bibel…).

Alles in uns werde mehr und mehr zum Segen. Der alte Ruf der Kirche zum Ende der Messe heißt im Lateinischen: »Ite missa est!« Das heißt übersetzt: »Geht – es ist Messe, die Messe geht weiter!«
Dazu wollen wir singen.

Lied:
Alles meinem Gott zu Ehren (GL 615)

KARWOCHE

Du wirst scheitern!

Einführung

MARTIN HOCHHOLZER

»Herr, ich suche Zuflucht bei dir. Lass mich doch niemals scheitern«, beginnt Psalm 31. Eine allzu menschliche Bitte – doch wäre der wirklich ein Mensch, dem sie erfüllt würde?

Die Karwoche stellt das Scheitern, das Leiden, den Tod in den Vordergrund: gerade das, was wir oft lieber verdrängen; gerade darum, weil es für uns so wichtig ist, wenn wir unser Menschsein wirklich ernst nehmen; gerade dadurch, dass auch Jesus Christus all das durchgemacht hat.

So können wir die Karwoche als Einführung, als Initiation in einen wesentlichen Bereich unseres Lebens betrachten, in einen männlich-herben Teil unserer Existenz.

- *Palmsonntag:* Triumph und Scheitern liegen auch in unserem Leben nahe beieinander. Der Einzug Jesu in Jerusalem ist in Wahrheit der Anfang vom Ende.
- *Gründonnerstag:* Jesus spürt das herannahende Ende und hinterlässt zuvor noch ein Vermächtnis. Ein typisch männliches Verhalten: Wir wollen etwas hinterlassen – ein Lebenswerk, Kinder etc. –, das an uns erinnert, das unser Leben mit einem Sinn verbindet.
- *Karfreitag:* Die Katastrophe – dass alles plötzlich zu Ende ist, dass alles vergeblich erscheint – kann jeden treffen.
- *Karsamstag:* Grabesruhe. Der Alltag kehrt wieder zurück. Doch ist die Spannung dieses Tages deutlich zu spüren – ein Tag zwischen Tod und Leben, zwischen Untergang und Neubeginn.

Die Kirche kann nicht anders, als all das Geschehen der Passion im Licht von Ostern zu sehen. Doch versagen wir uns etwas Wesentliches, wenn wir Tod und Scheitern nicht ernst nehmen. Ohne den Karfreitag gäbe es kein Ostern. Nur weil Jesus Christus, der Mensch gewordene Gottessohn, auch die Tiefen unserer irdischen Existenz mitgegangen ist, kann er unser oft so un-heiles Leben heilen, kann er uns erlösen. Nur wenn wir uns unserem Leben mit all seinen Brüchen, seinem Leiden und Scheitern stellen, können wir uns von Jesus Christus erlösen lassen.

Alfred Delp
MARTIN HOCHHOLZER

> *Viele Männer erfahren eines Tages, dass Erfolg nicht alles ist. Gerade die unangenehmen Wahrheiten im Leben bringen uns in unserer persönlichen Entwicklung, auf unserem spirituellen Weg oft viel weiter. Alfred Delp kann Männern im Umgang mit Krisen und Leid Orientierungen bieten.*

Alfred Delp – ein Vorbild? Ist er nicht viel zu weit weg von unserer Realität?

Geboren 1907, 1926 Eintritt in das Noviziat der Jesuiten, 1937 Priesterweihe, Doktor der Philosophie, Redakteur, Kirchenrektor in München, Mitarbeit in der Männerseelsorge, Experte für »Staat, Kirche, Soziale Frage« in der Widerstandsgruppe »Kreisauer Kreis«, 1944 von der Gestapo verhaftet, am 2. Februar 1945 hingerichtet – gerade einmal 37 Jahre alt.

Kein Heiliger

Die Kirche hat Delp nicht heilig gesprochen. In einer Nachricht kurz vor seinem Tod warnt er sogar seine Sekretärin: »Lass dir von meiner Mutter keine Heiligenlegenden über mich erzählen. Ich war ein Strick!«

Sicherlich sind sein Mut, sein Einsatz und seine Standhaftigkeit bewundernswert. Doch welchen Grad an persönlicher Reife oder Vollkommenheit er am Ende seines Lebens erreicht hatte, darüber kann man nur spekulieren. Vielleicht ist er gerade deshalb eine Gestalt, mit der sich eine Auseinandersetzung lohnt. Vor uns steht kein fertiges Leben. Delp ist vielmehr einer auf dem Weg, einer, der danach drängt, seinen Beitrag in der Welt leisten zu dürfen.

Er sei hier stellvertretend für viele andere Männer vorgestellt, die in radikaler Weise »Passionserfahrungen« gemacht haben – also einen völligen Bruch in ihrem Leben erfahren und vieles erlitten haben. Auch spiegelt sich in seinem Leben ein Teil unserer deutschen Geschichte wider.

Erfolg – was sonst?

Worum geht es in unserem Leben? Ein Mann versucht, seinen Weg zu finden. Und da war Alfred Delp im Prinzip auch nicht anders als viele: ein hochtalentierter junger Intellektueller, der bereits einige Werke publiziert und eine glänzende Karriere – etwa als Wissenschaftler – in Aussicht hatte. Ein High Potential, ein Nachwuchstalent also, könnte man sagen.

Doch zählt in unserem Leben allein, Erfolg zu haben? Viele Männer spüren, dass es in ihrem Leben noch um mehr gehen sollte. Die Kartage weisen uns auf eine andere Wirklichkeit hin. Es sind oftmals gerade (zumindest anfangs) schmerzliche Erfahrungen, die uns in unserer persönlichen Entwicklung weiterbringen.

Auch Alfred Delp wurde durch den Nationalsozialismus aus der Karrierebahn geworfen: eine universitäre Weiterbildung wurde ihm versagt, er wurde am Publizieren gehindert, und mit dem Kampf gegen den braunen Ungeist nahm seine Laufbahn zusehends eine andere Richtung. Es ist gut möglich, dass Delp gerade während seiner letzten Lebensjahre in einige jener fünf initiatorischen Wahrheiten eingeführt wurde, die Richard Rohr in Büchern und Seminaren vorstellt.

Fünf initiatorische Wahrheiten

Richard Rohr, ein amerikanischer Franziskaner, der sich seit vielen Jahren mit dem Thema Initiation beschäftigt, sieht in vielen Kulturen und Religionen ähnliche »immer wahre Strukturen« – spirituelle Wahrheiten, in die Männer bzw. Knaben durch Initiationsriten eingeführt werden.

In unserer westlichen Kultur wird dieses Wissen vielfach an den Rand gedrängt. Doch werden viele Männer irgendwann in ihrem Leben mit diesem Wissen konfrontiert, und statt als Jungen initiiert zu werden, machen sie entsprechende Erfahrungen dann in fortgeschrittenem Alter.

Man muss Rohr nicht in allem folgen, doch zeigt ein Blick auf Alfred Delp und auch auf unser eigenes Leben, dass sich in diesen Wahrheiten eine Realität erschließt, die unsere oft erfolgsorientierte Existenz weit übersteigt. Drei dieser Wahrheiten seien hier vorgestellt:

Das Leben ist hart

Eigentlich eine Binsenweisheit – es sei denn, es läuft alles gut: Beruf, Familie, Gesundheit etc. Dann neigen wir dazu, das für selbstverständlich zu nehmen und die unangenehmen Seiten des Lebens zu vergessen. Die Wellnessverheißungen der Werbung tun das Ihre dazu.

Doch es gibt kein Leben ohne Leiden: Wenn wir das nicht begriffen haben, laufen wir Gefahr, in Selbstmitleid stecken zu bleiben, sobald sich unsere Vorstellungen nicht erfüllen; oder wir machen andere zum Sündenbock für unsere Leiden – und leben damit womöglich in zerstörerischer Weise unsere aufgestaute Aggressivität aus.

Schmerz, Angst, Trauer, Leid – all das anzunehmen, was uns in unserem Leben widerfährt, ist der einzige Weg, das Leben zu meistern und dabei zu reifen. Wir gehen gestärkt daraus hervor – einmal vorausgesetzt, wir überstehen das Leiden.

Delp überlebte die Gefangenschaft nicht. Aber aus dem Kerker geschmuggelte Briefe belegen, dass er nicht nur Stunden der Verzweiflung erlebte, sondern auch sein Dasein und Gott neu erfahren hat. So konnte er selbst dem Tod gelassen entgegengehen.

Du bist nicht so wichtig

Alfred Delp war jemand, der leicht die Führung übernahm – bei Jugendgruppen oder auch bei Bergungsarbeiten nach Bombenangriffen. Deutet das auf ein ausgeprägtes Ego hin?

Doch gerade, wenn wir uns selbst *zu* wichtig nehmen, hindert uns das, von anderen etwas anzunehmen. Wie sollen wir da etwas lernen und uns so weiterentwickeln?

Wer sich selbst zurücknimmt, wird von der Last befreit, sich selber ständig einen Wert und eine Würde zuzusprechen, sich ständig beweisen zu müssen. Er kann sich öffnen für die leise Stimme Gottes, dem jeder Einzelne unendlich wertvoll ist.

Du hast nicht die Kontrolle

Delp gab freiwillig die Kontrolle über sich auf: Er trat in den Jesuitenorden ein und gelobte Gehorsam. Unfreiwillig verlor er die Kontrolle, als er von den Nazis gefangen und gefesselt wurde. Delp versuchte aber auch, die Kontrolle zu behalten: Intensiv und akribisch bereitete er sich auf seinen Prozess vor, er wollte sich raushauen – aber letztlich war es ein Schauprozess, bei dem er keine Chance hatte.

Wir leben in einer Zeit, in der eine Art von Kontrolle eine sehr wichtige Rolle spielt: Selbstbestimmung. Doch das ist vielfach eine Illusion: Krankheiten, Unfälle, Zufälle oder auch die vergebliche Bewerbung um einen Job zeigen uns das. – Es mag gerade für Männer besonders schmerzhaft sein, erkennen zu müssen, dass unser Wille nichts zählt. Erst mit einer gewissen Demut erkennen wir, dass wir vielem untergeordnet sind. Das muss aber nicht schlecht sein. Im Gegenteil: Erst mit dieser Erkenntnis können wir uns der Führung Gottes überlassen, der uns auf neue, von uns unkontrollierte, aber umso bereichernderen Wege führen will.

Unser Weg?

Die drei vorgestellten initiatorischen Wahrheiten sind nur knapp umrissen. Rohr behandelt noch zwei weitere: »In deinem Leben geht es nicht um dich« und »Du wirst sterben«. Letztendlich geht es bei diesen Wahrheiten darum, sich der Realität zu stellen, die eigene Begrenztheit anzunehmen und sich neu auf die Suche danach zu machen, was das eigene Leben wahrhaft bereichert. Und es gilt, sich als Teil eines größeren Ganzen wahrzunehmen und sich diesem zu integrieren oder zu unterwerfen. Und das ist etwas, das Männern einiges abverlangt. Was ist dieses größere Ganze? Das Leben, die menschliche Gemeinschaft, der Dienst am Nächsten? Die christliche Antwort geht tiefer: Gott, der uns liebt und der mit seiner Liebe die Welt verwandeln will – durch uns.

Hier aber zeigt sich auch die andere Seite dieser Wahrheiten, die sich unserem gewohnten, erfolgszentrierten Weltbild entgegenstemmen und uns schwer zu schaffen machen: Sie sind nicht nur Last, sondern öffnen uns auch einen neuen Weg, auf dem Gott unser Freund, unser Gefährte ist:

- einen Weg, auf dem Wunden zu »heiligen Wunden« werden, die zu unserem Leben gehören und uns nur stärker und weiser machen;
- einen Weg, der letztlich sinnlose Kämpfe um Erfolg und Anerkennung überflüssig macht, weil Gott uns bereits einen unbedingten Wert zugesprochen hat;
- einen Weg, der offen ist für die Überraschungen des Lebens und für die Mitmenschen;
- einen Weg männlicher Kraft, die in der Kenntnis der eigenen Grenzen gründet;
- einen Weg, der unserem Leben Sinn gibt.

Alfred Delp ist bis heute unvergessen. Seine Worte und Taten wirken weiter. Warum? Durch seinen Märtyrertod? Durch seine Beteiligung am Widerstand? Das allein reicht nicht. Offenbar gründet sein Vermächtnis auch in seiner Persönlichkeit, die über den Tod hinaus ausstrahlt. Weniger sein Tod als vielmehr sein Leben ist ein Wegweiser für uns heute.

Literatur

Alfred Delp, Gesammelte Schriften. 5 Bände, herausgegeben von Roman Bleistein, Knecht Verlag 1986
Richard Rohr, Endlich Mann werden
Christian Feldmann, Alfred Delp. Leben gegen den Strom, Herder, Freiburg i. Br. 2005
Petrus Ceelen, Verwundet, vernarbt, verheilt. Mit Verletzungen leben, Schwabenverlag, Ostfildern 2004

Praxishinweise

Pater Alfred Delp wird hier stellvertretend für viele Männer vorgestellt, die in der Zeit des Dritten Reiches mutig ihr Leben für ihre christliche Überzeugung einsetzten. Vielleicht gab es auch in Ihrer Gegend eine Persönlichkeit, der man nachgehen kann – etwa, indem man in einer spirituellen Wanderung Orte aufsucht, die mit dieser Person verbunden sind. An den einzelnen Stationen werden neben historischen Informationen spirituelle Impulse gegeben.

Richard Rohr und andere veranstalten seit Jahren eigene Initiationsseminare für Männer. In seinem Buch »Endlich Mann werden« stellt Rohr das Grundschema für ein mindestens fünftägiges Initiationsritual vor (S. 222–230). Förderlich für entsprechende Seminare ist das Verlassen der gewohnten Umgebung für eine bestimmte Zeit: also ein Ort, an dem Männer unter sich sind und für sich selber sorgen müssen. Besonders die freie Natur ohne irgendwelche Ablenkungen (Handys etc.) ist ein Ort, wo sich Männer sich selbst stellen müssen. Auch Schweiß und Mühe, gar das Gelangen an die eigenen körperlichen Grenzen (z. B. bei einer Bergtour), können die innere Entwicklung unterstützen. Grundlegend ist aber auch, sich dem eigenen Leben mit all seinen Widerfahrnissen zu stellen und nicht zu versuchen, seine Härten zu umgehen.

Hilfreich sind dabei Mentoren, also Männer, die diesen Weg schon weiter gegangen sind und andere Männer ein Stück weit begleiten.

Im Rahmen eines Besinnungstags oder einer Reihe von Abenden innerhalb der Karwoche ist es möglich, einzelne der initiatorischen Wahrheiten aufzugreifen. Als Reflexionsgrundlage können dabei nicht nur Persönlichkeiten mit »Passionserfahrungen« (wie Alfred Delp) dienen. Gerade die Bergpredigt (Matthäus 5 – 7) will ähnliche Einsichten vermitteln (vgl. auch das nachfolgende Praxismodell):

- »Das Leben ist hart«: vgl. Matthäus 5,3–12
- »Du bist nicht so wichtig«: vgl. Matthäus 6,1–18
- »In deinem Leben geht es nicht um dich«: vgl. Matthäus 6,33
- »Du hast nicht die Kontrolle«: vgl. Matthäus 6,25–34
- »Du wirst sterben«: vgl. Matthäus 6,27

All diese Wahrheiten und die ganze Bergpredigt sind getragen von der Güte Gottes, die uns das wahre Leben ermöglicht: vgl. Matthäus 5,3–12.45; 6,8.31–33.

Der Weg Jesu zum Kreuz im Licht der Bergpredigt

MARTIN HOCHHOLZER

> *Warum ist Jesus nicht vor dem Kreuz geflohen? Warum hat er all das auf sich genommen? Manches wird klarer, wenn wir auf seine Überzeugungen schauen, auf das, wofür er gelebt hat. Anhand von Gedanken aus der Bergpredigt und einigen initiatorischen Wahrheiten Richard Rohrs wollen wir in drei Einheiten Jesus ein wenig auf die Spur kommen – und dabei zugleich einen Blick auf unser eigenes Leben werfen.*

Zum Rahmen des Angebots
- Für drei Morgen- oder Abendeinheiten in der Karwoche
- Dauer jeweils ca. eine halbe bis dreiviertel Stunde
- Teilnehmerzahl: flexibel; aber die Gruppe sollte nicht so groß sein, dass man nicht mehr gemeinsam Fürbitten oder Seligpreisungen formulieren kann

Ablauf

1. Einheit: Du bist nicht so wichtig. Doch unendlich geliebt

Kreuzzeichen

Lied: Gott liebt diese Welt (GL 297)

Begrüßung und Einführung:
Liebe Brüder, in der Karwoche betrachten wir den Leidensweg Jesu. Doch was gab ihm die Kraft dazu? Dem wollen wir jetzt nachgehen, indem wir auf seine eigenen Worte hören. Besonders die Bergpredigt

vermittelt Einsichten in Jesu Spiritualität, die ihn seinen Weg bis zum Ende gehen ließ.

Jesus war ein Mann. Und machte wohl auch die Schlüsselerfahrungen, die der amerikanische Franziskaner Richard Rohr als »initiatorische Wahrheiten« vorstellt. Diese Wahrheiten klingen zuerst einmal rau und unattraktiv, doch – näher betrachtet – liegt in ihnen eine Weisheit, deren Verinnerlichung das Leben eines Mannes reifen lässt.

Deshalb wollen wir zu Beginn einer dieser Wahrheiten meditativ nachgehen – nämlich dem Satz: »Du bist nicht so wichtig«. Mit einem Abschnitt aus der Bergpredigt erschließt sich uns dann die positive Kraft in diesem Satz. Auf diese Weise kommen wir auch dem Sinn hinter dem Leidensweg Jesu auf die Spur und können darin Kraft für unseren eigenen Lebensweg finden.

Meditationsimpulse:
Du bist nicht so wichtig.
Du musst nicht immer die Führung übernehmen.
Du musst dich nicht ständig darum sorgen, bei anderen eine gute Figur zu machen, dich zu profilieren.
Du kannst auch einmal etwas jemand anderem überlassen.
Du kannst dich jemandem anvertrauen, der deinen Wert kennt, ohne dass du es beweisen musst.

Lesung aus Bergpredigt:
Matthäus 6,1.5–8.9–13

Erläuternde Worte:
Jesus hielt nichts von Heuchelei und Prahlerei. Er wusste, dass bei Gott anderes zählt. Und dass Gott gerade auf die achtet, die nicht groß in der Öffentlichkeit stehen.

Jesus verstand es, sich zurückzunehmen. So strebte er auch nicht nach dem großen Triumph, etwa, dass ihn seine Anhänger zum

König gemacht hätten. Er ging einen anderen, einen unscheinbaren, mühevollen, leidensschweren Weg. Was ihn stark machte, war sein Vertrauen auf Gott, der uns unendlich liebt, der um unsere Bedürfnisse eher weiß als wir, dessen Wille letztendlich immer geschieht. Und so führte selbst das Kreuz zur Auferstehung.

Kurze Stille

Fürbitten:
Die Teilnehmer sind eingeladen, selber Fürbitten zu formulieren.

Vaterunser

Segen

Lied: Herr, deine Güt' ist unbegrenzt (GL 289)

2. Einheit: Das Leben ist hart. Und hat Biss
Kreuzzeichen

Lied: Herr, unser Herr, wie bist du zugegen (GL 298)
          Oder: Zieh an die Macht, du Arm des Herrn (GL 304)

Begrüßung und Einführung:
Hier ist es wichtig, den Anschluss an die erste Andacht zu schaffen, neu Hinzugekommenen das Anliegen und die Struktur zu erklären und dann zur Meditation überzuleiten.

Meditationsimpulse:
Das Leben ist hart.
Wir müssen um vieles kämpfen und uns abmühen.
Weil wir uns nicht mit allem zufrieden geben, uns auch für etwas einsetzen.

Es wird uns nicht langweilig dabei.
Wollen wir überhaupt ein anderes Leben?
Solange es uns nicht zu viel wird.
Wer hält uns, wenn uns das Leben beutelt?
Wer stützt und trägt uns, wenn wir für andere unser Bestes geben?

Lesung aus Bergpredigt:
Matthäus 5,3–12

Erläuternde Worte:
Würde uns im Schlaraffenland nicht schnell langweilig werden? Mögen wir unser Leben nicht lieber »mit Biss«, mit ein paar Herausforderungen? Doch manchmal ist das Leben nicht fair, einfach zu hart!

Am Beginn der Bergpredigt stehen die Seligpreisungen. Jesus wusste, dass vor allem, was von uns gefordert wird, der Zuspruch Gottes kommt. Gott steht immer hinter uns. Mit ihm können wir das Leben wagen, weil es mit Gott immer den Tod übersteigt. So konnte auch Jesus den Weg zum Kreuz angehen.

Kurze Stille

Seligpreisungen heute:
Der Leiter lädt die Teilnehmer ein, selber Seligpreisungen zu formulieren und in die Mitte zu sprechen. Die Männer können aber auch Seligpreisungen aus der Bergpredigt wiederholen.

Vaterunser

Segen

Lied: Wer unterm Schutz des Höchsten steht (GL 291)

3. Einheit: Du wirst sterben. Deshalb lebe
Kreuzzeichen

Lied: Wer nur den lieben Gott lässt walten (GL 295)
          Oder: Wer leben will wie Gott auf dieser Erde (GL 183)

Begrüßung und Einführung:
Wie beim zweiten Mal geht es auch jetzt zunächst darum, den Anschluss an die ersten beiden Andachten schaffen, neu Hinzugekommenen das Anliegen und die Struktur zu erklären und dann zur Meditation überzuleiten.

Meditationsimpulse:
Du wirst sterben.
Da hilft auch keine Lebensversicherung, kein Gesundheitscheck.
Auch während du mit der Vorsorge beschäftigt bist,
läuft deine Lebensuhr weiter ab.
Du hast aber trotzdem ein ganzes Leben lang Zeit zu leben.
Und Gott erwartet dich in der Ewigkeit.
Also lebe dein Leben!
Und was ist das Ziel deines Lebens?

Lesung aus Bergpredigt:
Matthäus 6,25–33

Erläuternde Worte:
Sorglos und unbekümmert zu leben – das ist ein Geschenk, das nur wenigen gegeben ist. Unser Leben steht immer unter dem Vorbehalt von Tod und Vergänglichkeit. Aber machen wir uns die meisten Sorgen nicht selber? Und vergessen zuletzt darüber die Schönheiten des Lebens? Unser Leben sollte nicht in rastloser Sorge aufgehen. Dafür ist es zu wertvoll. Aber andererseits fehlt ihm ohne ein Ziel die Richtung und der Antrieb.

Wir leben unser Leben nicht allein, sondern zusammen mit vielen anderen Menschen. Gemeinsam können wir dem menschlichen Leben auf dieser Welt ein Ziel geben, wenn wir Gerechtigkeit, Frieden und Wohlergehen für alle anstreben. Das »Reich Gottes und seine Gerechtigkeit« suchen, also Gottes guten Willen für alle.

Jesus hat sich diesem göttlichen Willen verschrieben. Daraus lebt er – auch über das Kreuz hinaus.

Kurze Stille

Fürbitten:
Die Teilnehmer sind eingeladen, selber Fürbitten zu formulieren.

Vaterunser

Segen

Lied: Solang es Menschen gibt auf Erden (GL 300)

Gründonnerstag für Männer
GERHARD KAHL

> *Kann ich eine Autorität annehmen? Wie verhalte ich mich bei autoritärem Verhalten anderer? Neige ich selbst zu autoritärem Verhalten? Diesen Fragen kann ich mich am Beispiel Jesu aussetzen: Er wäscht seinen Jüngern die Füße.*

Zum Rahmen des Angebots
- Dieser Praxisvorschlag bietet sich als Element für Männer am Abend bzw. in der Nacht des Gründonnerstags an. Wenn sich eine Kerngruppe von vier bis fünf Männern gefunden hat, kann er als offenes Angebot ausgeschrieben werden. Er ist auch für Jugendliche und jüngere Männer geeignet. Jedoch ist dann zu überlegen, ob eine andere Bibelübersetzung verwendet werden sollte.
- Maximal 20 Teilnehmer
- Das Erleben der Fußwaschung passt in den heiligen Raum einer Kirche bzw. Kapelle.
- Das Modell dauert ca. zwei bis drei Stunden. Falls die Gruppenarbeit entfällt, verkürzt sich die Dauer auf ca. anderthalb Stunden.
- Die Räume im Pfarrzentrum (Sitzen im Kreis ohne Tische) sowie Kirche bzw. Kapelle sind entsprechend zu gestalten: Stühle stellen, Kerzen anzünden, Wasserkrug, Schüssel, Handtücher zum Abtrocknen bereitlegen. Die Mitte kann mit einer großen Kerze, einem Kreuz oder einem Wasserkrug mit Schüssel gestaltet werden. Auf die Beleuchtung in der Kirche achten. Wenn Texte vorgelesen werden, muss es hell genug sein. Ansonsten kann eine weiterzureichende Kerze für die nötige Helligkeit sorgen.

- Bibelstelle Johannes 13,1–20 für jeden Teilnehmer kopieren
- Ein Blatt mit dem Arbeitsauftrag für die Gruppenarbeit vorbereiten, das dann mit in die Gruppe gegeben wird.

Ablauf

Im Pfarrzentrum

Einführung:
Liebe Männer, ich begrüße euch ganz herzlich zum »Gründonnerstag für Männer«. Am heutigen Abend steht das Abendmahl Jesu mit seinen Jüngern im Mittelpunkt. Im Johannesevangelium ist nicht wie bei den anderen Evangelisten das Abendmahl geschildert, sondern die Fußwaschung. Jesus wäscht seinen Jüngern die Füße. Für mich ist dies eine tief beeindruckende Szene.

Mit euch zusammen möchte ich den Text aus dem Johannesevangelium in den Blick nehmen. Anschließend mit euch ins Gespräch kommen. Die Wörter »dienen« und »Dienst«, aber auch Führung und Leitung sind Reizthemen für uns Männer. Danach gehen wir in die Kirche. In einer kleinen und schlichten Feier werden wir die Geschichte mit Jesus am eigenen Leib erfahren.

Kurze Vorstellungsrunde der Männer:
Falls Männer aus anderen Pfarreien bzw. von anderen Orten gekommen sind, bietet sich eine kurze Vorstellungsrunde an. Dabei kann auch geäußert werden, was sich der Einzelne erwartet.

Biblische Geschichte lesen:
Johannes 13,1–20 (Der Text liegt jedem Mann vor.)
Vortrag: Jeder Mann liest jeweils einen Vers, dann ist der Nachbar an der Reihe.

Leiter: Jeder wiederholt die Worte aus dem Text, die ihn bewegen und anrühren. Das kann ein Satz sein, ein Ausdruck oder auch nur ein einzelnes Wort. Gerne können auch mehrere von euch dasselbe sagen. Was gesagt wird, wird nicht kommentiert. Wir hören einander zu und lassen die biblischen Worte auf uns wirken. Nach einer Zeit der Stille wird der gesamte Text nochmals von allen Männern im Kreis gelesen.

Einführung zur Arbeit in Kleingruppen:
Diese Szene Jesu mit seinen Jüngern hat es in sich. Jesus überrascht seine Jünger, indem er den Dienst eines Sklaven übernimmt. Er will uns ein Beispiel geben. Er sagt auch zu uns: Lebt auch so, seid Diener! Zugegeben, das fällt uns schwer. Viel lieber wären wir der Chef.

Eure Aufgabe: Ihr geht in Gruppen mit drei bis fünf Männern. Findet ein Beispiel zum »Füße-Waschen«: Wo ist es mir schwer gefallen, eine Aufgabe, einen Dienst zu übernehmen? Gibt es ein Beispiel, wo es mir leicht gefallen ist, einer Sache zu dienen? Wo habe ich positive, wo schlechte Erfahrungen mit Autoritäten gemacht? Gibt es ein Beispiel, wo »dienen« bzw. »Füße waschen« die Lösung gewesen wäre, anstatt dominant aufzutreten?
Stellt eine Szene als Pantomime oder kurzen Sketch dar!

Kleingruppenarbeit

Plenum:
Die Gruppen stellen ihre Szenen vor. Anschließend gibt es dazu ein offenes Plenumsgespräch, das von jemandem moderiert wird.

Hinweise zum Gottesdienst:
Der Leiter erläutert den Ablauf und die Elemente des Gottesdienstes. Wichtig ist, dass jeder Teilnehmer weiß, was zu tun ist.

Gang in die Kirche/Kapelle

In der Kirche/Kapelle
Die Männer haben einige Minuten Zeit, um den Raum wahrzunehmen und die Sitzplätze einzunehmen.

Beginn mit dem Kreuzzeichen

Lesung:
Die biblische Geschichte nach Johannes 13 wird reihum vorgelesen.

Stille

Fußwaschung:
Einer oder zwei Männer waschen den anderen die Füße.

Lied: Ubi caritas et amor, deus ibi est (s. o., S. 49)

Vaterunser

Gebet:
Herr Jesus Christus,
du hast uns ein Beispiel gegeben.
Den Jüngern hast du wie ein Diener die Füße gewaschen.
Wir bitten dich, gib auch uns die Kraft, im Alltag deinem Beispiel zu folgen.
Darum bitten wir mit dem Vater und dem Heiligen Geist. Amen.

Lied: Wenn wir das Leben teilen wie das täglich Brot (ET 237)
          Oder: Wer leben will wie Gott auf dieser Erde (GL 183)

Segen:
Wir bitten den Herrn um seinen Segen.
Er schenke uns das Vertrauen, von anderen den Dienst der Führung anzunehmen.

Er gebe uns den Mut, uns auf die Aufgabe des Dienens einzulassen.
Er gebe uns die Kraft, für andere Menschen da zu sein.
Das gewähre uns der dreieinige Gott, der Vater, der Sohn und der Heilige Geist. Amen.

Anschließend gehen alle still aus der Kirche/Kapelle.
Nach der Rückkehr in den Raum des Pfarrheims besteht noch die Möglichkeit zum Gespräch.

Ölbergwache am Gründonnerstag
Brot, Leid und Leidenschaft miteinander teilen –
Eine spirituelle Nacht für Männer
WILFRIED VOGELMANN

> *Der Abend des letzten gemeinsamen Mahls Jesu mit den zwölf ihm besonders vertrauten Männern und die Nacht des Gebets und der Gefangennahme Jesu am Ölberg sind aufwühlende und erschütternde Stunden. Die einzelnen Phasen gehen an Herz und Nieren und durch Mark und Bein. Mein Innerstes liegt in existentiellem Kampf rasch offen. Was das bedeutet? Dieser Frage geht das Modell in mehreren Stationen, vorwiegend in freier Natur, nach. Auch damals spielte sich vieles im Freien ab.*

Zum Rahmen des Angebots

Die sechs Stationen orientieren sich am Text des Lukasevangeliums:
1. Ankommen und Vorbereiten des Raumes für das Mahl: Lukas 22,1–13
2. Das Paschamahl bzw. letzte Abendmahl: Lukas 22,14–23
3. Gang zum Ölberg – Weg der Entscheidung: Lukas 22,24–38
4. Das Gebet am Ölberg: Lukas 22,39–46
5. Die Gefangennahme: Lukas 22,47–53
6. Am Feuerplatz: Verleugnung durch Petrus: Lukas 22,54–62

- ❖ Die Ölbergwache ist ein offenes Angebot für 10 bis 16 Männer, die sich anmelden und mit Informationen zur Ausrüstung versorgt werden.
- ❖ Dauer: von 19 Uhr bis Mitternacht oder bis in die Morgenstunden (je nach Witterung)

- Was die Teilnehmer mitbringen sollten: Rucksack, Fisch, Käse, frisches Gemüse, Isomatte, Handtuch, Trinkbecher, 1 l Trinkwasser, Taschenmesser, Taschenlampe
- Benötigt werden die rituellen Elemente (Texte, Gebete, Gesänge) für ein Sedermahl, es kann aber auch eine Agapefeier gehalten werden, bei der am Schluss des gemeinsamen Essens Brot und Wein miteinander geteilt werden.
- Ein Gemeindesaal mit Küche ist für die ersten Etappen notwendig.
- Acht Balken oder Stämme von 1,5 m Länge, die jeweils von zwei Männern gemeinsam getragen werden können, müssen am Weg gelagert werden.
- Streichhölzer, Zeitungspapier, Reisig und trockenes Holz müssen vorbereitet sein.
- Teekannen, Tee, Fackel für jeden Teilnehmer
- Texte aus dem Lukasevangelium (Kapitel 22)

Ablauf

1. Ankommen und Vorbereiten des Raumes für das Mahl

Die Männer treffen sich vor dem Gebäude, in dem die Veranstaltung beginnt.

Der Leiter lädt die Männer ein, stehend einen Kreis zu bilden, und führt sie in die Prinzipien ein, die in dieser Gruppe gelten:

- Vertraulichkeit: Was ich höre, lasse ich in der Gruppe.
- Offenheit: Ich spreche von mir, meinen Gefühlen, meinen Wahrnehmungen, Erfahrungen.
- Freiwilligkeit und Selbstverantwortung bei den Übungen

Danach konstituiert der Leiter die Gruppe als »Brüder für eine Nacht«: Jeder Mann nennt seinen Namen und was er in dieser Gruppe erleben möchte.

Die Gruppe antwortet nach jeder persönlichen Äußerung: »N. N., sei willkommen in unserem Kreis!«

Inhaltliche Einstimmung: Der Leiter erläutert, dass Kapitel 22 des Lukasevangeliums den inhaltlichen Faden für den Ablauf und die Stationen des Abends bildet. Die Eröffnung erfolgt mit der biblischen Lesung von Lukas 22,1–13.

Anschließend betreten die Männer das Gebäude und richten gemeinsam den Saal: Tische decken, Speisen und Getränke bereitstellen, Schüsseln mit Wasser im Foyer vorbereiten und Handtücher bereitlegen; Symbole oder Schmuck auslegen.

Nach der äußeren Vorbereitung des Gemeinschaftsraumes gehen alle nochmals zu einem Innehalten nach draußen (Vorraum, Foyer). Dort waschen die Männer sich gegenseitig schweigend die Hände.

Danach nehmen die Männer an der Tafel Platz und eröffnen das Mahl mit dem Gesang: »Hinneih matov uma najim, shevet achim gam jachad« (Psalm 133,1: Schön und gut ist es, wenn Brüder in Eintracht zusammen sitzen/wohnen).

Hinneih matov uma najim

T/M: aus Israel, dt. Text nach Psalm 133,1

1. Hin - neih ma - tov u - ma na - jim, she - vet a - chim gam ja - chad.
2. Hin - neih ma - tov, she - vet a - chim gam ja - chad.

Hin - neih ma - tov u - ma na - jim, she - vet a - chim gam ja - chad.

1. Schön ist es, wenn unter *Brüdern Liebe und Friede wohnen.
2. Sucht Gemeinschaft; Liebe und Friede übet.

unisono: Schön ist es, wenn unter *Schwestern, Liebe und Friede wohnen.

* Brüder oder Schwestern

Ölbergwache am Gründonnerstag

2. Das Paschamahl bzw. letzte Abendmahl

Wenn kein Leiter für ein Sedermahl zur Verfügung steht, können folgende Elemente im gemeinsamen Mahl eingesetzt werden:

Teil 1:
Biblische Lesung zur Erinnerung an das Paschamahl:
Exodus 12,1–11

Gesänge aus Israel:
Hewenu shalom alechem (Tr 54)
Oder: Shalom chaverim (Tr 55, ET 174)

Als Speise kann eine Lammkeule vorbereitet, dazu können Mazzen gereicht werden. Getränk: ein Glas Wein.

Teil 2:
Sättigungsmahl zur Stärkung für Abend und Nacht:
Die Männer verzehren die Speisen, die sie für die gemeinsame Tafel mitgebracht haben.
Getränke: Saft und Mineralwasser.

Teil 3:
Biblische Lesung zur Erinnerung an das letzte Abendmahl:
Lukas 22,14–23

Lied: Brich mit den Hungrigen dein Brot (Tr 535)

Vaterunser

Ein ungesäuertes Brot (Mazzen) wird herumgereicht, danach ein Becher Wein.

Lied: Danket, danket dem Herrn (Tr 359)

Zum Schluss wird der Raum komplett aufgeräumt.

3. Gang zum Ölberg – Weg der Entscheidung
Der Leiter bittet die Männer, ihre Sachen zu packen. Alle machen sich bereit zum Aufbruch und treffen sich im Freien, wo sie einen Kreis bilden.

Biblische Lesung:
Lukas 22,24–38

Der Leiter gibt folgende Anleitung für den Weg:
Jeder geht jetzt 15 Minuten für sich allein, um das nachklingen zu lassen und dem nachzuspüren, was er bis jetzt hier erlebt hat: Was hat mir gut getan? Was hat mich berührt? Was hat mich getroffen? Was hat mich irritiert?

Nach 15 Minuten hält der Leiter die Gruppe an und leitet den nächsten Schritt an:
Such dir einen Partner, einen Weggefährten für die nächste halbe Stunde. Stellt euch zusammen. Geht nun den Weg miteinander. Jeder hat 15 Minuten Zeit, um von sich und seinen Wahrnehmungen zu erzählen. Der Gefährte hört aufmerksam zu. Die Gestaltung dieser Zeit liegt ganz in eurer Hand.

4. Das Gebet am Ölberg
An einem geeigneten Wiesengrundstück oder auf einer Waldlichtung hält der Leiter die Gruppe an und erläutert, dass dieser Platz nun der Garten am Ölberg sei. Es wird an diesem Ort darum gehen, eine Stunde zu wachen und das innere Ringen auszudrücken.

Der Leiter stimmt den Eröffnungsgesang an:
Bleibet hier und wachet mit mir (Gesang aus Taizé)

Bleibet hier und wachet mit mir

T: nach Mt 26,38; M: J. Berthier (1923–1994)

© Ateliers et Presses de Taizé, 71250 Taizé-Communauté, Frankreich

Biblische Lesung:
Lukas 22,39–46

Wachen und Beten:
Bevor die Männer zu einer halbstündigen Gebetswache gesandt werden, gibt der Leiter folgende Hinweise:

Thema des Betens: Ich mache mir Versuchungen (persönliche, soziale, globale), Anfechtungen, innere Konflikte, Gewissenskämpfe, die mich umtreiben, bewusst und trage sie vor Gott: Lass mich nicht von der Macht der Versuchungen überwältigt werden!

Haltungen: Stehen, knien, ausgestreckt am Boden liegend, in der Haltung des Niederwerfens, erhobene Arme, in Verneigung ... In den einzelnen Haltungen verweilen, sie dann wechseln, wenn ich ermüde oder unkonzentriert und zerstreut werde. – Vielleicht bin ich aber auch erschöpft (wovon?) und schlafe ein wie die Jünger.

Wichtiger Hinweis: Wenn jemandem die Wachzeit zu lang wird oder er sich sonst unwohl fühlt, bitte unbedingt bei der Leitung melden oder abmelden. Keinesfalls einfach im Dunkeln alleine die Gruppe verlassen und weggehen!

Eröffnungs- und Abschlusssignal: Mit drei kräftigen Schlägen an die Klangschale wird die Wachzeit angeschlagen und beendet. Beenden heißt: Die Männer kommen schweigend zusammen.

Mit dem Gesang »Bleibet hier und wachet mit mir« (s. o.) suchen sich die Männer ihren Schweigeplatz, dann schlägt der Leiter die Klangschale an. Nach 30 Minuten wird die Wachzeit beendet und die Männer kommen zusammen.

Das innere Ringen ausdrücken:

Das Ringen Jesu in dieser Wachzeit wird nun in einer Übung leiblich erforscht. Es geht um die Verleiblichung des Ringens mit sich selbst, des Ringens der beiden Seelen in meiner Brust, des Ringens mit der Versuchung.

Je zwei Männer stellen sich hierfür einander zur Verfügung. Ziel ist, im Stand mit dem anderen Mann zu ringen, darauf zu achten, im Stand zu bleiben. Beide Männer sollen mit behutsam wachsender und austarierter Dynamik in einen immer intensiveren Kraftaustausch gelangen.

* Je zwei Männer bilden ein Paar: Sie stellen sich einander gegenüber, schauen sich in die Augen, nennen einander ihre Namen und fragen sich dann: »N. N., stellst du dich mir mit deiner Kraft zur Verfügung?« – Wenn der Gefragte bereit ist, antwortet er: »N. N., ich stelle mich dir mit meiner Kraft zur Verfügung.«

Dann fragt der andere Partner… Am Schluss nicken beide mit dem Kopf zum Zeichen, dass das Ringen beginnen kann. – Sagt einer »Stopp«, wird das Ringen sofort unterbrochen. Eventuell ist eine Pause nötig. Das ist okay. Jeder achtet auf sich. Es gibt eine kurze Verständigung, ob das Ringen fortgesetzt wird oder beendet ist. So kann es mehrere Phasen geben. Jeder achtet darauf, dass er nicht sich selbst überfordert oder den anderen verletzt. Ist das Ringen beendet, verneigen sich die Partner voreinander und jeder kehrt zu seinem Wachplatz zurück.

Wachen und Beten:
Nach 15 Minuten Zeit für das Ringen zu zweit schlägt der Leiter die Klangschale an. Die Paare trennen sich und jeder geht noch einmal 15 Minuten zum Wachen an seinen Gebetsplatz. Danach stimmt der Leiter den Gesang an: »Bleibet hier und wachet mit mir« und ruft damit die Männer zusammen.

5. Die Gefangennahme
Der Leiter zündet zwei Fackeln an.

Biblische Lesung im Fackelschein:
Lukas 22,47–53

Zusammengespannt im gleichen Joch:
Der Leiter führt in die Übung ein:
- Ein vorbereiteter Holzbalken (ca. 1,5 m lang) symbolisiert meine Einschränkung. Ich trage ihn als Joch, das mir im Nacken sitzt. Zum einen symbolisiert er die Last, die ich an mir selbst zu tragen habe, zum anderen steht er für die Last, die Männer einander durch ihre Herrschaftsformen und -systeme auferlegen. Anstatt sich Lasten aufzubürden, ist einzuüben, die Last zu teilen und sie gemeinsam zu tragen.

Jedes Männerpaar der vorhergehenden Übung (gemeinsames Ringen, s. o.) erhält einen solchen Balken. Er wird zunächst von jedem Mann allein angeschaut, befühlt, angehoben. Danach teilen die Männer einander mit, wofür diese Last jeweils steht. Zunächst wird der Stamm dann ein Wegstück abwechselnd von jedem Mann alleine getragen. Der unbelastete Partner geht voran und bahnt den Weg. Anschließend den Balken gemeinsam im Nacken tragen: sich zusammenspannen unter demselben Joch und den Leib des Partners von hinten umfassen. ❋

Die Männer machen sich auf den Weg, die Fackeln werden gelöscht.

6. Am Feuerplatz: Verleugnung durch Petrus
Zunächst machen die Männer aus vorbereitetem Material ein Feuer. Sie lagern sich am Feuer. Im Feuer wird Tee gekocht, zum Aufwärmen und zur Stärkung.

Austauschrunde:
Die Zeit des Wachens, des Ringens und der Last, wie habe ich sie erlebt? Was hat mich beschäftigt?

Biblische Lesung: Lukas 22,54–62

Der Leiter gibt einen Impuls zum Nachdenken:
Bekennermut und Feigheit – manchmal bin ich stolz auf mich, manchmal ist es zum Heulen mit mir. Erinnere dich an Situationen, in denen dir zum Heulen war, weil du nicht zu dir und deiner Überzeugung oder zu einem anderen Menschen stehen konntest. Wie gut kannst du zu dir und deinen Überzeugungen stehen? Was erleichtert es? Was macht es schwer?

Stille

© Sieger Köder, Simon von Cyrene. Kreuzweg Rosenberg

Ritual:
Die Last dem Feuer geben, damit sie verwandelt wird und nährt:
Leiter: An Petrus wird erlebbar: Neue Kraft zu finden, umzukehren, sich zu wandeln, ist möglich. Jesus sagte zu Petrus: Wenn du dich wieder bekehrt hast, stärke deine Brüder!

Der Leiter bittet die Gruppe, sich zu erheben und stehend einen Kreis um das Feuer zu bilden. Jedes Gefährtenpaar nimmt seinen Balken wieder auf. Dabei spricht jeder Mann aus, wofür der Balken für ihn steht: »Die Kraft des Feuers verzehre…, verwandle… HOU!« – Die Gruppe antwortet: »HOU!« – Wenn beide Männer dies ausgesprochen haben, wird der Balken vorsichtig ins Feuer gelegt.

Aufbruch zum Rückweg:
Etwas von der Kraft des Feuers nehmen die Männer mit, indem sie Fackeln anzünden und abschließend im Kreis um das Feuer stehen.

Gesang:
Jehoschua (der hebräische Name Jesu) zur Melodie des Mantras »Om mani padme hum«

Jehoschua

M: W. Vogelmann

Schweigende Wanderung zum Ausgangsort

Abschlusskreis am Ausgangsort der Veranstaltung:
Der Leiter führt ein:
Jeder sagt: »Ich bin N. N. und gehe mit dem Gefühl von …« und vollendet den Satz aus seiner momentanen Befindlichkeit heraus. Die Gruppe antwortet: »N. N., mit Gottes Segen geh deinen Weg.«

Die Männer werden eingeladen, dem Nachbarn links die Hand in Herzhöhe auf den Rücken zu legen und dem Nachbarn rechts in Nierenhöhe. Die Ölbergnacht geht an Herz und Nieren. Sich eine Weile halten an Herz und Nieren, zusammen stehen, die Energie spüren – das tut gut.

Auflösen des Brüderkreises:
Die Arme sinken lassen, Schulter an Schulter stehen, sich dann gemeinsam nach außen wenden. Dabei den Schulterkontakt wieder aufnehmen, die Energie des Kreises im Rücken spüren. Einen ersten, entschiedenen Schritt nach außen setzen, innehalten und die Eigenständigkeit spüren, dann weggehen.

Karfreitag: Die Zeit der Asche
GERHARD KAHL

> »Jung, erfolgreich und dynamisch«, so lautet ein kesser Männerspruch. Doch wer ist das schon? Unsere Realität sieht anders aus. Jeder von uns Männern kennt Zeiten, in denen alles schwer fällt. Zeiten der Einsamkeit, der Depression, der Verlassenheit, der Ausweglosigkeit und des Zusammenbruchs. Der australische Psychotherapeut Steve Biddulph spricht von der »Zeit der Asche«. Alles, was ich mir selbst aufgebaut habe, ist verbrannt und bildlich gesprochen zu einem Häufchen Asche geworden. Das als Mann anzuerkennen, anzunehmen ist Voraussetzung, um sich weiterzuentwickeln, ein weiser Mann zu werden. Für Christen ist es das bewusste Erleben des tödlichen und heilsamen Karfreitags. Ohne Anerkenntnis des Sterbens und des Todes führt kein Weg zur Auferstehung. Dazu will dieses Modell anleiten.

Zum Rahmen des Angebots
- Dieses Modell bietet sich für den Abend des Karfreitags oder Karsamstags an.
- Da das Hinlegen auf den Boden (Prostratio) eine sehr körperbetonte Angelegenheit ist, ist es sinnvoll, sich zuvor zu einem ein- bis zweistündigen Weg zu treffen. Das lockert und erfrischt Körper, Geist und Seele.
- Die Einheit dauert ca. vier Stunden. Als idealer Zeitpunkt bietet sich der Beginn zwischen 18 und 19 Uhr an.
- Die Räume im Pfarrzentrum und in der Kirche gestalten. Für den Gottesdienst sind Kerzen anzuzünden und es ist für entsprechende Beleuchtung zu sorgen.

- Der Segenstext sollte auf einem festen Papier abgedruckt sein, ebenso Texte zum Gebet.
- Für die musikalische Gestaltung ist ein Orgel- oder Gitarrenspieler sinnvoll. Ansonsten ist auf einen CD-Player zurückzugreifen. Auf das gemeinsame Singen sollte jedoch nicht verzichtet werden. Sinnvoll ist es, die Lieder bereits vorher miteinander einzuüben. Liedblätter nicht vergessen!
- Für das Hinlegen auf dem Boden ist eine entsprechende Unterlage wie Teppich oder Isomatte erforderlich. Kirchen mit Fußbodenheizung sind ideal. Am besten ist es, wenn sich zwei bis vier Männer gleichzeitig auf den Boden legen.
- Verschiedene Gegenstände aus dem Alltagsleben werden als Gegenstand zum Festhalten sowie als Impulsgeber gebraucht. Alternativ können Schwarzweiß-Bilder verwendet werden, wie sie auch bei kirchlichen Stellen auszuleihen sind.
  Als Fotosprachen eignen sich:
  - »Mannsbilder 2004« – zum Selbstkostenpreis zu bestellen beim Männerbüro der Diözese Augsburg, Telefon 0821/3166-641, bzw. www.maennerbuero.bistum-augsburg.de.
  - »Fotomappen« des DKV – gute Bilder, aber auch guter Preis (25,00 Euro) – zu bestellen unter Telefon 089/48092-1245 bzw. www.katecheten-verein.de.
- In der Ausschreibung ist der Hinweis wichtig, dass miteinander gewandert wird: Von daher auf wettergerechte Kleidung, passendes Schuhwerk und ein zweites Paar Schuhe (je nach Witterung) für Pfarrheim und Kirche hinweisen.
- Das Modell eignet sich für einen Pfarreienverbund oder ein ganzes Dekanat. Einige Männer sollten immer als sichere Teilnehmer klar sein.

Ablauf

Im Pfarrheim / Pfarrzentrum

Einführung:

Liebe Männer, herzlich willkommen zur »Zeit der Asche«! Wir Männer erzählen uns gegenseitig lieber von unseren Erfolgen und all dem, was uns gut gelungen ist. Jedoch sind wir nicht nur erfolgreich. Wir erleben alle, die wir hier im Raum sind, Zeiten, in denen uns Schicksalsschläge treffen: Ängste, Wunden in der Kindheit, Jugendzeit oder als Erwachsener, Krankheit, Probleme mit der Arbeit, Trennung und Scheidung sowie Tod von uns nahe stehenden Personen. Das nimmt uns alle mit. Diese Wunden erschüttern uns total.

Am heutigen Abend besteht die Möglichkeit, unsere eigenen Wunden, die uns das Leben geschlagen hat, im Gespräch zu benennen (soweit jeder das möchte) und sie vor Gott zu tragen.

Ich gebe euch einen kurzen Abriss über die Gestaltung des Abends:

- Vorstellungsrunde (Name, Wohnort, Erwartungen an den Abend)
- Miteinander in der Natur unterwegs sein (mit Zeiten des Schweigens und Zeiten des Hörens)
- Kleingruppenarbeit (die eigenen Wunden benennen)
- Gottesdienst in der Kapelle (mit Hinlegen auf den Boden)
- Möglichkeit zum Gespräch im Pfarrheim

Vorstellungsrunde

Signal zum Aufbruch:

Wir gehen nun nach draußen. Es ist eine Zeit der inneren Einkehr. Ich besuche mich selbst. Von daher bitte ich alle um striktes Schweigen. Nur wenn es wirklich wichtig ist, sollte gesprochen werden. Während unserer Wanderung werden Texte vorgetragen. Sie sollen uns helfen, unserer »Asche« näher zu kommen.

Miteinander unterwegs in der Natur
Zum Vortrag auf dem Weg bieten sich folgende Texte an:

Jeder Mann braucht in seinem Leben eine Zeit der Asche – um zu entdecken, dass er ungeachtet all seines Optimismus und all seiner Anstrengungen verwundbar ist. Wer sich in solchen Lebenslagen – aus vielleicht verständlichen Gründen – der Verzweiflung hingibt, hat nicht verstanden, worum es eigentlich geht. Trauer wirkt reinigend, Verzweiflung ist lediglich Stillstand. Entscheidend ist es, bis dahin unterdrückte Gefühle herauszulassen.

Unser ganzes Leben besteht daraus, weiterzumachen, aktiv zu sein, Entscheidungen zu treffen, vorwärtszuschreiten – ohne dass wir von vornherein über den Ausgang Gewissheit hätten. Ja, das Leben ist eine reichlich anstrengende Sache. Wenn ein Mann es sich in solchen Zeiten gestatten kann, zu weinen und wenigstens einen Teil seiner Schmerzen seinen Freunden »aufzubürden«, dann geht er aus seiner Krise geläutert hervor. Er blickt nicht länger verächtlich auf arme, behinderte oder schwache Menschen hinab. Er begreift, dass sie genauso sind wie er selbst. Seine Fähigkeit mitzuempfinden nimmt erheblich zu. Solche Zeiten der Asche führen nur das zu Ende, was bereits in der Adoleszenz begonnen hat – die »Geburt« eines richtigen Mannes.

STEVE BIDDULPH, Männer auf der Suche. Sieben Schritte zur Befreiung
Wilhelm Heyne Verlag, München, in der Verlagsgruppe Random House GmbH, S. 276 © Steve Biddulph

✶ ✶ ✶

Trotz unserer Disneyland-Kultur fangen einige Männer zwischen fünfunddreißig und vierzig an, in ihrem Privatleben Erfahrungen mit Asche zu machen, ohne ein Ritual, sogar ohne ältere Männer. Ihnen wird allmählich klar, wie viele ihrer Träume zu Asche geworden sind. Ein junger Mann in der Highschool träumt davon, Rennfahrer oder Bergsteiger zu werden, er wird Miss Amerika heiraten, mit dreißig Millionär sein, mit fünfundvierzig den Nobelpreis für Physik bekommen, er wird Architekt werden und das höchste Gebäude der Welt bauen. Er wird aus seinem Provinznest ausbrechen und in Paris leben. Er wird fantastische Freunde haben ... und mit fünfunddreißig sind alle diese Träume zu Asche geworden.

[...] Die Erkenntnis dieser Schwächung ist eine Erfahrung, die Männern über dreißig angemessen ist. Erlebt der Mann diese Schwächung nicht in aller Schärfe, wird er seine Überheblichkeit beibehalten und sich weiter mit allem in ihm identifizieren, das fliegen kann: seinem Sexualtrieb, seinem Verstand, seiner Weigerung, eine Bindung einzugehen, seiner Abhängigkeit, seiner Transzendenz, seiner Kälte. Die Kälte mancher amerikanischer Männer deutet darauf hin, dass sie die Asche übersprungen haben.

ROBERT BLY, aus: STEVE BIDDULPH, Männer auf der Suche, S. 279
© Steve Biddulph

Erzählrunde der Männer im Pfarrheim: Zeiten der Asche
Alltagsgegenstände oder Schwarzweiß-Bilder werden im Raum ausgelegt.

Leiter: Wir haben einige Zeit gehabt, über unsere Wunden nachzudenken. Die Texte, die wir gehört haben, haben auch weitergeholfen. Nun sucht jeder sich ein Bild (einen Alltagsgegenstand) aus, das ihn jetzt anspricht. Das Bild (der Gegenstand) kann helfen, von einer Zeit der Asche zu erzählen. Wer ein passendes Bild gefunden hat, setzt sich auf seinen Platz.

Nachdem jeder die Möglichkeit hatte, ein Bild (einen Gegenstand) auszusuchen, werden Kleingruppen mit drei bis fünf Männern gebildet. Gut ist es, wenn verschiedene Räume zur Verfügung stehen. Zunächst wird das ausgewählte Objekt gemeinsam betrachtet. Dann ist der betreffende Mann an der Reihe.

Für die Kleingruppenarbeit ist ca. eine Stunde zu kalkulieren.

Treffen im Plenum:
Es soll nun nicht alles aus den Kleingruppen wiederholt werden. Gibt es etwas daraus zu berichten, was für alle interessant ist?

Kurze Plenumsrunde

Hinführung zum Gottesdienst:
In der Liturgie des Karfreitags gibt es zu Beginn die Möglichkeit der Prostratio, des Hinlegens auf den Boden: Der Altardienst zieht in die Kirche ein. Vor dem im Altarraum stehenden Kreuz wirft sich der Altardienst schweigend zu Boden. In einer Zeit der Stille verharren alle im stillen Gebet. Das Sich-Niederlegen ist ein Zeichen der Ehrfurcht vor dem Geheimnis und der Größe Gottes. Es ist eine Form der Hingabe.

Auch für uns kann das Sich-Niederwerfen vor Gott ein besonderer körperlicher Akt sein, der uns im Inneren ergreift. Unsere Zeit der Asche bringen wir vor den Herrn. Vor ihm werfen wir uns nieder. Er ist es, der unser Leben in der Hand hält. Nicht wir selbst haben alles im Griff. Wir gehen schweigend in die Kirche und nehmen in den Bänken Platz.

In der Kapelle / Kirche
Kerzen werden angezündet.

Instrumentalstück:
Mit Orgel, Gitarre oder auch CD-Player (ca. drei bis fünf Minuten)

Kreuzzeichen

Einführung:
Liebe Männer, wir haben unsere eigenen Zeiten der Asche in den Blick genommen. Wir haben auch von den Zeiten der Asche unserer Brüder gehört.

Jesus selbst hat diese Zeit der Asche durchgemacht. Vor allem in seinem Ruf am Kreuz »Warum hast du mich verlassen?« drückt sich dieser tiefe Schmerz aus. Wir sind nicht alleine. Jesus hat auch diese Zeit der Asche erlebt und durchlitten. Er ist uns ganz nahe.

Gebet:
Lasset uns beten.
Herr Jesus Christus, du hast so wie wir Zeiten der Asche erlebt.
Zeiten der Verachtung, des Hasses und des Spotts,
Zeiten der Einsamkeit und Verlassenheit
auf deinem Weg hin zum Kreuz.
Du bist diesen Weg der Asche uns vorangegangen.
Dafür danken wir dir.
Du kennst uns, du weißt um uns und du bist mit uns jetzt auf unserem Lebensweg.
Wir bitten dich:
Nimm unsere Ängste, unsere Trauer, unsere Sorgen und Nöte an, nimm unsere engen Grenzen, unsere Ohnmacht, unser verlorenes Zutrauen und unsere tiefe Sehnsucht an.
Wandle sie und lass uns ganz neu erfahren, was wir uns ersehnen:
Weite, Stärke, Wärme und Heimat.
Lass uns immer wieder Zeiten der Auferstehung und des Wachsens erleben.
Dafür danken wir dir mit dem Vater im Heiligen Geist. Amen.

Lied: Meine engen Grenzen (s. S. 202)
           Oder: Wer leben will wie Gott auf dieser Erde (GL 183)
           Oder: Ich steh vor dir mit leeren Händen, Herr
           (GL 621, EG 382)

Meine engen Grenzen

T: Eugen Eckert; M: Winfried Heurich © Lahn-Verlag, Limburg-Kevelaer

1. Meine engen Grenzen, meine kurze Sicht bringe ich vor dich. Wandle sie in Weite: Herr, erbarme dich.

2. Meine ganze Ohnmacht, was micht beugt und lähmt, bringe ich vor dich. Wandle sie in Stärke: Herr erbarme dich.
2. Mein verlornes Zutrau'n, meine Ängstlichkeit bringe ich vor dich. Wandle sie in Wärme: Herr erbarme dich.
2. Meine tiefe Sehnsucht, nach Geborgenheit bringe ich vor dich. Wandle sie in Heimat: Herr erbarme dich.

Prostratio:
❋ Die Männer legen sich im Gang oder im Altarraum auf den Boden. Es können gleichzeitig auch mehrere Männer eine Zeit lang liegen. – Wichtig ist, dass das in aller Ruhe geschieht und jeder sich die Zeit nimmt, die er dazu braucht. Laden Sie ganz deutlich zur Behutsamkeit und Langsamkeit bei dieser für viele ungewohnten Übung ein! – Zwei Männer, die sich dazu bereit erklärt haben, helfen den liegenden Männern bei Bedarf wieder auf. Der vom Boden aufgestandene Mann geht in die Bank zurück. ❋

Während der Prostratio können biblische Texte vorgetragen werden, z. B.:

Psalm 23

Er ist mein Hirt.
Und mir fehlt nichts.
Er gibt mir Licht und Leben.
Es ist wie am Wasser.
Er stillt meinen Durst.
Er sagt mir, wie's weitergeht.
Er ist der Gott, auf den ich hoffe.

Auch dann, wenn ich durch eine Nacht
muss (meine Nacht),
gerade dann habe ich keine Angst.
Vor nichts.
Denn es ist einer bei mir:
und das bist Du.
Du gehst mir voraus.
Das ist meine Hoffnung.

Du deckst mir den Tisch.
Meine Feinde sehen es
und können nichts machen.
Du machst mich schön.
Es ist ein Fest!
Und so wird es weitergehen,
solange ich am Leben bin
und sein darf,
bei IHM.

Nach einer Übertragung von Arnold Stadler[12]
(aus: Ders., Die Menschen lügen. Alle. Und andere Psalmen, © Insel Verlag, Frankfurt a. M./Leipzig 1999 (⁹2004), S. 29)

* * *

Meine Gnade genügt dir, denn sie erweist ihre Kraft in der Schwachheit. Viel lieber also will ich mich meiner Schwachheit rühmen, damit die Kraft Christi auf mich herabkommt. Deswegen bejahe ich meine Ohnmacht, alle Misshandlungen und Nöte, Verfolgungen und Ängste, die ich für Christus ertrage, denn wenn ich schwach bin, dann bin ich stark.
2 Korinther 12,9b–10

* * *

So bin ich da vor dir, o Gott.
Das bin ich!
Nicht frei von Eitelkeiten, Fehlern und Sünden.
Aber mit mir ist hier auch ein Mensch,
den du geschaffen hast,
der immer wieder nach dem sucht,

---

[12] Ebenso bieten sich andere Psalmen und Psalmübertragungen an.

*was richtig ist
und mir und meinen Mitmenschen gut tut.
Ich bin da, o Gott, vor dir.
Hier bin ich.*

Gebet nach einer Vorlage von JOSEF GRIESBECK

Anschließend versammeln sich alle im Kreis um den Altar bzw. im Chorraum.

Vaterunser:
Gemeinsam gebetet – mit nach oben geöffneten Händen

Gegenseitiger Männersegen im Kreis:
Einer beginnt mit dem Segnen des rechten Mannes. Der gesegnete Mann segnet seinen rechts von ihm stehenden Mann. Als Letzter wird der Mann gesegnet, der zuerst gesegnet hat. Die Karte mit dem Segensspruch wird weitergereicht:

N. N.,
im Namen des Leben schaffenden Gottes
segne ich dich,

dass deine männliche Kraft zur Entfaltung komme
und Gutes bewirke,

dass deine Sexualität und deine Sinnlichkeit kreative Kräfte seien
und in deinem Umfeld Lebendigkeit hervorbringen,

dass deine Güte und Weisheit zunehme
und du als ein Mann des Friedens wirken kannst.

Der dreieinige Gott spricht zu dir:
N. N., du bist mein geliebter Sohn,
ich habe Gefallen an dir.

So segne und behüte dich Gott, der Vater,
der Sohn und der Heilige Geist. Amen.

Lied: Erfreue dich, Himmel, erfreue dich, Erde (GL 259)
Oder: Nun danket alle Gott (GL 266, EG 321)

Weitere Literatur und Tipps

Weitere Texte und Geschichten zum Thema »Die Zeit der Asche« finden sich in: STEVE BIDDULPH, Männer auf der Suche, S. 270–279.

Als biblischer Text bietet sich zur Prostratio die Elija-Geschichte an: »Steh auf und iss« (1 Könige 19).

Als weiterer biblischer Text bietet sich aus dem Buch Kohelet 3,1–8 (»Alles hat seine Zeit«) an.

RICHARD ROHR (Vom wilden Mann zum weisen Mann) widmet sich der Zeit der Asche, die er als Krise der Beschränkung bezeichnet, in dem Kapitel »Die alte Sprache der Spiritualität«.

OSTERN

Dennoch leben

Einführung
ANDREAS RUFFING

Neulich stieß ich auf ein Buch mit dem Titel »Stehaufmännchen – viermal zurück ins Leben«[13]. Es ist die autobiografische Geschichte eines Mannes, der in seinem Leben mehrmals mit der Diagnose Hodenkrebs konfrontiert wird und jedes Mal trotz Leiden, Zweifel und Ängsten wieder von neuem den Kampf gegen den Krebs aufnimmt. Ein Buch, das Männern Mut machen soll, die in einer ähnlichen Lebenssituation sind.

Gestolpert bin ich allerdings über den Titel »Stehaufmännchen«. Er rief Erinnerungen an meine Kindheit wach. Als kleiner Junge besaß ich eine solche Figur mit halbkugelförmigem Boden, die, wie immer man sie hinlegt, sofort wieder aufrecht zum Stehen kommt. Kein Wunder, dass im übertragenen Sinne das »Stehaufmännchen« zu einem geflügelten Wort für Männer geworden ist, die sich durch Rückschläge nicht beirren lassen und sofort wieder auf die Beine kommen. Besonders Sportler, Künstler und Politiker, die nach einem Karrieretief neu durchstarten und plötzlich wieder erfolgreich sind, werden bewundernd, zuweilen aber auch abwertend mit diesem Begriff etikettiert.

In solchen prominenten »Stehaufmännchen« sehen viele Männer nicht selten Vorbilder für das eigene Leben, vor allem wenn es um Beruf und Karriere geht. So gesehen können die »Stehaufmännchen« zu so etwas wie männlichen Idealtypen werden. Vielleicht aber auch deshalb, weil diese Spielzeugfiguren gar nicht erst umfallen und lie-

---

[13] PETER ERHARDT, Stehaufmännchen – viermal zurück ins Leben. Hodenkrebs ist besiegbar, Verlag Schmitz, Egestorf 2005

gen bleiben können. Denn sie sind so gebaut, dass sie automatisch zum Stehen kommen.

In der Wirklichkeit sieht das anders aus: Da liegen Männer »am Boden« – und bleiben auch liegen. Wenn Lebensplanungen zerbrechen, Beziehungen zerstört sind, Krankheiten den Lebensmut nehmen. Die Erfahrung, ganz unten zu sein, stellt – genauer betrachtet – das Bild vom Stehaufmännchen in Frage. Deswegen hat mich der Titel des Buches auch gestört. Das Stehaufmännchen passt eher in ein Männerbild, das in seinem Kern die Erfahrung des Scheiterns leugnet. Dieses Männerbild sagt uns: Männer wollen im Grunde immer Helden sein – und scheitern nicht. Männer sind Sieger – und keine Verlierer. Und trotz gegenteiliger Beteuerungen: Nur der Sieg zählt. Viele Männer sind in ihrem Leben mit solchen Botschaften konfrontiert worden.

Ostern gründet in einer anderen Erfahrung. Ostern erzählt von einem Neuanfang durch Gottes Handeln. Dieser Neuanfang wurde möglich, weil der Abgrund des Scheiterns den Boden dafür freigelegt hat. Der siegreich aus dem Grab auferstandene Held, den ein altes Osterlied besingt, ist niemand anderes als der gequälte und geschundene Mann am Kreuz. Es gibt den Helden nicht ohne den Gescheiterten. Das ist die Grundüberzeugung des Neuen Testaments. Ostern ist also nicht die Revision des Kreuzestodes Jesu; sie macht diesen Tod nicht ungeschehen, nicht überflüssig. Ohne Scheitern gibt es keinen Neuanfang, ohne Tod kein neues Leben.

In dieser Zuspitzung liegt die eigentliche Provokation und Herausforderung der Osterbotschaft. Weil sie uns zumutet, trotz der Realität des Todes auf Gottes Leben schaffende Macht zu vertrauen. Und weil sie uns dazu auffordert, aus diesem Glauben heraus jetzt – und nicht erst morgen – österliche Menschen zu werden und als solche zu leben. In der Geschichte der christlichen Spiritualität war dieses Wissen immer präsent. Wie ein roter Faden zieht sich deshalb durch die Jahrhunderte als Grundmelodie einer christlichen und damit österlichen Lebensführung: Stärke aus Schwäche gewinnen im Blick auf den Gekreuzigten und Auferstandenen, Kernkompetenz durch Kernverletzungen erringen und auf diesem Weg Altes zurücklassen und Neues wagen. Paulus hat diese spirituelle Ostererfahrung im 2. Korintherbrief in unnachahmlicher Weise auf den Punkt gebracht: »Wenn ich schwach bin, dann bin ich stark.«

Thomas
Oder: Wie Ostern im Leben Wirklichkeit werden kann
ANDREAS RUFFING

> *Niederlagen, Enttäuschungen, Verletzungen gehören zum Leben dazu. Im Licht von Ostern sind wir Männer angefragt: Verdrängen wir solche Erfahrungen, laufen wir vor ihnen weg, lähmen sie uns? Oder stellen wir uns ihnen und nutzen sie als Ressource, um unser Leben neu auszurichten?*

Für seine Anhänger stellt Jesu Kreuzestod zunächst eine Katastrophe dar. Dies gilt besonders für die, die ihm am nächsten stehen. So berichten die Evangelien von zwölf Männern, die er zu seinen engsten Begleitern erwählt hat. Mit ihnen zusammen wandert er durch Galiläa. Diese Zwölf erleben hautnah mit, wie zahllose Menschen zu Jesus pilgern, um seine Worte vom anbrechenden Reich Gottes zu hören. Sie sehen, wie Jesus zu den Menschen am Rande der Gesellschaft geht. Sie werden Zeugen, wie er Kranke heilt, Besessene von ihren inneren Dämonen befreit, ja nach dem Zeugnis der Evangelien sogar Tote ins Leben zurückruft. Und sie gehen schließlich mit ihm nach Jerusalem.

Die Zwölf
Die drei synoptischen Evangelien berichten übereinstimmend (Markus 3,13–19; Matthäus 10,1–4; Lukas 6,12–16), dass Jesus sich zwölf Männer ausgesucht hat. Er gibt ihnen die Vollmacht, seine Botschaft von der Gottesherrschaft in Wort und Tat weiterzutragen. Die Wahl von zwölf Männern zu Aposteln geschieht absichtsvoll: Die Zwölfzahl verweist auf die zwölf Stammväter Israels. So kann Jesus symbolisch zeigen, dass er ganz Israel für die Gottesherrschaft gewinnen will.

Viel investiert – und alles verloren?

Die Zwölf haben viel investiert. Allein dadurch, dass sie sich von dem Mann aus Nazareth aus ihrem bisherigen Alltag herausrufen ließen. Für ihn haben sie alles stehen und liegen lassen. Für sie ist er der sehnlichst erwartete Messias, der sein Volk befreien wird. In Jerusalem – so scheint es – bricht nun alles zusammen, was ihnen bislang wichtig und wertvoll gewesen ist. Jesus, ihr Meister, fällt durch Verrat eines der Ihren in die Hände seiner Feinde, wird verhaftet, gefoltert, verurteilt und stirbt schließlich den schmachvollen Tod am Kreuz.

Aus und vorbei! Alles verloren! Ich kann mir vorstellen, dass seine engsten Begleiter in den ersten Stunden und Tagen nach der Kreuzigung so gedacht und gefühlt haben. Mit seinem Tod scheinen all ihre Hoffnungen begraben, ihr großes Lebensprojekt, das so mit dem Zimmermannssohn aus Nazaret verknüpft war, steht vor dem Ende. Wo vorher Hoffnung und Zuversicht herrschten, bestimmen nun Ängste, Ohnmacht und Zweifel die Jünger. Wie schwer ist es, dann wieder auf die Beine zu kommen, wieder Lebensenergie zu bekommen und einen Neuanfang zu wagen! Allein ist dies vielleicht überhaupt nicht möglich. Auch wenn gerade Männer in einer solchen Situation oft meinen, sie müssten es allein schaffen.

Die Jünger zumindest schaffen es nicht allein, ihre Ängste und Zweifel zu überwinden und einen Neuanfang zu wagen. Davon handeln die Ostergeschichten im 20. Kapitel des Johannesevangeliums. Sie erzählen davon, wie der Auferstandene Menschen erscheint, die ihn auf seinem Weg von Galiläa nach Jerusalem begleitet haben, und wie diese durch die Begegnung herausgerissen werden aus ihrer tiefen Depression. Mit anderen Worten: Sie erzählen davon, wie ihr Leben plötzlich neue Kontur und Zielrichtung gewinnt und sie damit zu wirklich österlichen Menschen werden. Einer von ihnen ist Thomas, einer aus dem Kreis der Zwölf.

Die Erscheinungen des Auferstandenen

Zur Basis des Osterglaubens gehört von Anfang an, dass der Auferstandene Frauen und Männern, die ihm während seines irdischen Wirkens besonders nahe standen, erschienen ist. So ist es übereinstimmende Auskunft dieser neutestamentlichen Zeugen, dass die Auferweckung Jesu für sie deshalb einsehbar war, weil der Auferstandene sich ihnen gezeigt hat. Wie dies konkret vonstatten gegangen ist, darüber schweigen die Texte. Was sie vermitteln wollen, ist die tiefe Glaubensüberzeugung der Zeugen, dass der auferweckte Herr Jesus von Nazaret ist und dies bleibt. Der Auferstandene ist Person – und weder eine Projektion noch eine Idee noch ein archetypisches Symbol. Die Thomas-Geschichte in Johannes 20,24–29 macht dies in besonderer Weise dadurch deutlich, dass der Auferstandene die Wundmale trägt.

Eine Glaubensgeschichte

Thomas war nicht dabei, als der Auferstandene den anderen erschienen ist. Von ihren Berichten lässt er sich nicht beeindrucken. Seine Position ist klar und eindeutig: Was vorbei ist, ist vorbei. Jesus ist tot und bleibt tot. Da können andere noch so viel Gegenteiliges sagen. Nur durch klare Fakten lässt sich dieser Mann überzeugen.

Natürlich: Die Geschichte des Thomas ist im Grunde die Geschichte der Christinnen und Christen zur Zeit der Abfassung des Evangeliums Ende des 1. Jahrhunderts – und damit die Geschichte der nachfolgenden Generationen bis zu uns heute. Deswegen steht sie am Ende der johanneischen Ostergeschichten. Wie Thomas sind wir nicht dabei gewesen, als der auferstandene Herr den Osterzeugen erschienen ist. Wie Thomas kennen wir dieses Geschehen »nur« vom Hörensagen. Und wie Thomas sind wir aufgefordert zu glauben, auch wenn wir keine klaren Beweise, keine handfesten Wunder, keine eindeutigen Begegnungen mit Christus besitzen. Deshalb bleibt es in der Erzählung auch bewusst offen, ob Thomas seine Hände in die Wundmale des Auferstandenen gelegt hat.

Eine Männergeschichte

Die Thomasgeschichte ist damit zugleich eine dezidierte Männergeschichte. Und sie klingt darin geradezu modern. Denn für Thomas zählen nur die harten Fakten. Er glaubt nur das, was er mit seinen eigenen Augen gesehen und mit eigenen Händen angefasst hat. Kontrolliert, faktenorientiert, vernünftig, überraschungsresistent – so kommt Thomas daher. Das ist im Kern das wohlvertraute Männerbild des modernen Business-Mannes. Männer mit solchen Eigenschaften werden geschätzt und gebraucht in einer Gesellschaft, in der das Technische und Ökonomische dominiert.

Wer als Mann nur auf diese Weise sein Leben und die Welt, in der er sich bewegt, zu sehen vermag, der wird auch versuchen, kontrolliert und vernünftig mit Niederlagen und Enttäuschungen im eigenen Leben umzugehen – und sie sich damit auch ein Stück weit vom Leibe zu halten. So gelesen, vermittelt die Thomasgeschichte eine zweifache Wahrheit für uns Männer:

1. Eine österliche Erfahrung, das heißt die Erfahrung eines wirklichen Neuaufbruchs, kann nur der machen, der zuvor Enttäuschungen und Verletzungen wirklich zulässt und durchlebt.

2. Eine österliche Erfahrung kann zugleich nur der machen, der über alle auch noch so begründeten Zweifel hinweg daran festhält, dass auch eine zerbrochene Hoffnung Hoffnung bleibt und nicht endgültig verloren ist.

Beide Lebenswahrheiten – so erzählt unsere Geschichte – erschließen sich Thomas in der Begegnung mit dem Auferstandenen. So wird Ostern in seinem Leben Wirklichkeit.

Mit Thomas den Neuaufbruch wagen
Bibelarbeit zu Johannes 20,24–29

ANDREAS RUFFING

> *Kreuz und Auferstehung gehören zusammen, sind untrennbar miteinander verbunden. Das ist grundlegendes Geheimnis christlichen Glaubens. Wie auch unser Leben aus der Ostererfahrung heraus neue Kraft gewinnen kann, lässt sich mit dieser Bibelarbeit entdecken.*

Zum Rahmen des Angebots
- Zeitbedarf: 90 Minuten
- Vorzubereiten: eine Bibel oder ein Textblatt mit den Bibeltexten, Text von Markus Hofer als Kopie für alle, Gotteslob
- Material: Zettel, Stifte, Scherben, große Osterkerze, kleine Kerzen

Ablauf
Erster Schritt: Auf den Bibeltext zugehen
Der Gesprächsleiter liest als Eingangsimpuls folgenden Gebetstext vor:

Ich stehe vor den Scherben,
meiner Beziehung,
meiner Bemühungen,
meiner Hoffnungen.

Ich stehe vor dem Tod,
einer geliebten Person,
meines Lebensentwurfs,
meiner selbst.

Alles scheint aus.
Die Worte finde ich nicht mehr.
Ich kann nur noch stammeln.

Gott, Vater, wie immer,
ich kann dich kaum noch ansprechen.
Das Wort Hoffnung
erstickt mir im Mund.

Wenn du der bist,
vielleicht kannst du
meinen Schmerz benennen.

Gib mir einen Namen,
damit ich mich finden kann.
Ruf mich,
damit du auch wortlos
bei mir sein kannst.

MARKUS HOFER (aus: M. ROSOWSK / A. RUFFING (Hg.), Kraft-Räume, S. 132)

Anschließend werden die Teilnehmer zu einer stillen Besinnung zum Thema »zerbrochene Hoffnungen« eingeladen. Jeder Mann erhält dazu einen Zettel, auf den er seine Gedanken, Erinnerungen und Erfahrungen niederschreiben kann. Dazu als sichtbares Symbol eine Scherbe (z. B. von zerbrochenen Ziegeln). Wer will, kann seine Gedanken vorlesen und legt danach seine Scherbe in die Mitte, so dass ein Scherbenhaufen entsteht.

Darauf folgt ein kurzer Austausch.

Zweiter Schritt: Auf den Bibeltext hören
Johannes 20,24–29 wird in Verbindung mit Johannes 11,16; 14,5–7 vorgelesen.

Thomas im Johannesevangelium

Thomas findet im Johannesevangelium neben Johannes 20,24–29 noch zweimal ausdrücklich Erwähnung. In 11,16 spricht er stellvertretend für die Jünger davon, dass diese bereit sind, mit Jesus in Jerusalem zu sterben – eine Selbstüberschätzung, wie sich später erweisen wird. Wiederum stellvertretend in 14,5 stellt er die Frage nach dem Wohin Jesu. Thomas ist hier im Grunde Repräsentant der johanneischen Gemeinde. Ihre zweifelnde Frage lautet, wie denn eine Beziehung zu Jesus möglich ist, wenn dieser nicht greifbar anwesend ist. Für die Bibelarbeit bietet es sich an, beide Stellen zusätzlich zu lesen, weil die Gestalt des Thomas dadurch noch etwas plastischer wird. Dies gilt besonders für 11,16.

Gespräch in der Gruppe zum Schrifttext mit folgenden, vertiefenden Gesprächsimpulsen:

❖ Welche Bedeutung hat Jesus wohl für Thomas? Vor welchem Scherbenhaufen steht er daher, als Jesus gekreuzigt wird? Für uns heute mag das Kreuz Jesu Gegenstand der Verehrung sein. Für seine unmittelbaren Jünger wie Thomas war es jedoch zunächst eine Katastrophe. Dies gilt es so konkret wie möglich herauszuarbeiten, um die Bedeutung von Ostern zu erahnen.
❖ Auf die Nachricht, dass Jesus auferstanden sein soll, reagiert Thomas mit Skepsis. Eine verständliche Reaktion, oder?
❖ Die Begegnung mit Jesus führt zu einer Wende im Leben des Thomas. Woran lässt sich diese Wende in der Erzählung festmachen und was kennzeichnet sie?

Dritter Schritt: Mit dem Bibeltext weitergehen
Abschlussgespräch mit folgenden Impulsen:
- Wo erkenne ich mich in der Gestalt des Thomas, wo bleibt er mir fremd?
- Wenn ich in meinem Leben vor einem Scherbenhaufen stand – (wie) konnte in dieser Situation ein Neuaufbruch geschehen?
- Was bedeutet Ostern: gekittete Scherben? Oder?

Der Gesprächsleiter schiebt den Scherbenhaufen auseinander und stellt in die Mitte der Scherben eine Osterkerze, die er anzündet. Die Teilnehmer erhalten jeder eine Kerze. Sie sind eingeladen, nacheinander ihre Kerzen am Osterlicht zu entzünden und in einer Blitzlichtrunde ihre Quintessenz aus der Bibelarbeit zu ziehen: »Als Mann österlich zu leben heißt für mich…«

Zum Schluss kann ein Osterlied gesungen werden, z. B.

Das Grab ist leer, der Held erwacht

T: Str. 1 Landshut 1777: Fr. X. v. Kohlbrenner; Str. 2 u. 3 Münster 1866
M: Ebd.: Norbert Hauner

1. Das Grab ist leer, der Heiland ist erstanden; da sieht man seiner Gottheit Macht, sie macht den Tod zuschanden. Ihm kann kein Siegel, Grab noch

Stein, kein Felsen widerstehn; schließt ihn der Unglaub selber ein, er wird ihn siegreich sehn, er wird ihn siegreich sehn. Halleluja, halleluja, halleluja!

2. Wo ist dein Sieg, o bittrer Tod? Du selber musst erbeben;
der mit dir rang, ist unser Gott, Herr über Tod und Leben.
Verbürgt ist nun die Göttlichkeit von Jesu Werk und Wort;
und Jesus ist im letzten Streit für uns ein sichrer Hort.
Halleluja, halleluja, halleluja!

3. Dir danken nun, Herr Jesu Christ, die Völker aller Zungen,
dass du vom Tod erstanden bist, das Heil uns hast errungen.
Herr, bleib bei uns, wenn's Abend wird, dass wir nicht irregehn!
So wird die Herde wie der Hirt einst glorreich auferstehn.
Halleluja, halleluja, halleluja!

Von der Nacht in den Tag – den Morgen erleben
TILMAN KUGLER

> *Die Liturgie der Osternachtsfeier, wenn sie am Ostermorgen stattfindet, beginnt in der Nacht – und wenn sie zu Ende ist, ist es Tag. Eine (wenn man so will: säkulare) Einübung in das Geheimnis des Osterfestes, der Auferstehung, ist das einfache Erleben, wie es Tag wird, wie Licht die Dunkelheit ablöst.*

Zum Rahmen des Angebots

Das folgende Modell eignet sich besonders als Baustein im Kontext des Themas »Loslassen – trauern – neu werden«, etwa im Rahmen eines Seminars. Dort ist es erprobt. Auch im Rahmen einer Freizeit oder als eigenes Angebot – etwa in der Osterwoche – ist es durchführbar. Es eignet sich auch sehr gut als »Solo«, das ein Mann für sich allein gestalten kann.

- Für die Durchführung ist ein freies Gelände (zum Beispiel am Waldrand) nötig, das nach Osten gerichtet und so groß ist, dass jeder teilnehmende Mann für sich sein kann.
- Es sollten nicht mehr als zehn Teilnehmer sein.
- Die beteiligten Männer richten sich alles her, was sie für etwa drei Stunden draußen brauchen: warme Kleidung, Regenschutz, eine Unterlage zum Sitzen, evtl. ein Notizbuch.
- Der Leiter nimmt zusätzlich Kekse, eine Thermoskanne mit Tee und eine mit Kaffee, eine Bibel und vielleicht einen zweiten Schirm zum Verleihen mit.
- Treffpunkt: vor Morgengrauen

Ablauf

Begrüßung und Einführung:
Herzlich willkommen, hier in der Nacht!
Wir gehen jetzt hinaus, im Dunkeln.
Jeder geht für sich. Schweigend.
Am Ziel des Weges, dem Ausgangspunkt für unsere Übung,
treffen wir uns noch einmal im Kreis.

Dort angekommen:
- Nun sucht sich jeder einen Platz, an dem er die nächsten zwei, drei Stunden bleiben wird. Die einzige Aufgabe besteht in der Achtsamkeit für das, was geschieht – in dir und in deiner Umgebung.
  Benutze in dieser Zeit kein Licht.
  Lenke dich möglichst durch nichts ab.
  Bleib einfach, wo du bist.
  Sammle Eindrücke, Geschehnisse, Geräusche, Düfte, Gefühle, Gedanken – alles, was da ist.
  In dir und in deiner Umgebung.
  Wenn ihr die Glocke (oder Flöte etc.) hört, schließt jeder in aller Ruhe das Alleinsein für sich ab und wir treffen uns wieder hier im Kreis.

Jeder Teilnehmer weiß, wo er den Leiter findet, wenn es notwendig ist.

Nach Klärung eventueller Fragen folgt ein kurzes Innehalten im Kreis:
Ich bitte jeden, in ein, zwei kurzen Sätzen zu sagen, in welcher Stimmung, mit welchen Gefühlen er jetzt aufbricht …

Nun sucht sich jeder alleine seinen Platz, lässt sich nieder und bleibt dort.
  Wenn es Tag geworden ist – egal ob mit Sonnenschein, Wolken oder Regen –, gibt der Leiter das vereinbarte Signal.

Treffen im Kreis:
Der Leiter gibt, wenn er mag, eine Runde heißen Tee oder Kaffee und Kekse aus, bis alle da sind.

Gesprächsrunde:
Ich bitte jeden von euch, etwas von dem zu erzählen, was geschehen ist in den letzten Stunden – in dir und um dich herum …

Der Leiter sollte darauf achten, dass nichts geschönt oder idealisiert wird! In einer Gruppe, die einen verregneten, grauen Morgen erlebt hatte, kam genau dadurch ein tief gehendes Gespräch darüber zustande, was man sich im Leben so alles erträumt (Silberstreifen am Horizont, Morgenrot, strahlender Sonnenaufgang usw.) und was dann in Wirklichkeit ganz anders ist: grau, langsam, nass, unbequem …

Interessant ist auch, wie jeder darauf reagiert, wenn es ganz anders kommt als erträumt: Man macht den Leiter zum Sündenbock oder erklärt sich selber für blöd, ist versucht davonzulaufen … und schon fallen einem die enttäuschten Jünger auf dem Weg nach Emmaus ein. Es ist gut, wenn der Leiter eine Bibel im Rucksack hat! Oft geschieht es, dass bei solchen zunächst sehr irdischen, säkularen Erlebnissen Assoziationen und Bilder auftauchen, die auch in biblischen Geschichten eine Rolle spielen. Dann ist es angebracht, diese Geschichte auch vorzulesen. Mit der Erfahrung zuvor wird es dann möglich, viel tiefer in diese Geschichte einzutauchen. An einem anderen – sonnigen – Morgen war es deshalb gut, die Schöpfungsgeschichte (die erste Lesung der Osternachtsliturgie) als Abschluss zu lesen.

Anschließend ist Zeit für ein kräftiges Frühstück: im Seminarhaus, im Gemeindehaus, daheim oder im Café.

CHRISTI HIMMELFAHRT UND PFINGSTEN

Das Charisma des Alltags

Einführung
MARTIN HOCHHOLZER

Pfingsten, das Fest des Heiligen Geistes, ist eines der höchsten Feste des Kirchenjahrs – und verblasst doch allzu sehr gegenüber Weihnachten und Ostern. Auch, was das Brauchtum betrifft. Und im Kirchenjahr ist (wenn man vom Pfingstmontag einmal absieht) auch keine »Pfingstzeit« ausgewiesen. Vielmehr geht mit diesem Fest die Osterzeit zu Ende und es folgt die »Normalzeit«, die Zeit im Jahreskreis. Der Heilige Geist – die vergessene Seite Gottes?

Aber gerade in diesem Übergang erschließt sich das Geheimnis von Pfingsten. Von Weihnachten bis Ostern haben wir auf den irdischen Weg Jesu geschaut – eine besondere Zeit, wo er das Geschehen bestimmte und die Jünger in seine Botschaft einführte. An Christi Himmelfahrt feiern wir, dass Jesus, nachdem er durch seine Erscheinungen die Jünger noch eine Weile begleitet hat, endgültig zum Vater heimkehrt. Er überlässt den Jüngern das Feld. Jetzt sind sie gefordert, sich auf die eigenen Füße zu stellen und seinen/ihren Weg weiterzugehen – im normalen Leben, in den Herausforderungen des Alltags. In den Spuren der ersten Christen wandeln auch wir heute.

Jesus lässt uns aber nicht allein. Er sendet uns seinen Geist, der uns begleitet und führt. Es ist also ein Geist des Alltags – und zugleich der Geist Jesu, dessen weltbewegendes irdisches Leben und dessen Liebe in ihm weiterwirken.

In diesem Spannungsbogen steht Pfingsten. Das Christsein erschöpft sich nicht in den großen Geheimnissen der Menschwerdung Christi, seines Todes und seiner Auferstehung. Auch der Alltag ist ein eigenes Geheimnis. Manchmal ist er zu gewöhnlich, fast unerträglich alltäglich. Manchmal ist er uns ein Rätsel, wenn wir nicht mehr wissen, wie wir seine (manchmal gar nicht alltäglichen) Herausforderungen bestehen können. Manchmal aber spüren wir die Faszination des Lebens: ein herrlicher Augenblick in der Natur, unerwartete Hilfe, Begegnungen, bei denen ein guter Geist herrscht – so, als wäre Jesus selber unter uns.

Das ermutigt. Aber der Heilige Geist fordert auch heraus, die Schattenseiten des Lebens nicht zu umgehen. Der Geist will durch uns wirken. Und dazu zeigt er seine besondere Gabe: Er be-geistert!

Das ist es doch, was wir mit Pfingsten vornehmlich verbinden: Der Geist macht aus einem kleinen Häufchen verängstigter Jünger eine begeisterte Schar, die mit ihrer frohen Botschaft – der Botschaft Jesu – die Menschen mitreißt und dabei alle Schranken und sprachlichen Barrieren niederreißt (Apostelgeschichte 2).

Ja, die missionarische Begeisterung gehört zum Heiligen Geist dazu. Aber es wäre schlimm, wenn er sich darin erschöpfen würde. Vielmehr erzählt auch die Apostelgeschichte im Anschluss an das Pfingstereignis von der einträchtigen Gemeinschaft der ersten Christen, von gegenseitiger Hilfe und von Krankenheilungen. Das Wirken des Heiligen Geistes ist bunt und vielfältig – so wie unser Leben. Auch wenn er schwer zu greifen ist – vor allem für die Theologen, die ihn in Worte fassen wollen: Es lohnt sich, ihm auf der Spur zu bleiben, ihn immer wieder neu zu entdecken und von ihm den Alltag verwandeln zu lassen. Dazu lädt Sie die folgende Bibelarbeit ein.

Gottes Geist – ein Geist für Männer
MARTIN HOCHHOLZER

> *Welches Geschlecht hat der Heilige Geist – falls überhaupt? Im Folgenden soll er in (oder aus) männlicher Perspektive näher in den Blick genommen werden. Aufgebaut ist das Ganze als Bibelarbeit; im gemeinsamen Überlegen kommen sicherlich noch weitere Aspekte zum Vorschein ... Der Geist ist so vielfältig wie unser Leben!*

Zum Rahmen des Angebots
- Teilnehmerzahl: maximal 15
- Als offenes Angebot oder für eine feste Gruppe
- Zeitrahmen: entweder ein ganzer Tag oder Aufteilung auf mehrere Abende
- Gut ist ein zweiter Raum für die Kleingruppenarbeit
- Materialien: Flipchart, Plakate, Stifte; evtl. Textblätter (mit Erläuterungen), Bibeln

Einleitung
Die »rúach« im Hebräischen, *das* »pneúma« im Griechischen, *der* »spíritus« im Lateinischen – der Geist hat schon sprachlich verschiedene Geschlechter. Hat er in Wirklichkeit etwa gar keines, ist er/sie/es als Geist »unpersönlich«?

Aus christlicher Sicht ist Gott und damit auch der Heilige Geist ein persönliches Gegenüber, das man ansprechen kann und das mit uns in Beziehung treten will. Und für uns Menschen spielen bei Beziehungen immer (zumindest unbewusst) das Geschlecht und die damit verbundenen Vorstellungen eine Rolle.

Das schließt freilich nicht aus, dass Gott, dass der Heilige Geist uns in verschiedener Weise begegnet – einmal mit mehr weiblichem, ein andermal mit mehr männlichem Charakter. Und entsprechend unterschiedlich wird er in uns lebendig.

Der Heilige Geist hat viele Facetten. Im Folgenden seien beispielhaft drei Aspekte vorgestellt, die mit der Lebenswirklichkeit von uns Männern in Bezug gebracht werden.

Zum Einstieg in das Thema
Für ein Schreibgespräch liegen auf zwei bis drei Tischen (je nach Teilnehmerzahl) Plakate aus, auf denen in der Mitte der Begriff »Heiliger Geist« steht. Die Teilnehmer sind eingeladen, dazu ihre Assoziationen (evtl. auch Fragen) zu schreiben. Im Herumgehen können sie die Beiträge anderer lesen und eventuell auch weiterführen.

Das anschließende Gespräch fokussiert – in Weiterführung des Geschriebenen – auf die Frage: Wie sehe ich den Heiligen Geist? Spielen dabei geschlechtliche Einfärbungen eine Rolle – eher männlich oder weiblich?

Geistesgaben

Der Heilige Geist wirkt durch uns. Aber wie wirkt er? Da er der Geist Gottes ist, sollten wir uns zuerst einmal vergegenwärtigen, wie Gott wirkt. Und das wird für uns besonders sichtbar im Wirken Jesu.

Jesu Leben war von der Liebe (Gottes) geprägt. Er heilte die Kranken, lehrte den Weg zum Leben, half den Menschen aus ihren Nöten heraus, weckte die positiven Fähigkeiten in Männern und Frauen – und schuf so gleichzeitig eine neue Gemeinschaft.

Als Geist Jesu führt der Heilige Geist dieses Wirken Jesu in uns fort. Man spricht von den »Geistesgaben« oder »Gnadengaben« oder – um den griechischen Begriff zu gebrauchen – den »Charismen«.

Damit befasst sich Paulus in seinem ersten Brief an die Korinther. In 12,8–10 zählt er eine Anzahl von Charismen auf, die wohl in der korinthischen Gemeinde alle vertreten waren. Zuerst einmal die Gabe, Weisheit und Erkenntnis (im Glauben) zu vermitteln, weiterhin Glaubenskraft: Das klingt vielleicht nicht so besonders – aber es ist auch nicht selbstverständlich und für ein christliches Leben von entscheidender Bedeutung. Die Fähigkeit, Krankheiten zu heilen, sowie Wunderkräfte: Damit tun wir uns heute meist eher schwer – doch gibt es Menschen, deren Gegenwart heilsam ist oder die auch in scheinbar ausweglosen Lage noch eine Lösung finden und wahre Wunder zu wirken vermögen. Prophetisches Reden – das waren für die korinthische Gemeinde anscheinend aufbauende, aber auch kritische Worte, die den Willen Gottes vergegenwärtigten (vgl. Kapitel 14); sie unterlagen aber der kritischen Beurteilung der Gemeinde – das steckt hier wohl hinter der »Fähigkeit, die Geister zu unterscheiden«. Zungenrede dagegen war ein ekstatisches Phänomen, das sich vielleicht mehr wie ein begeistertes, aber unverständliches Stammeln anhörte und Außenstehende zu der Bemerkung veranlassen konnte: »Ihr seid verrückt!« (14,23). Deshalb nennt Paulus zum Abschluss seiner Aufzählung auch die Gabe, Zungenrede zu deuten.

Das sind nur einige Beispiele für Geistesgaben; Paulus nennt an anderer Stelle noch mehr (Römer 12,6–8; 1 Korinther 12,28).

Eigentlich eine tolle Sache: Durch die vielen verschiedenen Charismen bekommt die Gemeinde eine Ausstrahlung, gewissermaßen ein Charisma. *Wenn* diese Gaben in den Dienst der Gemeinschaft gestellt werden.

Gerade hier liegt aber das Problem. Offenbar profilierten sich einige mit ihren Geistesgaben, waren gerade mit der Zungenrede sich selbst genug – und vergaßen dabei die anderen. Die Folge: Sowieso schon vorhandene Spannungen wurden noch verstärkt, die Einheit der Gemeinde geriet in Gefahr (vgl. Kapitel 14).

Deshalb stellt Paulus heraus, was irgendwelche Gaben, so schön sie auch sein mögen, zu echten Geistesgaben macht. Zuerst einmal hat alles Tun von der Liebe getragen zu sein, auf die er in Kapitel 13 ein regelrechtes Loblied anstimmt. Wenn Gott die Liebe ist, so muss ja alles, was in seinem Geist geschieht, sich durch Liebe auszeichnen. Von daher will Paulus alle Geistesgaben in den Dienst der Liebe, im Dienst am Nächsten bzw. an der Gemeinde, gestellt wissen. Dann tragen sie zur Einheit der Gemeinde bei, wie ja auch der Geist, der den Einzelnen die Charismen verleiht, ein und derselbe ist (vgl. 12,4.11). So ergibt sich Einheit aus oder gerade in der Vielfalt.

Und unsere Gemeinden heute? Würden wir eine Liste der dort vorhandenen Charismen aufstellen, sähe diese anders aus. Relevant wären hier auch Begabungen im Umgang mit dem Computer, im Kirchenschmuck mit Blumen, im Predigen oder in der Kirchenverwaltung.

Es werden aber bei uns sicher nicht alle Charismen ausgeschöpft. Auffälligerweise bleibt manches ganz überwiegend den Frauen überlassen: soziale Tätigkeiten wie Krankenbesuche oder die Betreuung von Erstkommunionkindern. In meiner Pfarrgemeinde könnte der Kirchenchor für die Männerstimmen noch einige begnadete und begeisterte Sänger gebrauchen. Und warum wurden für das Pfarrfest nur die Frauen aufgerufen, Kuchen zu backen?

Männer haben eher andere Charismen als Frauen oder leben dieselben Charismen ein Stück weit anders. Aber: Es ist ein und derselbe Geist dahinter, der in seiner Vielfalt nicht unterdrückt werden darf, wenn die Einheit nicht in Gefahr geraten soll. Denn wer sich ausgeschlossen fühlt mit seinem Beitrag, der kommt bald nicht mehr. Die Hauptsache ist doch, es wird etwas Sinnvolles getan und es wird mit Liebe getan.

Papst Johannes XXIII. hat einmal gesagt: »Die Welt ist groß. Es gibt unzählige Wege, dem Herrn zu dienen. Es gibt auch einen für dich.« Dieser Aufruf gilt gerade auch uns Männern!

Einstieg

Die Teilnehmer formulieren in ein bis zwei Sätzen eine Definition von »Charisma« (jeder für sich). Die Ergebnisse werden anschließend vorgestellt (ohne Diskussion).

Textarbeit zu 1 Korinther 12,4–11

- Der Leiter weist zu Beginn darauf hin, dass mit »Gnadengabe« das griechische Wort »Charisma« übersetzt wird.
- In Kleingruppen lesen die Teilnehmer: 1 Korinther 12,4–11 und dazu 1,10–13 und 14,1–5. Fragen dazu: Welchen Eindruck gewinnen Sie von der Gemeinde von Korinth? Warum betont Paulus in 1 Korinther 12,4, dass es nur einen Geist gibt? Die dringendsten Verständnisfragen kann der Leiter schon in den Kleingruppen klären.
- Im Plenum werden die Ergebnisse zusammengetragen. Dabei werden auch Verständnisfragen – etwa zu den einzelnen Charismen – geklärt.

Mit dem Text weitergehen

- Welche der in 1 Korinther 12 genannten Charismen gibt es heute noch? Diese werden auf Flipchart notiert.
- Welche weiteren Charismen finden sich in unserer Gemeinde, in unserer Kirche? Diese Charismen werden ebenfalls notiert.
- Welche der notierten Charismen erscheinen eher »männlich«, welche eher »weiblich«? Warum?
- Welche »männlichen« Charismen fehlen bei uns?

Geist der Führung

Im Buch der Richter wird immer wieder dasselbe erzählt: Die Israeliten werden Jahwe, ihrem Gott, untreu; sie verehren andere Götter. Deshalb lässt Gott es zu, dass sie Räubern und den umliegenden Völkern ausgeliefert sind. Erst wenn der Leidensdruck hoch genug ist, dass sie Gott inständig um Hilfe anflehen, schickt er einen Retter, einen so genannten Richter. Dieser Richter führt einen erfolgreichen militärischen Schlag gegen die Unterdrücker des Volkes an und sorgt bis zu seinem Tod für Ruhe im Land. Und dann geht das Spiel von vorne los. Denn: »In jenen Tagen gab es noch keinen König in Israel; jeder tat, was ihm gefiel.« (Richter 21,25).

Das bedeutet aber auch, dass die Richter keine reguläre staatliche Gewalt besitzen, sondern als charismatische Persönlichkeiten die Führung übernommen haben. So heißt es beispielsweise über Otniël: »Der Geist des Herrn kam über ihn, und er wurde Richter in Israel.« (Richter 3,10).

Dieser »Geist der Führung« scheint ein männerliebender Geselle zu sein. Die Richterin Debora (Richter 4–5) ist quasi die »Quotenfrau« im Buch der Richter. Und heute sieht es – wenn man an die Führungsetagen der Unternehmen denkt – nicht viel anders aus. Vielleicht auch, weil viele Frauen keine Führer sein wollen?

»Führer« ist ja kein unbelasteter Begriff. Wir Deutschen haben mit Hitler einen der schlimmsten Sorte erlebt. Oder man denke an Revolutionsführer, die – sobald an die Macht gelangt – es schlimmer treiben als die Diktatoren, die sie gerade gestürzt haben. Und immer wieder finden wir dabei die Berufung auf Gott, der die Führerschaft legitimieren soll. So etwa bei Hitler oder beim iranischen »Gottesstaat«. Und auch die mittelalterlichen Herrscher regierten »von Gottes Gnaden«.

Führung und Machtmissbrauch liegen also nahe beieinander. Das mag uns auch kritisch auf geistige Führer aus der jüdisch-christlichen Geschichte blicken lassen: von Mose und den Richtern wie Otniël über die Apostel und die großen Ordensgründer bis hin zu den Bischöfen und Päpsten heute. Wer kann sich zu Recht auf Gott oder Gottes Geist berufen?

Doch ohne Führer kommen wir nicht aus. Wenn Otniël nicht gehandelt hätte, wer hätte die Israeliten dann befreit? Gäbe es ohne die Apostel heute noch das Christentum? Welches Potenzial wäre der

Kirche verloren gegangen, wenn nicht Männer wie Benedikt von Nursia oder Franz von Assisi Gefährten um sich geschart und Orden begründet hätten? Und selbst in den Gemeinden der Freikirchen und charismatischen Gemeinschaften muss jemand die Organisation übernehmen.

Wer auch immer die Führung ergreift: Wichtig ist die Frage, warum er es tut – und in welchem Geist. Führung bedeutet vor allem einmal, Verantwortung für andere zu übernehmen, der Diener (lateinisch: *minister*) anderer zu sein. Jesus ermahnt die Apostel: »Ihr wisst, dass die, die als Herrscher gelten, ihre Völker unterdrücken und die Mächtigen ihre Macht über die Menschen missbrauchen. Bei euch aber soll es nicht so sein, sondern wer bei euch groß sein will, der soll euer Diener sein, und wer bei euch der Erste sein will, soll der Sklave aller sein.« (Markus 10,42–44). Führung, die man aus Notwendigkeit ergriffen hat, kann sich allzu leicht verselbständigen, und Macht kann zum Selbstzweck werden. Doch der Heilige Geist – auch der Geist der Führung – ist immer Geschenk; man hat keinerlei Anspruch auf ihn.

Auch gilt es als Führer zu akzeptieren, dass man in manchen Dingen selbst Rat und Führung braucht. Ich würde sogar sagen: Gute Führer sind nichts ohne gute Mitstreiter, die die Sache des Anführers mittragen und auch einmal kritisch intervenieren. Doch für viele ist es gerade schwer, sich unterzuordnen, anzuerkennen, dass ein anderer für die Führung besser geeignet ist. Vielleicht sollte man auch von einem Geist des Sich-führen-Lassens sprechen.

Schließlich – wenn wir noch einmal einen Blick auf den Richter Otniël werfen: Wenn Gott ihm nicht seinen Geist gegeben, ihn nicht zum Führer bestimmt hätte, wäre er nichts. Dass ohne oder gar gegen Gott nichts geht, gerade das will das Buch der Richter aufzeigen. Und es tut sicherlich auch dem höchsten Führer gut, zu wissen, dass über ihm noch einer steht.

Einstieg

Der Leiter liest folgende Geschichte vor:

Der überfahrene Verkehrsexperte

Der Meister lächelte über Leute, die sich selbst als geistliche Führer anderer einsetzten, obwohl sie selbst hin und her gerissen und orientierungslos waren.
Er erzählte mit Vorliebe von dem Autor, der ein Buch schrieb »Wie verhalte ich mich als Fußgänger im Straßenverkehr« und am Tage der Veröffentlichung überfahren wurde.

ANTHONY DE MELLO

Textarbeit zu Richter 3,7–11

- ❖ Der Leiter gibt eine kurze Einführung zum Richterbuch (Erzählsituation: vorstaatliche Zeit; theologische Grundkonzeption: Abfall – Bedrängnis – Hilferuf – Rettung).
- ❖ Der Text Richter 3,7–11 wird gemeinsam gelesen.
- ❖ In Kleingruppen gehen die Teilnehmer der Frage nach: Welches Bild von Führung wird hier gezeichnet? Wie ist sie autorisiert? Kann sie sich auf Gottes Geist berufen?
- ❖ Das Plenumsgespräch greift die Ergebnisse der Kleingruppen auf und geht weiter zu der Frage: Ist (solche) Führung typisch männlich? Dazu wird auch ein Blick auf die Debora-Erzählung (vor allem Richter 4,1–16) geworfen.

Mit dem Text weitergehen

- ❖ Wo ist heute Führung unter Gottes Geist?
- ❖ Gibt es so etwas überhaupt?
- ❖ Wie unterscheidet man berechtigte Führung von unberechtigter Führung?
- ❖ Gibt es dabei weibliche und männliche Facetten, Einfärbungen?

Prophetischer Geist

Propheten? Gibt es die heute noch – einmal abgesehen von irgendwelchen obskuren Sekten? Das Wort »Weltuntergangspropheten« ist uns noch geläufig. Und auch sonst denken wir bei Prophetie vor allem an die Vorhersage der Zukunft – meist einer katastrophalen.

Wenn wir auf die Propheten des Alten Testaments schauen, dann sind Propheten zuerst einmal Menschen (vornehmlich Männer), die den Willen Gottes für die Gegenwart verkünden. Und das nicht aus eigener Klugheit, sondern beauftragt von Gott (etwa in Visionen), getrieben von Gottes Geist, manchmal auch deutlich gegen ihren Willen.

»Ich aber, ich bin voller Kraft, ich bin erfüllt vom Geist des Herrn, voll Eifer für das Recht und voll Mut«, charakterisiert der Prophet Micha sich selbst (Micha 3,8). Hier spürt man bei aller »Begeisterung« die Bodenständigkeit: Micha setzt sich ein für soziale Gerechtigkeit, für seine Mitmenschen, und ruft den Mächtigen ins Gedächtnis, dass Gott vor allem ein Gott der Armen, Schwachen und Benachteiligten ist. Konkret wendet er sich im 8. Jahrhundert v. Chr. gegen die Unterdrückung und Ausbeutung seiner Landsleute aus der Provinz durch die Bürokratie und die herrschenden Schichten. Er beobachtet – das ist typisch für die Propheten – genau, wo Unrecht geschieht: z. B. durch die Propheten (Micha 3,5–7).

Kollegen von ihm? In einem gewissen Sinne schon. Man darf dabei an Hof- oder Tempelpropheten denken, institutionalisierte, quasi beamtete Künder des Gotteswillens. Aber: »Sie verführen mein Volk. Haben sie etwas zu beißen, dann rufen sie: Friede! Wer ihnen aber nichts in den Mund steckt, dem sagen sie den Heiligen Krieg an.« (Micha 3,5). Also Korruption, Bestechlichkeit, Orientierung nicht an Gott, sondern am eigenen Nutzen. Und deshalb kündigt ihnen Micha die Berufsunfähigkeit an: Sie werden keine Visionen, keine Antworten mehr von Gott erhalten. Hier erleben wir, woher die prophetischen Zukunftsvorhersagen kommen: Sie stehen im Dienst der göttlichen Kritik der Gegenwart, sind Warnungen, Drohungen, Mahnungen.

Glauben Sie, Micha schuf sich durch diese Worte viele Freunde bei den herrschenden Kreisen? Wenn Micha sich als »voller Kraft« und »voll Mut« bezeichnet – das konnte er sicherlich brauchen! Verfolgung und Tod waren das Schicksal vieler wahrer, unbequemer Propheten. Auch heute verschwinden in etlichen Ländern Bürgerrechtler und Oppositionelle. Auf der anderen Seite ist gegenüber vielen Erkenntnissen von wirtschafts-, gewerkschafts- oder parteinahen Forschungsinstituten Vorsicht geboten.

Prophetie kann aber auch anders aussehen. Im Buch Jesaja sind drei Propheten vereint. Beim dritten, Tritojesaja genannt, befinden wir uns in einer Situation tiefster Depression für die Israeliten: Ihr Land ist erobert und verwüstet, der Tempel in Jerusalem, das religiöse Zentrum, ist zerstört, zumindest die Elite des Landes wurde in das Exil nach Babylon verschleppt (586–538 v. Chr.). Und dann diese Worte: »Der Geist Gottes, des Herrn, ruht auf mir, denn der Herr hat mich gesalbt. Er hat mich gesandt, … damit ich den Gefangenen die Entlassung verkünde … die Trauernden Zions [Jerusalems] erfreue, ihnen Schmuck bringe anstelle von Schmutz, … Jubel statt der Verzweiflung. … Dann bauen sie die uralten Trümmerstätten wieder auf …« (Jesaja 61,1–4). Vielleicht deutete sich eine Änderung der politischen Lage schon an – aber trotzdem: Auch solche Worte zu sprechen, erforderte sicherlich Mut! Doch zeigt sich nicht gerade hier der Heilige Geist, der ja kein Geist der Mutlosigkeit, sondern der Belebung und Ermunterung ist?

Der prophetische Geist ist unverfügbar, ist immer ein Geschenk. Doch können wir ihn – zumindest ansatzweise – auch heute hier und dort antreffen: Überall dort, wo Menschen mutig ihre Stimme erheben und sich für Gerechtigkeit und Frieden, also für den Willen Gottes in dieser Welt einsetzen. Für die Männer, die dieser Geist ergreift, stellt er vielleicht die größte Herausforderung dar, wenn es nicht gilt zu protestieren, sondern Mut zuzusprechen, Vertrauen zu schaffen, gegen Hoffnungslosigkeit und Verzweiflung anzugehen.

Schwierig ist aber die Unterscheidung der Geister: Auf welche »Propheten« sollte man hören? Das ist ein uraltes Problem, und oftmals ist man erst hinterher schlauer, wenn sich Warnungen erfüllt haben – oder eben nicht. Doch Vorsicht ist auf jeden Fall dort geboten, wo kein echter Einsatz für die Mitmenschen vorliegt, wo fremde mit eigenen Interessen verknüpft werden, wo jemand aus sich heraus spricht und sich nicht von Gott leiten lässt, wo ein vereinfachtes Bild der Wirklichkeit gezeichnet wird, wo nur noch blinder Protest herrscht, ohne andere Menschen ernst zu nehmen, wo Drohungen nicht mehr aufbauen, ja, nicht einmal mehr dazu dienen, die Menschen zur Besinnung zu bringen, sondern nur noch verängstigen und lähmen.

Wie bereits gesagt: Der prophetische Geist ist nicht verfügbar, er bricht nur bei wenigen voll durch (das allerdings nur, wenn sie für den Geist auch offen sind). Doch alle gefirmten – das heißt mit dem Geist gestärkten – Christen sind aufgerufen, die Welt mit den Augen Gottes kritisch zu sehen und sich für Gottes Reich einzusetzen.

Einstieg
Gespräch zu der Frage: Wo finden wir heute »Prophetie« oder »prophetisches Reden«? Eher bei Männern oder bei Frauen?

Textarbeit zu Micha 3,5–8 und Jesaja 61,1–4
- ❖ Es werden zwei Kleingruppen gebildet, eine zu jedem der beiden Texte.
- ❖ Die Teilnehmer erhalten die Blätter mit den Texten und den wichtigsten Hinweisen zum Verständnis (geschichtlicher Hintergrund, Erklärung von Begriffen); alternativ gibt der Leiter die Erläuterungen mündlich in den Kleingruppen. Die Teilnehmer sollen sich in Micha bzw. in Tritojesaja versetzen und sich überlegen:
  - ○ Wie wirkt der Geist auf den Propheten? Was bedeutet (wahre) Prophetie?

- ○ Wie kann man den prophetischen Geist charakterisieren (etwa mit Attributen/Adjektiven)? Wirkt er mehr männlich oder mehr weiblich?
- ❖ Im Plenum werden die Ergebnisse vorgestellt. Dazu schlüpft aus jeder der Kleingruppen einer in die Gestalt des Micha bzw. Tritojesaja und spricht aus dessen Warte.
- ❖ Das anschließende gemeinsame Gespräch vertieft die Vielfalt prophetischen Wirkens.

Mit den Texten weitergehen
- ❖ Wo bräuchten wir heute (gerade männlichen) prophetischen Geist? Wo könnten Männer »prophetisch« wirken?
- ❖ Und wo brauchen die Männer den weiblichen prophetischen Geist?

Vater-Kind-Tag im Dom
Christi Himmelfahrt einmal anders: »Papa hat Zeit«
HANS PRÖMPER

> *Der Vater-Kind-Gottesdienst an Christi Himmelfahrt greift das Motiv des traditionellen familienfernen »Vatertags« auf und besetzt diesen neu und positiv als Tag der Väter mit ihren Kindern. Gesellschaftlich wie kirchlich ist dies ein wichtiges Zeichen der Wertschätzung einer neuen Väterlichkeit.*

Kontext und Rahmung

Im Folgenden wird über den Vater-Kind-Tag im Dom berichtet, wie er nun schon zweimal in Frankfurt stattgefunden hat. Darin werden Ziele und Bedingungen deutlich, die bei einer Übertragung berücksichtigt werden können.

- *Väterarbeit als Teil der Erwachsenenbildung:* Der Vater-Kind-Gottesdienst an Christi Himmelfahrt versteht sich als Angebot der Stadtkirche, das von einem breiten Veranstalterteam getragen wird. Er ist eingebettet in eine dauerhafte Kooperation von katholischer Erwachsenenbildung und Familienbildung in Bezug auf Väter. Inhaltlich vorbereitet und getragen wird er von mehreren Pastoralreferenten und Vätern aus verschiedenen Gemeinden. Zelebranten waren bislang der Frankfurter Stadtdekan und der Limburger Bischof. Ort und Tag sind bewusst gewählt. Der gotische Kaiserdom, die ehemalige Wahl- und Krönungskirche der deutschen Könige und Kaiser, ist die liturgische Hauptbühne der Stadtkirche. Die Einladenden möchten ein sichtbares Zeichen für Väter und Kinder setzen. Sie möchten Religion und Glaube auch als Sache der Väter verkünden. Sie möchten Vätern und ihren Kindern einen Raum der Wertschätzung geben. Und welcher Ort wäre da besser geeignet als der hoch aufragende historische Kirchenbau?

- *Öffentliche Wirkung ist angestrebt:* Ein solch öffentlicher Gottesdienst auf Ebene der Stadtkirche setzt eine entsprechende Werbung voraus: Plakate und Handzettel in Gemeinden und Kindergärten, Pressearbeit und anderes – etwa ein Einladungsbrief des Bischofs an die Kommunionkinder des jeweiligen Jahres und ihre Väter.
- *Väter werden in die Katechese einbezogen:* Damit wurde ein Akzent gesetzt, der – gegenüber der Tradition der »Tischmütter« in der Erstkommunionvorbereitung – hier in der Glaubensweitergabe bewusst die Väter anspricht. Kinder und Väter sollten jeweils etwas schreiben: Was Väter an ihren Kindern gut finden. Was sie ihren Kindern an Werten und Erfahrungen mitgeben möchten. Und die Kinder sollten schreiben: Was sie von ihren Vätern brauchen. Was ihnen bei ihrem Papa fehlt. Was sie an Papa toll finden. Als Lohn der Schreibarbeit winkte ein Preis: eine Spezialführung für die beteiligten Väter und ihre Kinder an sonst verschlossene Orte im Dom – auf die Turmspitze und den Dachboden.
- *Kontakt zu anderen Vätergruppen:* Im Anschluss an den Gottesdienst laden weitere Angebote zum Mitmachen ein. Dies waren zum Beispiel ein kleiner »Empfang« im Dompfarrsaal mit dem Bischof, eine Kinderdomführung für Kinder und ihre Väter, Mitmachangebote für Väter und Kinder in Kooperation mit Frankfurter Museen (Ritter-Führung, Roboter-Werkstatt, Papier schöpfen …). Teilweise wird der Vater-Kind-Tag mit dem an diesem Tag auf einem großen Platz in der Innenstadt stattfindenden »Papalapaps-Fest« des Vereins Väteraufbruch für Kinder e. V. koordiniert. So können bei den Museumsangeboten auch Väter erreicht werden, die keine Kirchgänger sind. Insgesamt waren die Beteiligung und die öffentliche Aufmerksamkeit beim Gottesdienst aber wesentlich höher als bei den Museen.

Elemente eines Gottesdienstes für Väter und Kinder

Der Gottesdienst benötigt kinder- und väterspezifische Elemente. Dazu gehört die moderne Musik – wir hatten jeweils einen Jugendchor mit Band (Gitarre, Schlagzeug …) eingeladen. Die Texte bringen Erfahrungen von Vätern und Kindern in den Gottesdienst. Sie werden im Folgenden exemplarisch dargestellt.

Eröffnung / Schuldbekenntnis / Kyrie

Die Briefantworten der Väter und Kinder bilden die thematische Eröffnung des Gottesdienstes. Eine Auswahl der Texte wird vorgelesen[14]. Sie leiten jeweils über zu den Kyrie-Rufen.

1. Was wünschen sich Kinder von ihren Vätern?
Ich finde an meinem Papa gut, dass er auf mich aufpasst. Dass er zu mir hält. Gut finde ich noch, dass er mir alles beibringt, was ich wissen muss. Dass er mich immer noch liebt, auch wenn wir uns streiten. (Mädchen, 9 Jahre)

* * *

Es gefällt mir, dass mein Papa so viel im Garten arbeitet und dass er jedes neue Computerspiel, das wir kriegen, sofort installiert. Was ich mir von meinem Papa noch mehr wünsche: dass er mehr Zeit für mich hat, dass er öfter mit mir Fußball spielt, dass er, wenn er abends von der Arbeit kommt, nicht so gestresst ist. (Junge, 8 Jahre)

* * *

Mir gefällt an meinem Papa, dass er mit mir und meinen beiden Geschwistern auch Sachen unternimmt, die wir nicht mit unserer Mama machen können. Dass er sich an seinen arbeitsfreien Wochen-

---

[14] Eine gute Fundgrube für Texte und Aussagen von Kindern ist das Buch: MARKUS HOFER, Kinder brauchen Väter. Söhne und Töchter über ihre Väter, Verlag Topos Plus, Innsbruck – Wien 2001.

enden Zeit für uns nimmt und auch mit uns wegfährt. – Was ich mir von meinem Papa noch mehr wünsche: dass er mehr Zeit für uns Kinder hat und mehr Zeit zu Hause verbringen kann. (Mädchen, 9 Jahre)

Priester: Herr, wir rufen zu dir!

Chor / Alle singen: Herr, erbarme dich ...

2. Was wünschen Väter für ihre Kinder? Was möchten sie ihnen mitgeben?

Was man als Vater an seinen Kindern »gut findet«? Natürlich alles! Weil die Kinder eben so sind, wie sie sind. Sie verändern sich jeden Tag ein wenig, jede Woche, jeden Monat, jedes Jahr. Aber trotzdem bleiben sie in irgendeiner Weise unveränderlich – zumindest für mich als Vater.

* * *

Was ich von meinem Vater gerne in Erinnerung habe, ist die wunderbare Freundschaft, die mich seit meiner Jugendzeit bis heute hin mit ihm verbindet.

* * *

Als kleiner Junge war es für mich das Größte, meinen Vater zu begleiten. Zum Einkaufen, zu seinen Freunden, zum Sport, auch mal zu seiner Arbeit, ins Stadion oder einfach nur zum Tanken. Ständig lag ich ihm in den Ohren: »Papa, kann ich mit??? – Bitte ...« Ich glaube, manchmal war das ganz schön anstrengend für ihn. Aber das hat er sich nie anmerken lassen. Meistens hat er mich einfach mitgenommen.

Priester: Herr, wir rufen zu dir!

Chor / Alle singen: Herr, erbarme dich ...

3. Männer in der Kirche. Männer und Glaube. Geht das zusammen?

Als Mann fühle ich mich in der Kirche nicht immer wohl. Da sind mir oft zu viele Frauen. Im Kindergottesdienst. In der Erstkommunionvorbereitung. Irgendwie habe ich da andere Vorstellungen. Egli-Puppen und Halleluja, das reizt mich nicht so. Aber mit den Frauen da einen Kampf aufnehmen – nein, das will ich auch nicht. Irgendwie fehlt mir da die Energie.

* * *

Als Vater möchte ich meinen Kindern gerne mitgeben, dass mir der Glaube Rückhalt im Alltag und Hilfe in Belastungssituationen gibt.

* * *

Bei mir ist Religion nicht in erster Linie mit meiner Mutter, sondern mit meinem Vater verbunden. Es war mein Vater, der jeden Abend mit uns Kindern das Vaterunser sprach. – Ich merke bei mir, dass ich diese religiöse Mitgabe meines Vaters fortsetze.

Priester: Herr, wir rufen zu dir!

Chor / Alle singen: Herr, erbarme dich …

Vor der Predigt: Ein Sketch für Vater und Kind
Nach den Schrifttexten des Himmelfahrtstages leitet ein kurzer Sketch zwischen Vater und Sohn/Tochter zur Predigt über. Das Kind überredet den zu Hause »abwesenden« Vater, etwas mit ihm zu unternehmen.

Kind: Papa, hast du mal Zeit? Ich möchte dich etwas fragen.
Vater: Ach du, lass mal. Ich bin gerade nach Hause gekommen. Frag mich später. Ich muss mich erst einmal erholen.
Kind: Papa! Ich hab' auf dich gewartet. Ich will dich nämlich etwas

	Wichtiges fragen. Weil, es ist nämlich etwas Schlimmes passiert. Weißt du: Mein Meerschweinchen ist gestorben!
Vater:	Na ja. Es war ja auch schon alt. Und es ist ja nur ein Tier. Was regst du dich so auf?
Kind:	Papa! Ich hab' es doch so lieb gehabt. Jetzt haben wir es im Garten begraben – Mama und ich – und ein Kreuz hingestellt. Sag mal, Papa: Kommt das Meerschweinchen in den Himmel? Sehe ich es dort wieder? Du musst das doch wissen!!
Papa:	Ach weißt du, da musst du besser mal die Mama fragen. Die kennt sich aus mit diesen Dingen. Ich bin da nicht so bewandert. Die Mama kann dir das mit dem Himmel sicher viel besser erklären. Ja, frag die Mama, die kann dir das besser erklären.
Kind:	Papa! Das finde ich aber nicht richtig. Wieder mal tust du so, als ob Mama etwas besser weiß. Nur weil du zu feige bist, mir zu sagen, was du denkst. Oder hast du da wirklich keine Meinung. Papa, wie ist das mit Gott? Manchmal gehst du doch in die Kirche, oder??

Als Impuls ein Predigtgespräch mit den Kindern
Der auferstandene Jesus erscheint den elf Jüngern auf dem Berg und verheißt »Ich bin bei euch alle Tage bis ans Ende der Welt« (Matthäus 28,20). Woran merken Kinder, dass jemand (Jesus) bei ihnen ist? Was können Väter dazu beitragen?

Fürbitten
Die Fürbitten werden von den Vätern und Kindern auf kleine Zettel geschrieben – Zettel und Stifte vorbereiten und vorher in den Bänken verteilen! –, welche von den Messdienern eingesammelt werden. Sicherlich wird nicht alles vorgelesen werden können. Aber durch diese Form erhalten die Fürbitten eine authentische und emotionale Dichte und Präsenz.

Friedensgruß
Die Väter können beim Friedensgruß gebeten werden, ihre Kinder mit einem Kreuzzeichen auf die Stirn zu segnen.

Dankgebet
Guter Gott, wir danken dir, dass wir deine Nähe erfahren durften. Wir danken dir auch für unsere Eltern, unsere Geschwister und Großeltern. Und für all die Menschen, bei denen wir uns geborgen fühlen. Denn wir brauchen Menschen, die uns verstehen und trösten, die uns etwas beibringen und die uns lieb haben. Segne und behüte uns, damit wir unseren eigenen Weg gehen können. Denn das hast du uns und allen Menschen zugesagt: Ich bin bei euch alle Tage bis ans Ende der Welt. Amen.

Am Ausgang
Einmal haben wir das Motto des Gottesdienstes »Papa hat Zeit« auf Buttons gedruckt und am Ausgang den Kindern mitgegeben. Bei der Ankündigung wurde dies mit dem Hinweis verbunden, dass die Buttons die Kinder darin unterstützen sollen, bei ihrem Vater im Jahreslauf diese Zeit immer wieder »einzuklagen«.

Väter geben Kindern ein Obdach für die Seele. Stimmungen und Erfahrungen

Christi Himmelfahrt 2004. Der Frankfurter Kaiserdom ist gefüllt mit Kindern, lauter Popmusik und erwartungsfrohen Vätern. Er ist voller als sonst. Der Bischof hat eingeladen. Der Hessische Rundfunk ist anwesend und wird abends in der Hessenschau berichten.
Schon bei den ersten Texten kommen Gefühle ins Spiel und es wird deutlich, wie sehr Väter und Kinder sich mögen und benötigen. Es wird spürbar, was es bedeutet, wenn der Papa fehlt oder keine Zeit hat. Besonders beeindruckend der Brief eines Jungen, dessen Vater vor kurzem gestorben war. Versagen, Ängste, Sehnsüchte und Hoffnun-

gen werden spürbar – und in die Vergebungsbitte und das Kyrie hineingenommen. In seiner Predigt stellt Bischof Franz Kamphaus einen Bezug her zwischen dem Fest Christi Himmelfahrt und der Aufgabe der Väter für ihre Kinder. Er fordert eine spürbare väterliche Autorität, welche ihre Hand schützend über ihre Kinder hält, so wie Jesus es getan habe. Väter sollen ihren Kindern Geborgenheit und ein Zuhause geben, ein Obdach für die Seele. »Ich spüre heute noch, nach 70 Jahren, die Hand meiner Mutter und meines Vaters auf meiner Stirn, die mir das Kreuzzeichen gaben«, erinnert sich Kamphaus. »Das geht unter die Haut und prägt.«
Der Gottesdienst dauert 90 Minuten. Trotz dieser Länge ist die Stimmung – vor allem auch der Kinder – hoch konzentriert. Keine Unruhe, kein Fragen: »Wie lange dauert es noch?« Einfach nur gespannte Aufmerksamkeit und Beteiligtsein. Bei manchen Vätern werden Tränen in den Augen gesehen.
Aus: www.bistum-limburg.de

SOMMER

Unterwegs in Gottes Kraftraum

Einführung
TILMAN KUGLER

Der Sommer bietet der Männerarbeit viele Möglichkeiten für Aktivitäten unter freiem Himmel – und dabei ist immer Gott im Spiel, ob wir von ihm reden oder nicht. Die Sprache der Schöpfung vernimmt jeder – ganz gleich, wie er sie dann deuten mag. Weil jeder ein Teil dieser Schöpfung ist: mit Leib, Seele und Geist.

Wenn einem das Leben nicht gerade einen wüsten Strich durch die Rechnung gemacht hat, ist der Sommer in unseren Breitengraden die Zeit der Lust an der Schöpfung unter freiem Himmel. Christi Himmelfahrt, Pfingsten, Fronleichnam – auch die Liturgie drängt am Beginn der Sommerzeit in Gestalt von Prozessionen und Wallfahrten nach draußen.

Gott in der freien Natur zu begegnen, sich dort draußen Gott nahe zu fühlen, das fällt vielen Männern leichter als im klimatisierten Büro, in der Werkhalle, auf der Autobahn oder in einer Kirche. Es scheint Resonanzen zwischen äußerer Natur und der inneren Natur der Menschen zu geben, die einfach wirksam sind, oft gut tun und nicht vieler Worte bedürfen. Und man kann sich als Seelsorger auf diese Resonanzen verlassen – wiewohl sie in ihren Folgen nicht berechenbar sind.

Hinzu kommt, dass der Sommer Ferien- und Urlaubszeit ist. Wer Angebote für Väter mit Kindern machen möchte, legt diese am besten in die Sommerzeit. Zelte oder Selbstversorgerhütten – damit kommen die meisten Väter gut klar. Einfache Unterkünfte, in möglichst engem Kontakt zur Natur, erhöhen den Abenteuerfaktor, wecken Erinnerungen an die eigene Kindheit – bei manchen auch ans Biwakieren beim Militärdienst – und machen diese Angebote auch finanziell günstiger.

Für Männer ist die Natur die wichtigste »Gegenwelt« zu dem oft gottlosen Druck und Stress im Beruf. Viele Männer sind gerne draußen – alleine oder gemeinsam mit anderen. Zu jeder Jahreszeit. Allerdings ist im Sommer die Natur, von Unwettern und Regen abgesehen, einfach am komfortabelsten für uns Menschen. Und wer gerne in den Bergen wandert, radelt, Kanu fährt oder in Seen und am Meer badet: Im Sommer ist das bei uns am leichtesten und gefahrlosesten möglich. Die Sommerzeit ist die beste Zeit für Naturgenießer!

Am 1. September feiert die Arbeitsgemeinschaft der Christlichen Kirchen den *Tag der Schöpfung*. Zur Lust an der Schöpfung und all den Genüssen, die sie uns schenkt, gehört auch das Wissen um deren Bedrohung und die Übernahme von Verantwortung. Hier bei uns und in anderen Teilen der Erde. Wo, wenn nicht draußen in der Natur selbst, gewinnen wir ein Gespür dafür, welche existenzielle Bedeutung sie für uns und das Leben auf der Erde hat?

Im Rahmen einer Nachtwanderung bei einem Väter-Kinder-Wochenende spielten wir auf einer mit Wachholderbüschen bestandenen Wiese »Stilles Verstecken«. Dabei müssen sich zunächst die Väter irgendwo verstecken – und die Kinder, wenn sie ihren Papa gefunden haben, hocken sich still dazu. Bis es ganz leise ist und niemand mehr herumgeht und sucht. Der Mond ging auf und warf ein zauberhaftes Licht auf die Landschaft. Allein – nicht weit von uns rauschte die Autobahn, und aus dem Tal knatterten fast ununterbrochen Fahrzeuggeräusche zu uns hoch. Die Störung der Stille der Nacht durch unsere Kultur und Technik, die wir auch selbst als Autofahrer nutzen, war unüberhörbar und für alle zu spüren. Und die Widersprüche, in denen wir als Autonutzer und Naturgenießer stecken, waren an diesem Abend Thema in der Männerrunde.

Bernhard von Clairvaux – Machtmensch und Mystiker
HANS PRÖMPER

> »Gönne dich dir selbst, wenigstens ab und zu«: eine Stimme aus dem Mittelalter an die Arbeitsmänner von heute.

Mystiker und Eiferer, Mönch und Machtmensch, Antiintellektueller und Gottsucher: Bernhard von Clairvaux ist eine schillernde Gestalt im Herzen des Mittelalters. Er nennt sich selbst die »Chimäre seines Jahrhunderts«. 1090 als dritter Sohn einer burgundischen Adelsfamilie geboren und unter Rittern groß geworden, geht er mit 20 Jahren in das benediktinische Reformkloster Citeaux. 1115 gründet er mit zwölf Gefährten in der »Wüste« der Champagne die Zweigniederlassung Clairvaux, deren Abt er bis zu seinem Tod 1153 bleibt – dann mit einem Konvent von 700 Mönchen. Er prägt den Siegeszug der Zisterzienser, die schon 1145 mit über 350 Klöstern das Abendland übersäen.

»Lieben kann man ihn wohl kaum, diesen heftigen, ausgezehrten, vom Zorn Gottes beflügelten Mann«[15], urteilt der Historiker Georges Duby: Bernhard kämpft gegen Abaelard, den intellektuellen Kopf der Pariser Schule, und dessen dialektische (wissenschaftlich argumentierende) Theologie, bis Abaelard verurteilt wird. Bernhard schulmeistert Könige und geißelt die verweltlichte römische Kurie. Er predigt gegen die Katharer und setzt den Zweiten Kreuzzug in Gang, ein Blutbad und militärisch ein völliges Fiasko. Seine über 500 hin-

---

[15] GEORGES DUBY, Die Zeit der Kathedralen. Kunst und Gesellschaft 980–1420, Suhrkamp, Frankfurt 1980 (^{6}1992), S. 206

terlassenen Briefe zeigen ihn als glänzenden Rhetoriker, der einflussreich mit Königen und Päpsten korrespondiert. Erzbischof will er aber nicht werden, lieber bleibt er Mönch. Er ist der Star der Mystiker, seine übertriebene Askese bringt ihm allerdings ein lebenslanges Magenleiden ein. Seine spirituelle Suche gilt der unmittelbaren religiösen Erfahrung und der Gottesinnigkeit, dem Schauen und dem »Verlangen, über sich selbst hinauszuwachsen, an einer Schönheit Anteil zu haben, die ihn übersteigt«[16].

Also ein Mann von extremer Widersprüchlichkeit. Vielleicht deswegen ist mir Bernhard von Clairvaux ein attraktiver Heiliger, gerade recht für Männer der Postmoderne. Er warnt vor einem »verhärteten Herz« und fordert Zeit für die »Besinnung«. Frömmigkeit und Gottesverehrung, das ist für ihn: »Frei sein für die Besinnung.«[17]

»Achte also darauf, dass du dir – ich will nicht sagen, immer, nicht einmal häufig, doch dann und wann – Zeit für dich selber nimmst! Ziehe auch du selbst einen Nutzen aus dir.«[18]

Denn: »Was nützt es dir, wenn du die ganze Welt gewinnst, dich allein jedoch verlierst? [...] Magst du auch alle Geheimnisse kennen, die Breite der Erde, die Höhe des Himmels und die Tiefen des Meeres wissen, wenn du dich selbst nicht kennst, wirst du ein Mann sein, der ohne Fundament baut und damit eine Ruine, kein Bauwerk, aufrichtet. Was immer du außerhalb von dir errichtest, wird wie ein Haufen Sand sein, der vom Winde verweht wird. Es wird also keiner weise, der es sich selbst gegenüber nicht ist. Ein Weiser wird für sich weise sein und selber als Erster vom Wasser seiner eigenen Zisterne trinken.

---

16   GERHARD B. WINKLER, Einleitung. In: Bernhard von Clairvaux, Sämtliche Werke lateinisch/deutsch in 10 Bänden, Bd. 1, Tyrolia Verlagsanstalt, Innsbruck 1990, S. 36

17   BERNHARD VON CLAIRVAUX, Über die Besinnung an Papst Eugen. In: Sämtliche Werke, Bd. 1, S. 647

18   Ebd., S. 641

Bei dir selbst muss also deine Besinnung beginnen [...] Du stehst für dich an erster Stelle, du an letzter.«[19]

»Sonst, falls du keine umsichtige und kluge Besinnung einschiebst, werden die Geschäfte pausenlos weitergehen, die Quälerei wird kein Maß und die Sorge kein Ende kennen. Freizeit gibt es nicht mehr, genauso wenig ein freies Herz. Die Arbeit nimmt zu, der Nutzen ab.«[20]

Was wie der Rat eines modernen Zeitwohlstand-Gurus klingt, ist der 800 Jahre alte Text eines mittelalterlichen Mönches, der auch die Fühllosigkeit des Workaholics kennt: »Das allein macht das harte Herz aus, dass es vor sich selber nicht mehr erschrickt, weil es sich selbst nicht mehr wahrnimmt.«[21]

Wir können uns fragen: Wann, wo und wie finde ich diesen Raum der Besinnung? Bernhard würde es freuen – und er würde raten: »Glaube einem Erfahrenen: Du wirst einiges mehr in den Wäldern finden als in den Büchern. Holz und Steine werden dich lehren, was du bei den Lehrern nicht hören kannst.«[22]

Bernhard von Clairvaux ist ein moderner Sommerheiliger, gut für eine Lektüre im Wald und auf dem Berg, fern der Hektik, mit Zeit zur Besinnung. Ein Impuls für die Frömmigkeit der Arbeitsmänner. »Ora et labora« – die Devise der Zisterzienser, kein schlechter Ratschlag für ein gelingendes Leben, das heilig macht.

[19] Ebd., S. 669
[20] Ebd., S. 739
[21] Ebd., S. 633
[22] Ebd., S. 773f.

Unter freiem Himmel
Naturerlebnis-, Selbsterfahrungs- und
Besinnungstage für Männer
TILMAN KUGLER

> *Visionssuchen, Vision Quests, bereichern seit einigen Jahren das spirituelle Angebot für Männer. Sie finden in der Wüste oder in den einsamen Wäldern Skandinaviens statt. Oder ganz in der Nähe. Das ist das Anliegen dieser Tage: Kleinere, alltagsnahe »Brötchen zu backen« und sich dabei dennoch auf das einzulassen, was geschieht, jenseits von Absicht und Planung. Das geht sehr gut auch in geografischer Reichweite – nicht nur, weil immer mehr Männer weniger Geld zur Verfügung haben.*

Zum Rahmen des Angebots
Hintergründe und Anliegen des Projekts:
Männer haben in diesen für viele sehr harten, belastenden beruflichen Zeiten eine Sehnsucht und ein Bedürfnis nach Ruhe, nach Natur und nach Einfachheit.

Wenn Paul Zulehner mit seinen Folgerungen aus der Studie an Männern in Deutschland Recht hat, ist vielen Männern der Weg zum »Innen«, zur Wahrnehmung des Körperlichen und Seelischen, verstellt oder zumindest erschwert. Diese Zugänge zu fördern, ist einer der Aufträge in der Männerarbeit der Kirche. In der Erlebnispädagogik, an die sich das Modell methodisch anlehnt, geht es wesentlich um die Verbindung von äußeren und inneren Welten.

Wie kraftvoll die Wechselwirkungen zwischen Erfahrungen in der äußeren Natur/Kultur und inneren Bildern, seelischem Erleben sein können – und wie vor allem einfaches Sein in der Natur heilsame Wirkung auf Menschen hat –, ist in der Literatur zu den metaphorischen

Ansätzen in der Erlebnispädagogik vielfältig beschrieben. Vieles davon korrespondiert mit theologischen Vorstellungen etwa der Schöpfungstheologie.

Eine Erfahrung, die nicht im Inneren eines Menschen ihren Widerhall findet und Raum greift, bleibt Ereignis und geht vorüber. Erlebnis – so eine Definition – greift tiefer, findet Resonanz und schlägt Wurzeln in der Seele. Positiv oder negativ. Erlebnis verbindet Körper und Geist, Denken und Handeln. Und – damit knüpfe ich an alttestamentlich-jüdische Vorstellungen an – Seele umfasst das Ganze und Einzigartige des Menschen. Einschließlich aller Stärken und Schwächen, Ambitionen und Handikaps.

Die Tage »Unter freiem Himmel« ermöglichen es einer überschaubaren Gruppe von Männern, in der nahen, überall kultivierten Natur unterwegs zu sein und dabei *Achtsamkeit* zu üben: Achtsamkeit für das, was »außen« in der Natur – deren Teil wir alle sind – geschieht; Achtsamkeit für das, was »innen« geschieht; Achtsamkeit für das, was »zwischen« Innen und Außen und zwischen den Männern geschieht; und Achtsamkeit für das, was wir tun, für den Weg, den jeder geht. Allein das Draußen-Sein, Wiesen, Wald, leichte Berge, Burgen, Wetter, Sonne, Regen, Abend, Nacht, Morgen, Tag, Verpflegung ... entfalten ihre Wirkung und liefern »Stoff« für jeden Einzelnen und für das Miteinander in der Gruppe. Denkanstöße und Impulse durch den Leiter können das Ganze bei Bedarf ergänzen.

Sinnvoll für eine Unternehmung dieser Art ist eine Obergrenze von *zwölf Teilnehmern*. Eine Gruppe dieser Größe lässt die intensive Kommunikation zu, die unterwegs notwendig ist.

Die »Kargheit«, die zunächst entstehen mag, wenn man diese Unternehmung mit einer Männergruppe macht, ist erwünscht – und wird bald durch ein sehr dichtes Miteinander ergänzt, wenn die Männer über sich und das, was sie innerlich bewegt, reden.

Der äußere Weg, das, was die drei Tage über geschieht, ist offen und liegt nur sehr begrenzt in den Händen der Leitung. Das macht die Sache einerseits einfach – andererseits auch unkalkulierbar und (an-)spannend.

Spirituelle Gesichtspunkte für die Teilnehmer wie für den Leiter:
- Loslassen üben
- Vertrauen entwickeln in das, was wird und wächst
- Leben und Entscheiden im Hier und Jetzt
- Achtsamkeit für eigene Bedürfnisse, Empfindungen und für die Umgebung (Menschen, Natur, Zivilisation) einüben
- Das Wirken Gottes ertasten
- Zwischen den Polen »Machen« und »Geschehen-Lassen« bewusster werden
- Die Zeit unterwegs für das »Umgehen« mit einem Thema, einer Frage nützen und schauen, wie sich diese Frage weiterentwickelt, wenn man sie bewusst auf einen Weg mitnimmt

Zur Leitung

Die Rolle des Leiters ist, neben den organisatorischen Anteilen, vor allem die eines Moderators und Begleiters der Gruppe. Der Leiter hat die Aufgabe, die Teilnehmer »offen zu halten« für das, was geschieht: in der Natur, in der Gruppe und in jedem selbst. Wie viel Alleinsein und wie viel Bezogenheit auf andere jeder Teilnehmer wählt, ist jeweils seine Sache. Ein Angebot in der offenen Erwachsenenbildung ist keine Therapiegruppe. Interventionen des Leiters sind dadurch Grenzen gesetzt – ebenso der Verantwortung, was bestimmte »Ergebnisse« angeht.

Verpflegung und andere Voraussetzungen

Einkauf, Verpflegung und Kochen organisiert die Gruppe gemeinsam, genauso den Weg. Das gemeinsame Material wird auf die Teilnehmer verteilt – wichtig sind vor allem ein, zwei (Horden-)Töpfe aus Alu und faltbare Wasserkanister sowie ein Kochlöffel und eine Schöpfkelle. Teller, Tasse und Besteck hat jeder selbst dabei.

Wer eine Unternehmung wie diese anbietet, sollte zunächst einmal selbst so einen »Hike«, wie ihn die Pfadfinder nennen, machen. In einer kleinen Gruppe vielleicht – damit man selbst auf die möglichen Fragen und Probleme stößt und mit ihnen umzugehen lernt. Wem die materielle Seite eines mehrtägigen Weges »Unter freiem Himmel« vertraut ist, der kann leichter auf die spirituelle Seite des Weges schauen und den Teilnehmern dabei zur Seite stehen.

Eine *Ausschreibung* für diese Tage könnte etwa so aussehen:

Ein guter Einstieg in die Ferien:

Unter freiem Himmel
Naturerlebnis-, Selbsterfahrungs- und Besinnungstage für Männer

Drei Tage und Nächte für dich.
Drei Tage und Nächte für Geist, Körper und Seele.
Drei Tage und Nächte draußen, in der Natur,
unter freiem Himmel.
Drei Tage und Nächte mit einer kleinen Gruppe von Männern
unterwegs.

Im Gegensatz zu äußerlich spektakulären Aktivitäten, die manche Vorstellung von »Outdoor Trainings« prägen, geht es an diesen Tagen »unter freiem Himmel« eher um innere, seelisch-spirituelle Aktivität. Das Unterwegssein in der freien Natur, die Begegnung mit den Elementen, das Zurechtkommen mit dem, was einfach, lebensnotwendig ist, tut der Seele und unserer inneren Balance und Entwicklung gut.

Du machst dich auf den Weg, so wie du gerade bist –
energiegeladen oder müde.

*Du machst dich auf den Weg – mit anderen Männern
und ein gutes Stück alleine.
Du machst dich auf den Weg – mit dem Not-wendigen zum Leben.
Du machst dich auf den Weg – und immer wieder Pause,
um innezuhalten . . .*

*. . . und schaust, was sich dabei entwickelt.
In dir: Gedanken, Gefühle, Visionen, neue Ideen . . .
Um dich herum: die Natur, die Tiere und Pflanzen, das Wetter . . .
Zwischen dir und der Natur, den Männern und dem Himmel
über dir . . .*

*Treffpunkt: Wir wandern zu einem einfachen Zeltplatz, verpflegen
uns und übernachten dort. Von dort aus planen wir unseren Weg für
die nächsten Tage. Die dritte Nacht sind wir wieder auf diesem Platz.*

*Voraussetzung: Du solltest gut zu Fuß sein, bereit sein, draußen, in
einem kleinen Zelt oder unter einer leichten Plane, zu schlafen, und
du solltest deine Sachen (und ein paar gemeinsame) im Rucksack mit
dir tragen.*

Etwa zwei Wochen vor der Veranstaltung bekommen die angemeldeten Teilnehmer eine Teilnahmebestätigung mit einer Checkliste der wichtigen Dinge, die man dabei haben sollte, zugeschickt.

Wichtige Ausrüstung

Wanderausrüstung, Schlafsack, Isomatte, Plane oder kleines Zelt für die Nächte, Kleidung zum Wechseln, kleines Waschzeug, Verpflegung für den ersten Teil des Wegs, »Notration« (Müsliriegel, Studentenfutter o. Ä.)

Ablauf

Der Aufbruch

Am Treffpunkt, zum Beispiel einem gut erreichbaren Bahnhof oder Wanderparkplatz, beginnt der gemeinsame Weg. Ab jetzt ist es Aufgabe des Leiters, den Prozess, den die Männer miteinander gehen, zu begleiten: das Aufbrechen, das Gehen, das Rasten, das Planen des Weges und der Pausen, das Unerwartete (Ereignisse, Pannen, Beschwerden usw.), das Ankommen. Dabei sind zwei Dinge immer wieder wichtig: Stille und Entschleunigung.

Impulstext:
Aufbrechen.
Auf-brechen...
Das geht nicht ohne Kraft,
ohne Entschluss...
Auch nicht ohne Verlust und
Schmerzen bei dir oder bei anderen.
Gewohntes loslassen,
Menschen zurücklassen,
Vergangenes hinter dir lassen.

Aufbrechen!
Abschied nehmen und
weiter gehen.

Unterwegs

Die Gruppe sollte immer wieder animiert werden, innezuhalten, wahrzunehmen, was in der Umgebung und im Inneren jedes Einzelnen geschieht. An eine solche »stille Zeit« kann sich, je nach Situation, ein kurzes Blitzlicht anschließen, in dem jeder kurz einen Einblick in das gibt, was ihn gerade beschäftigt. Immer wieder – z. B. morgens, in der Mittagspause, abends und wenn die Ereignisse es erfordern (Störungen ernst nehmen!) – sollte Gelegenheit zu einem ausführlicheren Gespräch sein. Man kann auch das Gehen immer wieder für den Austausch nutzen – was ohnehin geschieht.

Impulstext:
Der Rucksack
Da steht er.
Er enthält alles, was ich brauche auf meinem Weg:
Kleidung, Verpflegung, Behausung ...

Vielleicht viel mehr, als ich brauche? Oder zu wenig?

Mein Rucksack enthält den Kompromiss
zwischen dem, was ich brauche,
und dem, was ich tragen kann und will.

Der Rucksack steht auch als Symbol für den Kompromiss,
zwischen dem, worüber ich verfügen will,
und dem, wo ich bereit bin, auf andere angewiesen zu sein.
Auf Gefährten, Geschäfte, Gasthäuser ...
Menschen an meinem Weg.

Was trägst du in deinem Rucksack?

Das Solo – alleine draußen
Ein Bestandteil der Tage »Unter freiem Himmel« ist ein Solo. Bei drei Tagen kann es sich über einen Abend und eine Nacht erstrecken:
    In einem Gebiet, das überschaubar ist, aber groß genug, um mit sich alleine zu sein, sucht jeder für sich einen Platz. Der sollte so sein, dass man auch liegen und ein Tarp, eine kleine Plane gegen Regen, oder ein kleines Zelt aufspannen kann. Jeder hat genug Zeit für die Suche und Einrichtung des Platzes. In einem Rundgang zeigt jeder den anderen seinen Platz und nennt ein paar Assoziationen, die er mit diesem Platz verbindet.

Der Leiter hält sich an einem vereinbarten (Feuer-)Platz auf und steht während des Solos bei Bedarf als Berater zur Verfügung.

Es folgt eine Gesprächsrunde um das Feuer, in der Platz ist für vorhandene Zweifel und Ängste und für Hoffnungen, Ideen, die jeder mit dem Solo verbindet, sowie für Themen, die die Teilnehmer bewusst mit in die Einsamkeit nehmen. Dann geht jeder an seinen Platz. Wichtig ist, dass dort noch Zeit ist, wach zu verweilen, zu meditieren, einfach da zu sein, bevor man sich schlafen legt.

Das Gleiche ist für den Morgen empfehlenswert – aber da erledigt die aufgehende Sonne oft ihren Teil.

Schreibzeug, zum Beispiel ein Notizbuch, kann ein hilfreicher Begleiter im Solo sein.

Impulstext:
Allein.
Unter freiem Himmel.

Deinen Platz suchen.
Und finden.

Deinen Platz einnehmen.
Platz nehmen.
So viel du brauchst, für die Zeit allein.

Da sein.
Einfach da sein und wahrnehmen.
Wahrnehmen, was ist und was geschieht.
Um dich herum und in dir.

Gelassen werden.
Das Geschehen anderen Kräften,
Gott überlassen.

Zurück in der Gemeinschaft
Am Vormittag gibt es ein Frühstück am Feuer, bei dem jeder genug Zeit hat, zu erzählen, was er im Solo erlebt hat: äußere Ereignisse, Gedanken, Gefühle und Entwicklungen. Dann geht der Weg der Gruppe weiter – und das Solo, unangenehme und erhellende Erfahrungen wirken im Gehen und in Gesprächen weiter.

Am Ende des Weges
Jeder bekommt Gelegenheit, Rückblick auf den zurückliegenden Weg zu halten: Wie hat er begonnen? Wie habe ich begonnen? Was hat mich unterwegs bewegt, beschäftigt? Was habe ich wahrgenommen – bei mir? – in der Natur? – unter den Weggefährten? – darüber hinaus? Wie stehe ich jetzt da, am Ende des Weges? Was nehme ich mit auf meinen weiteren Weg?

Literatur
Dieter Barth / Tilmann Kugler-Weigel, Unter freiem Himmel / Auf gutem Grund / Mit Feuer und Flamme. Spirituelle Kartenspiele, Katholisches Bibelwerk, Stuttgart 2003/2004/2005
Hier finden sich Impulstexte – und Anregungen für eigene Impulstexte – für Wege unter freiem Himmel.
Stephen Bacon, Die Macht der Metaphern. The Conscious Use of Metaphor in Outward Bound, übersetzt und eingeleitet von Cornelia Schödlbauer, Ziel, Alling 1998 (^{2}2003)
Hans-Peter Hufenus, Handbuch für Outdoor Guides – Theorie und Praxis der Outdoorleitung, Ziel, Augsburg 2001 (^{2}2003)
Sylvia Koch-Weser, Vision Quest. Visionssuche: allein in der Wildnis auf dem Weg zu sich selbst, in: Cornelia Schödlbauer (Hg.), Weisheit und Trance – Rituale und Archetypen in der erlebnispädagogischen Praxis, Ziel, Augsburg 2002
Reinhold Hermann Schäfer, Männer Quest. Die Reise ins Herz des Mannes, Arun-Verlag, Uhlstädt-Kirchhasel 2004

Dankbar mich verneigen
Bergwandern als spirituelle Erfahrung
HANS PRÖMPER

> *Ob allein oder in der Gruppe – das Wandern in den Bergen wird leicht zu einer existenziellen und spirituellen Erfahrung der Unterbrechung des Alltags. Texte und Rituale können Anregungen vermitteln und das Erleben vertiefen.*

Hinführung und Rahmen: Welches Wandern meine ich?

Einmal im Jahr fahre ich hinauf, in die Alpen. Das ist mir ein Bedürfnis. Rauskommen aus dem Alltag der Stadt. Lärm und Hektik hinter mir lassen. Und mich spüren, als Teil der Schöpfung. Als Teil von etwas Größerem, als ich es bin. Im Laufen mich erfahren. Mich an meinem Atem orientieren. Schritt für Schritt. Meine Geschwindigkeit meinem Atem anpassen. Früher bin ich gerannt. Wollte der Erste sein, am Gipfel, bei der Rast. Heute möchte ich das nicht mehr! Meine Kurzatmigkeit, mein Alter, die nachlassende Kraft. Ich möchte weit kommen, ja. Aber in Ruhe, in meinem Tempo. Und dabei möchte ich schauen. Mich der Umgebung überlassen, diese in mich einlassen.

Bergwandern ist ein »existenzielles Erlebnis«. Es konfrontiert mich mit einfachen Wahrheiten meines Lebens. Der Schweiß lügt nicht. Die Lunge ist nicht zu täuschen. Ich habe bei mir, was ich brauche: Kleidung, Essen, Trinken, vielleicht etwas zum Lesen, eine Kamera für die Erinnerungen. Ich trage es selber. Was zu viel ist, spüre ich gnadenlos. Auch wenn ich mir zu viel zumute. Ich spüre es. Ich bin dem Wetter ausgesetzt. Sonne, Regen, Sturm, Hitze, Schnee oder Hagel. »Ein Glas Milch« beim Bergbauern: Es braucht nicht viel, um mich zu nähren. Ich teile mit anderen. Meine Schokolade, meinen Kaffee, mein Wasser … meine Gedanken, mein Schauen. Wir teilen uns mit, was uns bewegt.

Als Kriterien für diese »Erfahrung der Wüste« in den Bergen: kein oder zumindest wenig Tourismus. Es braucht schon etwas Einsamkeit. Gut ist eine gewisse Grandiosität; oberhalb der Baumgrenze (also höher als 2000 m), damit der Blick schweifen kann. Mit karger Vegetation, viele Steine. Das Gehen über Geröll, Schutt oder auch Eis hat seinen Reiz, es konzentriert. Im Weg liegt bereits ein Teil des Ziels. Beim Wandern in der Gruppe sollte ein Klima der Bezogenheit und Achtsamkeit entstehen. Die gehetzten »Gipfelstürmer« sollte man lieber ihre Wege gehen lassen – denn nach meiner Erfahrung entsteht die spirituelle Offenheit über einen ruhigen und gleichmäßigen Atem.

Ich kenne solche »Bergtage« als Wanderwoche mit fester Station in einer Berghütte mit Selbstversorgung. Denkbar ist genauso die Streckenwanderung mit Übernachtung in Hütten oder Zelten. Das eigene Haus hat den Vorteil, dass Gespräche und Aktionen in der Gruppe ungestört sind.

Spirituelle Impulse und Anregungen zwischendurch

Hier sollte jeder schauen, was zu ihm und zur Gruppe passt. Ich kann Texte und Gedanken ins Gespräch bringen, kann damit die Rast oder das Gehen anreichern. Ob nun mit der Bibel im Rucksack oder dem Impulszitat in der Hand: Die Texte sollten »authentisch« sein. Ich als Vortragender oder Sprechender sollte mich mit ihnen identifizieren können. Sie sollten zu mir, meinem Denken und meiner Sprache gehören. Es braucht dabei nicht viel. Wenig bewirkt oft viel, auch hier.

Ich habe Folgendes ausprobiert: Am Morgen vor dem Aufbruch einen Kurztext vorlesen. Bei der Rast kurze Texte vorlesen – oder kleine Zettel mit Besinnungstexten verteilen. Persönliche Fragen mit auf den Weg geben. Im Freien, beim Rasten über eine Frage, die alle betrifft, ins Gespräch kommen. Anregungen geben, zum Beispiel: einem Menschen, der mir wichtig ist, einen Brief schreiben und ihm/ihr mitteilen, was mich bewegt, was mir im Leben wirklich wichtig ist, was mir an ihr/ihm wichtig ist.

Impulstext: Aufmerksamkeit für das eigene Tempo
- Wenn ich auf meinen Atem achte: Was ist »mein Tempo«? Woran merke ich, welches »mein Tempo« ist? Wann verliere ich es?
- Wie gehe ich? Schnell? Hastig? Ruhig? Langsam? Bedächtig? Vorsichtig? Kraftvoll? Aggressiv? Ausdauernd? Kurzatmig?
- Bin ich ausdauernd? Habe ich Angst, an Grenzen zu stoßen? Wo ist meine Grenze? Wie teile ich anderen meine Grenze mit?
- Welche Rolle spielen die anderen in der Gruppe bei meinem Gehen? Ist es mir egal, wo ich laufe? Möchte ich vorne sein? Was mache ich, wenn es mir zu anstrengend wird? Orientiere ich mich an den anderen? Oder orientieren sich die anderen an mir?
- Mute ich mir manchmal zu viel zu? Wann merke ich das? Erst, wenn mir die Kraft ausgeht? Gehe ich über meine Kräfte hinaus?
- Gehe ich an meine Grenzen? Macht mir das Spaß? Oder macht es mir Angst? Schone ich mich unnötig? Was hindert mich?
- »Der Weg ist das Ziel.« – Wo liegt heute mein Ziel?

Einige Arten zu gehen:
Rennen – schlendern – vagabundieren – sich fortbewegen – stapfen – gleiten – schlurfen – wallen – trotten – tänzeln – patschen – hüpfen – trippeln – zotteln – schweifen – tapsen – schleichen – marschieren – trampeln – einen Fuß vor den anderen setzen – seinen Weg tasten – sich schleppen – flanieren – wandern ...

Impulstext: Arbeiten und der Rhythmus des Lebens
Such dir einen ruhigen Ort und stell dir einige Fragen:
- Wozu arbeite ich eigentlich? Welchen Sinn hat die Arbeit für mich? Was bedeutet mir meine Arbeit in meinem Leben?
- Wie viel Raum nimmt meine Arbeit ein? Bin ich mit meiner Arbeit zufrieden?
- Lebe ich ausgewogen? Was fehlt in meinem Leben?

- Wie viel Zeit nehme ich mir für mich selbst? Was mache ich in meiner freien Zeit? Allein? Mit anderen?
- »Ora et labora« – »bete und arbeite« als Prinzip und Gedanke: Bin ich zufrieden mit der Balance in meinem Leben? Was könnte, was sollte ich ändern?

Mach dir, wenn du magst, Notizen. Du kannst sie dir nach einigen Tagen noch einmal anschauen.

Zum Abschluss einer Bergwoche: Eine Liturgie der Unterbrechung und der Dankbarkeit

Zum Abschluss einer Wanderwoche in den Alpen lade ich ein, sich am letzten Abend, in einem rituellen Rahmen, Zeit für einen gemeinsamen Rückblick auf die Woche zu nehmen. Zeitdauer: etwa 90 Minuten. Zu »unserem« Haus gehört eine Kapelle in Form eines modernen Rundbaus, sie ist etwa 15 Minuten Fußweg entfernt. Ich lade ein, im Dunkeln (abends gegen 22 Uhr) gemeinsam dorthin zu gehen, am Anfang durchaus im Gespräch miteinander. Der Weg zur Kapelle wird durch Stationen unterbrochen.

1. Station: Unterwegs auf dem Weg

Leiter: Diese Bergwoche war für uns eine Unterbrechung unseres Alltags. Manchmal brauche ich einen einsamen Ort, um mich zu finden. Um zu mir und meinen Fragen zu finden ...

Erinnere dich an deinen Alltag vor dieser Bergwoche. Von wo bist du aufgebrochen? Was hat deinen Alltag ausgemacht? An welchen Stress, welche Belastung, welche Langeweile ... erinnerst du dich? Von wo bist du aufgebrochen? Such dir ein Symbol für etwas, was dich an deinem Alltag bedrückt. Oder was einfach deinen Alltag ausdrückt. Und trag es nun ein Stück auf dem Weg durch die Nacht, den Berg hinauf.

Die Gruppe geht weiter.

2. Station: Unterwegs, wir halten wieder an
Nacheinander legen wir schweigend das Symbol ab.

Ich lese einen kleinen Text zur Besinnung, zur Konzentration:
Ideal ist ein Text oder ein Gedanke, der in der vergangenen Woche schon eine Rolle gespielt hatte, z. B.: »Du wirst einiges mehr in den Wäldern finden als in den Büchern. Holz und Steine werden dich lehren, was du bei den Lehrern nicht hören kannst.« (Bernhard von Clairvaux)

Bevor wir schweigend weitergehen:
Wir erinnern uns an diese Woche in den Bergen. Was war schön? Was ist mir aufgefallen? Was hat mir gut getan? Was nehme ich mit an Eindrucken und Erfahrungen, auch an neuen Beziehungen?

Wir gehen jetzt schweigend zur Kapelle. Ich bitte euch, dort schweigend gemeinsam Licht zu machen, indem ihr die Kerzen anzündet. Such dir dann einen Sitzplatz im Kreisrund der Kapelle und bleib noch einen Moment still für dich.

3. Station: In der Kapelle
Leiter: Ich bitte die Anwesenden, sich auf ihren Atem zu konzentrieren:

Einfach spüren, wie der Atem kommt und geht. Atmen und ruhig werden. Ich lade ein, aufzustehen und durch den Raum zu gehen: Jeder für sich. Versuche, beim Gehen durch den Raum einen Ton zu machen. Lass die Luft ausströmen und form dabei einen, »deinen« Ton: »Ooooomm«. Versuche diesen Ton so lange wie möglich zu halten. Lass ihn sanft und ruhig fließen, nicht pressen oder überanstrengen. Und dazwischen ruhig wieder Luft holen. Trau dich, deinen Ton zu machen. Und bleib nicht stehen, geh dabei durch den Raum.

Wichtig ist, dass ich als Leiter dies vormache, das Eis breche! Langsam erfüllt sich der Raum mit ruhigen Tönen, vielleicht sogar Obertönen. Anschließend nehmen alle wieder Platz.

Leiter:
Ich lade ein, sich in die Mitte zu stellen, jeweils einzeln, und für diese Woche Dank zu sagen: Nimm dir deinen Raum und genug Zeit für dieses Danken. Denn deine Erfahrung ist wichtig. Für dich, für uns. Du bist uns wichtig.

Texte zur Unterstützung:

Stell dich in die Mitte
bringe dich ein
mit deinen Fähigkeiten

Teile mit
was du gut gemacht hast
wo deine Lebensfreude und
Kreativität fließen konnte

Stell dich in die Mitte
damit deine Einmaligkeit
sichtbar wird
und du Komplimente annehmen kannst.

Pierre Stutz (gekürzt aus: Ders., 50 Rituale für die Seele, © Verlag Herder Freiburg i. Br., S. 24)

* * *

Nicht Zutreffendes streichen

Was deine Stimme so flach macht
so dünn und so blechern
das ist die Angst
etwas Falsches zu sagen

Oder immer dasselbe
oder das zu sagen was alle sagen
oder etwas Unwichtiges
oder Wehrloses
oder etwas das missverstanden werden könnte
oder den falschen Leuten gefiele
oder etwas Dummes
oder etwas schon Dagewesenes
etwas Altes

Hast du es denn nicht satt
aus lauter Angst
aus lauter Angst vor der Angst
etwas Falsches zu sagen

immer das Falsche zu sagen?

Hans Magnus Enzensberger
(aus: Ders., Gedichte 1950–1985, © Suhrkamp, Frankfurt a. M. 1986)

Die einzelnen Teilnehmer treten in die Mitte der Kapelle und nennen wichtige Erfahrungen, sagen vielleicht Dank. Zum Abschluss jedes einzelnen Beitrags in der Mitte sagt die Gruppe gemeinsam: »Danke, N. N., dass du uns das gesagt hast.«

Je nach Gruppe und Situation: Abschluss mit einem Gebet, Lied, Segen, gemeinsam Wein trinken und Brot essen. Zeit für Gespräche und Verweilen in der Kapelle. Anschließend gehen wir zu unserer Unterkunft zurück und feiern in anderer Weise weiter.

Dankbar mich verneigen
voll Staunen voll tiefer Liebe zur Schöpfung

Dankbar mich verneigen
weil du Anfang und Ende bist
Zuwendung im Ringen nach Sinn

Dankbar mich verneigen
voll Erinnerung an das Gute
das du bewirkst.

Pierre Stutz (aus: Ders., 50 Rituale für die Seele,
© Verlag Herder Freiburg i. Br., S. 158)

Ich habe die Erfahrung gemacht, dass auch Männer, die sonst nicht zu den »Kirchgängern« und rituell »Gläubigen« gehören, sich gerne auf solche Formen einlassen. Und etwas mitnehmen: *Ich war lange nicht mehr in einer Kirche: Hier habe ich wieder einen Bezug zu diesem Raum bekommen, der mir gut tut.*

Ergriffen von Gottes Kraftraum Natur

Ganz intensiv und gerne erinnere ich mich an einen Spätnachmittag in den Bergen. Am Gipfelkreuz, in der Sonne. Nicht ganz ein Dreitausender war es. Ich bin nicht das erste Mal dort oben, in der Verwallgruppe, mit Blick auf die Silvretta. Die Gruppe ist schon wieder beim Abstieg. Ich sitze mit einem Freund da, wir trinken vom mitgebrachten Kaffee. Schauen und schweigen. Mehr braucht es nicht.

Und doch ist alles da. Ich möchte nicht weggehen. (Aber ich weiß, dass wir irgendwann zurückmüssen, um vor Einbruch der Dunkelheit im Haus zu sein.) All die Belastung, der Stress ist weg. Ich muss nichts tun, bin am Ziel, bin eins mit der Schöpfung. Das nährt mich ein ganzes Jahr, zumindest die Erinnerung wird zum Anker: Es gibt noch ein anderes Leben. Die im Evangelium versprochene »Fülle des Lebens« liegt nicht hinter meinem physischen Dasein, sie ist jetzt spürbar, erfahrbar, vorhanden. Es braucht nicht viel. Nur dasitzen und schauen. Die »Welt« ist weit weg, irgendwo unten im Tal. Jenseits der Stille der Berge. Einen halben Tag Fußmarsch weit weg. Mit dem Helikopter hierher gebracht: Es wäre ein anderer Berg!! Der Marsch gehört zum Ziel. Der Weg hierher, auch die Qual oder gar die Angst (Schaffe ich das? Bin ich schwindelfrei?) gehören dazu.

Literatur

Pierre Stutz, 50 Rituale für die Seele (Herder Spektrum), Herder, Freiburg–Basel–Wien 2004

Paulo Coelho, Unterwegs. Der Wanderer, Diogenes, Zürich ⁴2004

Paulo Coelho, Auf dem Jakobsweg. Tagebuch einer Pilgerreise nach Santiago de Compostela, Diogenes, Zürich 2002

Christoph Walser / Peter Wild, Men's spirit. Spiritualität für Männer

Dieter Barth / Michael Schindler (Hg.), AbenteuerPilgern. Der spirituelle Wegbegleiter, Katholisches Bibelwerk, Stuttgart 2004

Martin Rosowski / Andreas Ruffing (Hg.), Kraft-Räume. Gedanken und Gebete für Männer

Lass meine Seele aufatmen. Gedanken, Anregungen und Gebete, von Martin Schmeisser, Monika und Andreas Pfeffer, Eschbach 2005

Dag Hammarskjöld, Zeichen am Weg. Das spirituelle Tagebuch des UN-Generalsekretärs, Droemer/Knaur, München 2005

HERBST

Zwischen Fülle und Endlichkeit

Einführung
TILMAN KUGLER

Der Herbst beginnt mit Volksfesten und Erntedank. Wir erleben noch einmal das Geschenk der Schöpfung, die uns nährt und deren Teil wir selbst sind. Mancher hat noch Urlaub in dieser Zeit, und wer gerne in der Natur unterwegs ist, für den sind die Tage im September und die »goldenen« Oktobertage eine wunderbare Zeit. Bald beginnen die grauen, kalten, dunklen Tage des Spätherbstes. In dieser Zeit liegen die Gedenk- und Feiertage, an denen wir die Gräber der Verstorbenen und die Friedhöfe besuchen. Auch die Gräuel vergangener Kriege rücken in diesen Tagen ins Bewusstsein der Menschen: lange Listen getöteter Männer auf den Denkmälern, vor denen jetzt Kränze niedergelegt werden. Mit dem Reformationstag und dem Buß- und Bettag rückt die protestantische Tradition ausdrücklich Fragen nach der Gestaltung unseres Lebens und unseres Glaubens in den Mittelpunkt: eine Zeit der Umkehr und Neuorientierung.

Der Herbst konfrontiert uns sehr sinnlich mit der Endlichkeit unserer Existenz. Die Natur verausgabt sich ein letztes Mal mit berauschenden Düften, Farben und Genüssen in riesiger Fülle. Die Lagerhäuser sind voll, Früchte werden für die Winterzeit eingemacht, Most kommt in die Fässer. Das wird dankbar gefeiert.

Und dann welken die Blätter, Früchte verrotten, Wälder werden kahl, auf den Feldern liegt die Erde nackt und das verbliebene Gras auf den Wiesen wird braun. Traurigkeit und Melancholie machen sich breit in unserem Gemüt. Loslassen ist angesagt, Abschiednehmen von einem Jahr, einem Lebenszyklus, in dem wir ein weiteres Stück gewachsen sind, ein Stück unseres Lebens gelebt haben – und dem Tod ein Stück näher gekommen sind.

Für den einen war es ein gutes Jahr, ein Jahr mit Wachstum, guten

Erfahrungen und Begegnungen, ein Jahr voller guter Erinnerungen. Er geht gestärkt und zuversichtlich seinen Weg. Für den anderen war es ein schlimmes Jahr: Enttäuschungen, Niederlagen, Verluste, Verwundungen liegen hinter ihm und bereiten ihm Sorgen. Und für viele spielt sich das Leben zwischen den Extremen ab. Freude und Leid wechseln sich ab, viele Erfahrungen sind von beidem durchtränkt. Der Herbst ist die Zeit zurückzublicken. Es ist die Zeit, danke zu sagen für das, was uns bereichert hat und uns hat wachsen und reifen lassen. Und die Zeit, Dinge loszulassen, sterben zu lassen, Abschied zu nehmen. Nur der, dem es möglich wird, Altes, Vergangenes anzunehmen, abzuschließen und hinter sich zu lassen, gewinnt Raum für etwas Neues. Ein Teil dieses Prozesses ist die Trauer. Im Herbst lädt uns die äußere Natur zu diesem Trauerprozess ein. Die spätherbstlichen Feiertage kirchlicher und bürgerlicher Gestalt passen in diese Phase des Jahreszyklus.

Das heißt nicht, dass der Lauf eines individuellen Lebens nicht immer wieder auch im Gegensatz dazu stehen kann und stehen wird: Hochzeit im Herbst, Tod und Trauer im Frühling. Das Leben ist nicht rund.

Martin Luther
Ein Gottsucher, der allen Christen etwas zu sagen hat
STEPHAN BURGHARDT

Die so genannte Reformation (1517–1555), die »Zurück- bzw. Umgestaltung« des Glaubens des Einzelnen, der Gemeinden und der Kirche, wurde durch das mutige Auftreten eines Mannes eingeleitet: Martin Luther (1483–1546). Begünstigt dadurch, dass das Rittertum sich dem Ende entgegenneigte und eine neue Zeit – politisch, wirtschaftlich, kirchlich-theologisch und gesellschaftlich-kulturell – anstand, formte er aktiv diese Zeitenwende mit. Für seinen persönlichen Glaubensweg musste er etliche Fehlhaltungen des mittelalterlichen theologischen Denkens überwinden. Dadurch wurde er für viele zum Wegbereiter eines neuen Verständnisses von Gott, Gnade und Erlösung. Wäre dies auch heute wieder angesagt?

Vom Gottsucher zum Reformator

Zu Beginn standen bei Luther persönlich tiefgreifende geistliche Einsichten. Von seinem Vater streng erzogen und schon früh zur Schule geschickt, hatte er Gott, so wird berichtet, als strengen, zornigen Weltenrichter erklärt bekommen, wie die damalige mittelalterliche Strenge und Armut des Lebens die meisten Menschen eher mit Angst als mit Freude leben ließen. Sein schicksalhaftes »Gewittererlebnis« (1505) auf dem Weg zwischen seinem Elternhaus und Erfurt, mit dem zur Heiligen Anna ausgesprochenen Gelübde, Mönch zu werden, wenn er nur heil aus diesem Gewitter davonkäme, veränderte sein Leben radikal. Er brach das Jurastudium ab und trat, gegen den Willen seines Vaters, in ein Kloster ein. Er war nicht gerne Mönch geworden, wie er später verlauten ließ, fand aber, dass dies für ihn der einzige Weg war, durch Werke der Demut und Entsagung, der innerlichen Reinheit des Herzens und des Gehorsams das Maß an »Heiligkeit« zu erlangen, das Gott von ihm erwartete, dem er sich mit diesem Gelübde verpflichtet hatte. Er war ein Mann mit großer Entschlossenheit, seinen Weg auch gegen innere und äußere Widerstände weiterzugehen.

Im Kloster versuchte er die für ihn entscheidenden Fragen seines Lebens zu beantworten: Wie bekomme ich einen gnädigen Gott? Wie gelange ich von den Äußerlichkeiten des Lebens (auch als Mönch) zur wahren Innerlichkeit?

Die damals gängigen Antworten der Kirche auf diese Fragen waren: durch Geld (Ablass, d. h. Nachlass der Strafen Gottes und der Kirche für sich und die verstorbenen Angehörigen aus dem Schatz der guten Werke der Kirche) und durch eigene gute Werke (Pilgerfahrten, Heiligen- und Reliquienverehrung). Diese Praxis stellte ihn auch nach seiner Pilgerfahrt nach Rom immer weniger zufrieden, ja er erkannte durch intensives Bibelstudium, dass diese kirchlichen Antworten z. T. im Widerspruch zu zentralen Aussagen der Bibel standen und nur der Vermehrung des Reichtums der Kirche zum Bau des Petersdomes in Rom dienen sollten.

Luther entdeckte schließlich im Römerbrief für ihn Entscheidendes: »allein aus der Gnade Gottes wird der Gerechte leben« (vgl. Römer 1,16 f.; 3,21–24; 5,17–21). Alles liegt also bei Gott, alles liegt an seiner Gnade, alles liegt am Glauben dessen, der dies für sich in Anspruch nimmt und darauf vertraut; alles liegt letztlich an Jesus Christus, der am Kreuze starb als sichtbares Zeichen dieser umfassenden Gnade.

Als intelligenter »Senkrechtstarter« war er zwischenzeitlich zu hohem Ansehen und zur Professur an der Universität in Wittenberg gelangt. Am 31.10.1517 schlug er 95 Sätze (Thesen), einen Teil seiner Erkenntnis, an die Türen der Schlosskirche zu Wittenberg, sozusagen an das »Schwarze Brett« der Universität, um sie mit seinen Kollegen zu diskutieren, ein Vorgang, der damals nichts Ungewöhnliches war. Diese seine Erkenntnisse wurden durch die fortgeschrittene Entwicklung des Buchdrucks schnell und weit verbreitet und brachten in der Folge starke kirchen- und gesellschaftspolitische Veränderungen in Gang. Nachdem er für sich die Schuld- und Gewissensfrage vor Gott durch seine geistlichen Erkenntnisse »allein durch die Schrift, allein durch den Glauben, allein durch die Gnade Gottes, allein durch Jesus Christus« gelöst hatte, hatte er Kraft, sich gegen den Papst, die damalige Theologie der katholischen Kirche und gegen den Kaiser als weltlichen Arm der Kirche zu stemmen und diesem Druck, auch durch die Hilfe einflussreicher Freunde und Adliger, standzuhalten. Trotzdem blieb er ein lebensfroher Mann, zufrieden und streitbar verheiratet, seine Thesen weiterdenkend und -diskutierend mit anderen, neuen Theologen seiner Zeit (Zwingli, Bucer, Melanchthon, Brenz, Erasmus von Rotterdam). Er arbeitete viel, hatte Zeit für ausgiebiges Essen mit seinen Studenten und Freunden und seinen dadurch berühmt gewordenen Tischgesprächen. In den Folgejahren bis zu seinem Tod entstanden viele neue Ideen in Sachen Gottesdienstordnung und Liturgie, Abendmahls- und Sakramentenlehre, Bibelübersetzung, Schulwesen, Obrigkeitsdenken, Glaubens- und Gewissensfreiheit, Priestertum aller Gläubigen etc., die in der evangelischen Kirche bis heute grundlegend sind.

Mach ich's richtig? – »Allein aus Gnade«

Männer haben manchmal ein gebrochenes Verhältnis zu Geschenken, u. a. weil die eigene Leistung darin nicht vorkommt. Bei ihnen gilt oft weniger der »erlebte Sinn«, sondern vielmehr nur der selbst »erschaffene Sinn«. Gottes Gnade aber ist Geschenk, ist für mich da, bevor ich den Tag beginne, und noch da, wenn ich ihn am Abend beschließe. Gott liebt mich und nimmt mich an, auch mit meinen nicht erreichten Tagesergebnissen. Er fordert nicht den erfolgreichen Turbomann als Voraussetzung, sondern ist da und offen für jeden, der kommen will. Bei ihm bin ich als Mensch, der ich bin, willkommen und anerkannt. Hier habe ich nicht Wert, sondern Würde, »allein aus Gnade«.

Vielleicht ist mir der Begriff der Gnade zu altmodisch und ich kann nichts damit anfangen. Außerdem bin ich weder ein beruflicher Versager noch ein »Verbrecher«. Vielleicht reicht es mir, erfolgreich zu sein und das Gefühl zu haben, vieles richtig zu machen, und das Wenige, das nicht gelingt – geschenkt. Aber genau das war es, was Martin Luther geistlich und geistig erfahren hat: Gott will uns etwas schenken, nämlich seine Liebe und Anerkennung, die uns innerlich aufrichtet, unseren Selbstwert stabilisiert. Sie soll unsere Seele besetzen, damit kein Frust, keine Enttäuschung sich so darauf legt, dass unser eigenes Lebensgefühl auf Dauer negativ bestimmt ist. Das Annehmen dieses Geschenkes im Glauben macht mich als Mann nachsichtiger, wenn andere Fehler machen, die mich mit betreffen, sei es beruflich oder im privaten Umfeld.

Selber schuld? – »Allein durch Jesus Christus«

»Selber schuld?« Vielleicht beschäftigt Männer diese Frage mehr, als sie zugeben, oft dann, wenn eine »Lebenskatastrophe« eingetreten ist. Viele Männer haben ein hohes Verantwortungsbewusstsein. Verantwortung und die Schuldfrage hängen miteinander zusammen. Wer verantwortlich lebt, macht auch Fehler. Wer Fehler macht (beruflich oder privat), muss sich diesen stellen und kann ihnen nicht langfristig ausweichen, muss sie ver-antworten, muss gegebenenfalls die »Schulden« dafür tragen, sich entschuldigen. Manchmal sind es zwar auch die Umstände, manchmal auch die anderen, häufig aber bin ich es selber.

Martin Luther wich dieser Frage nicht aus. Sie war für ihn die innere, seelische Überlebensfrage schlechthin, und wir heute tun uns etwas Gutes, wenn wir der Frage auch nicht ausweichen. Wo bin ich schuldig geworden vor Gott und Mensch, nicht nur im theologischen Sinne von »getrennt sein von Gott«, sondern ganz konkret schuldig? Zum Beispiel: Wo habe ich andere verletzt (handgreiflich), beleidigt, angelogen und betrogen, habe mehr auf meinen Vorteil geschaut und andere dabei »untergehen« lassen? Wo habe ich Wahrheiten verschwiegen und bin nicht mutig zum Schutz anderer eingetreten, wo ich es hätte tun können, wo habe ich es mir in meinem Wohlleben gut eingerichtet und lasse die Probleme der anderen, der Mitwelt um mich herum, außen vor?

Schuld kann nicht ungeschehen gemacht werden. Sie kann nur vergeben werden, wenn sie uns nicht weiter belasten soll, zwischenmenschlich und in unserem Gewissen, d. h. vor Gott. Obwohl diese Sicht heute vielleicht unmodern anmutet, für manche eine mystische Vorstellung vergangener Zeit ist, war sie doch das Glaubensschlüsselerlebnis für Martin Luther damals und ist es für uns bis heute geblieben. Der Zuspruch Gottes (z. B. im Abendmahl): »Dir sind deine Sünden vergeben im Namen Jesu Christi« schafft Befreiung von dieser Schuld. Allein der Glaube, der auf diese Zusage vertraut, schafft inneren Frieden und die Voraussetzung, immer wieder Neues zu wagen im Miteinander von Männern und Frauen. Er befreit mich von den bedrängenden Selbstvorwürfen: Mach ich's richtig – selber schuld?

Mach ich's richtig? Selber schuld?
Männer und der Reformationstag
STEPHAN BURGHARDT

> *Der Reformationstag könnte Anlass sein, dass Männer in einer Männergruppe über Martin Luthers vier zentrale Glaubenssätze nachdenken (s. o., S. 276). Auch heute noch haben sie die Kraft, die eigene Vergangenheit zu bereinigen, den Glauben und das eigene Auftreten zu stärken, um geistlich und gesellschaftlich neu zielgerichtet nach vorne gehen zu können. Im Folgenden ist ein möglicher Ablauf eines Männergesprächsabends für zwei der vier Sätze dargestellt.*

Zum Rahmen des Angebots
- Vertraute, länger existierende Männergruppe, ca. acht bis zwölf Personen
- Zeitliche Dauer: anderthalb bis zwei Stunden
- Ort: Raum im Gemeindehaus
- Benötigtes Material: Stifte, leere Karten
- Sonstige Vorbereitung für den Leiter des Abends: Grundwissen um die Geschehnisse der Reformation und über Martin Luther

Ablauf
1. Begrüßung und Einführung
Es sind zwei typisch männliche innere Antreiber: Mach ich's richtig? Selber schuld? – Manche Männer hören in diesen beiden Fragen die eigene »innere Stimme«, sich ausdrückend im Zwang zu immer guten Ergebnissen vor sich selber und vor anderen, sich ausdrückend in der Frage nach den »Leichen im Keller« des eigenen Lebens. Mach ich's

richtig? Selber schuld? Martin Luther stand vielfach in seinem Leben vor diesen Fragen und hat ihnen durch seinen Glauben ihre das Leben lähmende Kraft genommen.

2. Eigenarbeit, danach Auswertungsgespräch

1. Teil Eigenarbeit:
Jeder schreibt (für sich) verschiedene durchlebte »Bereiche« der vergangenen Woche(n) möglichst konkret auf Karten und legt sie vor sich auf den Tisch oder auf den Boden, z. B.: Erwerbsarbeit, Familie, Urlaub, Vatersein, Partnerschaft, eigene freie Zeit, Hobbys etc. Danach gibt er diesen Lebensbereichen eine Rangordnung – oben: sehr wichtig, unten: unwichtig – und schiebt die Karten in die jeweilige persönliche Reihenfolge.

Erstes Rundgespräch:
Unter der Überschrift: »Mach ich's richtig (im Blick auf die Wichtigkeit)?« erzählt jeder von seiner Reihenfolge der Lebensbereiche: Was sind meine Gründe? Warum ist z. B. der Bereich Arbeit und Beruf ziemlich weit oben? Wird diese Wichtigkeit von außen (Arbeitskollegen, Chef) eingefordert oder ist es meine eigene Priorität und warum? Gefällt mir diese Reihenfolge? Wo gibt es Spannungen?

2. Teil Eigenarbeit:
Bei welchem der vor mir liegenden Lebensbereiche ist es mir sehr wichtig, dass ich es richtig mache, bei welchem weniger wichtig, unwichtig?

Erneut legt jeder eine Reihenfolge von oben nach unten.

Zweites Rundgespräch:
Unter der Überschrift: »Mach ich's richtig (im Blick auf die Inhalte)?« erzählt jeder von sich.

Bleibt die Reihenfolge gleich, verändert sie sich? Warum? Wo schaffe ich es eher nicht, die Dinge richtig zu machen, und warum versuche ich es trotzdem immer wieder? Wo habe ich resigniert? Was befreit mich von dem Druck?

Drittes Rundgespräch:
Wenn die Offenheit der Gruppe es zulässt, können einzelne Teilnehmer ein konkretes Erlebnis schildern, in dem die Fragen »Mach ich's richtig? Selber schuld?« aufgetaucht sind. Wo kam der Druck her? Wo bin ich es, der mir selber das Leben schwer macht?

Überleitung:
Es sollten die vier zentralen Sätze der Reformation:

- »Allein durch die Schrift«,
- »Allein durch den Glauben«,
- »Allein durch die Gnade Gottes« und
- »Allein durch Jesus Christus«

vorbereitet zu den anderen Karten auf den Tisch gelegt werden; die beiden Sätze »Allein durch die Gnade Gottes« und »Allein durch Jesus Christus« in einer besonderen Farbe, denn über sie soll im Folgenden gesprochen werden.

3. Informationen zur Martin Luther und zur Reformation
Vgl. den Text »Martin Luther. Ein Gottsucher, der allen Christen etwas zu sagen hat«, S. 274–278.

4. Eine mögliche Bedeutung für Männer heute
Vgl. die letzten zwei Abschnitte des o. g. Textes (S. 276ff.).
In einem Plenumsgespräch wird der Frage nachgegangen, was die beiden Leitbegriffe »Gnade« und »Schuld« der lutherischen Theologie für Männer heute bedeuten können. Die folgenden Fragen können Impulse für das Gespräch geben:

- Bin ich jemand, der alles selber schaffen muss? Kann ich mir auch mal bei etwas helfen lassen, mir etwas schenken lassen?
- Was verstehe ich unter Gnade?
- Was könnte für uns Männer heute Gnade bedeuten?
- Wo werden bzw. fühlen wir uns heute schuldig?
- Wie gehen wir mit Schuld um?
- Was kann uns von Schuld befreien?

5. Abschluss
Als Abschluss könnte das Lied von Martin Luther »Aus tiefster Not schrei ich zu dir« (EG 299, Verse 1–3 und 5; GL 163) gemeinsam gesungen, vorgetragen oder gemeinsam gesprochen (gebetet) werden.

Mögliche Ablaufvariation und Fragen
Zwischen den Informationen zur Reformation und der Übertragung für heute kann (sollte) eine Gesprächsrunde zur Frage »Ist dieses Geschehen von damals heute für Männer noch wichtig?« durchgeführt werden. Wie verhält sich ein spaßorientiertes, lebensgefühlbetontes Gesellschaftsbewusstsein wie das heutige zu dem reformatorischen Anliegen?

Literatur
PETER MANNS / HELMUTH NILS LOOSE, Martin Luther. Leben – Glauben – Wirkung, Herder, Freiburg 1985

Wanderung zum Erntedank
MARTIN HOCHHOLZER

> *Erntedank – ein markanter Einschnitt: In der Agrargesellschaft schaute man auf die Vorräte, die einen durch die jetzt beginnende unfruchtbare Zeit bringen würden. Auch heute markiert der Herbst einen Wechsel: zwischen Freiluftsaison und kalter Jahreszeit, zwischen verschiedenen Lebensgefühlen; und das Jahr geht auch schon wieder dem Ende entgegen. Grund genug, bei einer Wanderung Rückschau und »Erntedank« zu halten.*

Zum Rahmen des Angebots
- Keine zu große Gruppe (maximal 12 Männer)
- Als offenes Angebot oder für eine feste Gruppe durchführbar
- Anmeldung ist notwendig
- Dauer: ein ganzer Tag
- Die Wanderstrecke sollte dem Leiter bekannt sein.
- Für das Abschlussmahl sollte ein geeigneter Raum zur Verfügung stehen.
- Vorzubereiten und mitzunehmen: Bibel; Äpfel o. Ä. für die dritte Station; das gemeinsame Abschlussmahl; evtl. Transport der Teilnehmer vom Essensraum zurück zum Startpunkt der Wanderung; Textblatt mit Psalm 145 und Psalm 67; evtl. ein Zettel mit Hosea 10,12
- Die Teilnehmer müssen Folgendes mitbringen: Wanderausrüstung, Brotzeit für zwischendurch; evtl. einen Beitrag für das Abschlussmahl

Ablauf

Die Teilnehmer treffen sich am vereinbarten Ausgangspunkt der Wanderung. Der Leiter begrüßt sie. Die Männer stellen sich einander kurz vor, falls sie sich noch nicht kennen. Dabei ist es gut, auch etwas über die Gestimmtheit der Teilnehmer zu erfahren. Mögliche Fragen: Wer bist du? Was bewegt dich, reizt dich, an dieser Wanderung teilzunehmen?

1. Station: Entdecken, was mir geschenkt ist

An einem geeigneten, ruhigen Ort auf dem Weg zum Gipfel; evtl. dort, wo Blumen wachsen.

Der Leiter lädt die Teilnehmer zur Naturbetrachtung ein:
Jesus war ein hervorragender Beobachter der Natur, und er leitete viel aus ihr ab. Gemeinsam mit ihm können wir entdecken, welch wunderbares Geschenk die Natur ist. Das übersehen wir leicht in der Eile des Alltags.

In der Bergpredigt lesen wir: »Lernt von den Lilien, die auf dem Feld wachsen: Sie arbeiten nicht und spinnen nicht. Doch ich sage euch: Selbst Salomo war in all seiner Pracht nicht gekleidet wie eine von ihnen.« (Matthäus 6,28–29)

Nehmt euch ein wenig Zeit und schaut euch die Natur rings um euch herum genau an, bis ins Detail: Blumen, Steine, Bäume, Gras...

Lesung: Matthäus 6,25–34

Leiter: Wir sorgen uns um vieles. Manches will einfach nicht funktionieren. Aber immer wieder können wir auch erleben, wie uns etwas geschenkt wird, wie uns unerwartet geholfen wird – sei es von Gott oder von irgendeinem Menschen. Vielleicht nehmen wir manches davon gar nicht wahr, nehmen es für selbstverständlich. Denkt auf dem weiteren Weg darüber nach – zuerst jeder für sich, dann auch im Gespräch miteinander.

2. Station: Gipfel – was habe ich erreicht?
Der Leiter lässt die Männer zuerst einmal sich ausruhen und die Aussicht genießen.

Impuls: Im Markusevangelium lesen wir, wie Jesus die Apostel zur Verkündigung und zur Krankenheilung ausgesendet hat.
 »Die Apostel versammelten sich wieder bei Jesus und berichteten ihm alles, was sie getan und gelehrt hatten. Da sagte er zu ihnen: Kommt mit an einen einsamen Ort, wo wir allein sind, und ruht ein wenig aus.« (Markus 6,30 f.)
 Auch wir können hier am Gipfel ausruhen – und zurückblicken: Was habe ich in diesem Jahr getan, gearbeitet, erreicht? Wofür musste ich richtig kämpfen? Worauf darf ich zu Recht stolz sein?

Für das Weitergehen gibt der Leiter als Impuls Psalm 127,1–2 mit:
Wenn nicht der Herr das Haus baut,
müht sich jeder umsonst, der daran baut.
Wenn nicht der Herr die Stadt bewacht,
wacht der Wächter umsonst.
Es ist umsonst, dass ihr früh aufsteht
und euch spät erst niedersetzt,
um das Brot der Mühsal zu essen;
denn der Herr gibt es den Seinen im Schlaf.

Fragen für jeden persönlich zum Nachdenken, dann als Möglichkeit zum Gespräch beim Gehen:
Wo erkennt ihr euch wieder? Wo möchtet ihr protestieren?

3. Station: Von Vorräten zehren
Der Leiter teilt an jeden Mann ein Stück Vorrat aus der diesjährigen Ernte aus (Apfel o. Ä.).

Impuls: Wenn ich auf das schaue, was ich erreicht habe, was mir geschenkt wurde, was ich erlebt habe: Wovon kann ich in einer kargen Zeit zehren? Wo liegen meine Vorräte, mein Eingemachtes?

Lesung: Lukas 12,16–21: das Gleichnis vom reichen Gutsbesitzer mit der großen Ernte

Impuls: Was kann ich von meinen Vorräten anderen abgeben? Wo langt es für mehrere? Was wird vielleicht erst richtig fruchtbar und nährend, wenn ich es teile?

4. Station: Gemeinsam essen und danken

Die Gruppe kommt beim Raum für das Abschlussmahl an. Der Tisch ist bzw. wird gedeckt, das Mahl ist/wird vorbereitet. Evtl. wird das Essen durch Vorräte ergänzt, die die Männer mitbringen.

Vor Beginn des Essens lädt der Leiter die Teilnehmer ein, aus den Gedanken des Tages heraus Dank und auch Fürbitten zu formulieren. Abschließend beten alle gemeinsam Psalm 145. Dann beginnt das Mahl.

5. Station: Gesegnet weitergehen

Zum Abschluss des Tages stellen sich alle im Kreis auf. Gemeinsam beten sie Psalm 67. Wer will, kann dann einem anderen die Hände auflegen und ihm einen persönlichen Segen zusprechen.

Der Leiter verabschiedet die Männer. Als Impuls für die nächste »Fruchtperiode« kann er ihnen einen Zettel mit Hosea 10,12 mitgeben: »Sät als eure Saat Gerechtigkeit aus, so werdet ihr ernten, wie es der göttlichen Liebe entspricht. Nehmt Neuland unter den Pflug! Es ist Zeit, den Herrn zu suchen; dann wird er kommen und euch mit Heil überschütten.«

»Gerechtigkeit erhöht ein Volk«
Ein liturgisches Abendgebet zum Buß- und Bettag
GÜNTER BANZHAF

> *Viele Männer packt die Wut, wenn sie sehen, wie sich in unserem Land auf der einen Seite immenser privater Reichtum anhäuft und auf der anderen Seite private und öffentliche Armut ausbreitet, wie Gewinnmargen und Managergehälter ins Maßlose wachsen und gleichzeitig Zigtausende ihren Arbeitsplatz verlieren. Sie spüren, da stimmt etwas nicht mehr, das Ganze läuft in eine falsche Richtung. Unsicherheit, Wut und Ohnmacht breiten sich aus.*

Auf ein gutes Neues!

© Mester/CCC, www.c5.net

Der Buß- und Bettag bietet die Möglichkeit, gesellschaftliche Missstände zu benennen und zu Umkehr und Sinnesänderung aufzurufen. Es geht an diesem Tag nicht in erster Linie um persönliche, sondern um »öffentliche Buße«. Der Buß- und Bettag ist im Kalender des evangelischen Kirchenjahrs auf den Mittwoch vor dem letzten Sonntag des Kirchenjahres gelegt. Trotz seiner Abschaffung als gesetzlicher Feiertag ist er weiterhin ein wichtiger Bestandteil der protestantischen Frömmigkeit. Die Abschaffung erfolgte 1995 zugunsten der Finanzierung der Pflegeversicherung. Die Gottesdienste werden heute häufig in den Abendstunden gefeiert.

Das vorgeschlagene liturgische Abendgebet kann intern in einem bestehenden Männertreff oder vorbereitet von einem Männer-Team, auch in Kooperation mit anderen Gruppen oder Initiativen, als Gottesdienst für Männer und Frauen in der Gemeinde gefeiert werden. Es lohnt sich, vorher abzuklären, welche Männer wichtige Erfahrungen zum Thema einbringen können. Dem vorgeschlagenen Ablauf sind ausgearbeitete Bausteine beigefügt. Die oben abgebildete Karikatur kann zur Einstimmung eingesetzt werden.

Ablauf
Musik

Begrüßung:
Herzlich willkommen zum liturgischen Abendgebet am heutigen Buß- und Bettag. Der Buß- und Bettag, der in der evangelischen Kirche eine lange Tradition hat, will Fehlentwicklungen und gesellschaftliches Unrecht beim Namen nennen und zur Umkehr rufen. In unserem Land spielt sich Seltsames ab: Gewinnmargen und Managergehälter steigen ins Maßlose, gleichzeitig verlieren Zigtausende ihren Arbeitsplatz und damit ihre Lebensgrundlage. Uns packt darüber die Wut und gleichzeitig spüren wir unsere Ohnmacht vor diesen Entwicklungen. Wir wollen heute Abend keine falschen Feindbilder

gegen Unternehmer aufbauen. Oft stecken mittelständische Unternehmen und Personalverantwortliche selbst im Zwiespalt und unterliegen den Zwängen eines gnadenlosen globalen Wettbewerbs. Der Druck geht von den Finanzmärkten und den maßlosen Gewinnerwartungen der großen Kapitalgesellschaften aus. Doch es ist schon viel gewonnen, wenn man Dinge durchschaut und sich nicht einreden lässt, dass es keine Alternativen zu dieser Entwicklung gäbe. Dazu kann die befreiende Besinnung auf den Gott helfen, der »das Recht und die Gerechtigkeit liebt« (Psalm 33,5; 45,8).

Lied: Sonne der Gerechtigkeit (EG 262; GL 644)

Gemeinsam sprechen:
Psalm 146

Karikatur: Welche Gefühle löst diese Karikatur bei Ihnen aus? (Spontane Äußerungen.)

Persönliche Statements oder persönlicher Austausch:
Zum Beispiel: Wie erlebe ich den Druck am Arbeitsplatz? Wie erlebe ich die unsichere Zukunft unseres Betriebs? Wie habe ich meinen Arbeitsplatz verloren?

Überleitung:
Wir erleben heute einen gnadenlosen globalen und nationalen Verdrängungswettbewerb. Auch die Bibel kennt solche Zeiten. Dagegen protestieren Propheten wie Amos, Jesaja oder Micha. Hören wir, wie der Prophet Micha das Unrecht seiner Zeit im Namen Gottes anprangert und wie aktuell seine Worte heute klingen. Micha lebte in Israel gegen Ende des 8. Jahrhunderts in einer Zeit, als Beamte und Offiziere des Königs sich immer mehr Grundstücke aneigneten, indem sie Steuern und Abgaben erhöhten und so die kleinen Bauern in die Verschuldung trieben, bis sie ihr Land verkaufen mussten.

Lesungen aus dem Propheten Micha mit Zwischenrufen:
Lesung Micha 2,1–9:
»Weh denen, die auf ihrem Lager Unheil planen und Böses ersinnen. Wenn es Tag wird, führen sie es aus; denn sie haben die Macht dazu. Sie wollen Felder haben und reißen sie an sich, sie wollen Häuser haben und bringen sie in ihren Besitz. Sie wenden Gewalt an gegen den Mann und sein Haus, gegen den Besitzer und sein Eigentum [...] Die Frauen meines Volkes vertreibt ihr aus ihrem behaglichen Heim, ihren Kindern nehmt ihr für immer mein herrliches Land.«

Zwischenruf:
Damals haben sie die kleinen Bauern von ihrem angestammten Land verdrängt, heute verdrängen sie Arbeiternehmer von ihrem angestammten Arbeitsplatz. Damals wie heute nehmen die, die Macht haben, denen, die keine haben, ihre Existenzgrundlage. Damals waren sie persönlich bekannt, heute operieren sie anonym auf den globalen Kapital- und Finanzmärkten, reißen Firma um Firma an sich und vernichten Arbeitsplätze. Das ist ungerecht und kann auf Dauer nicht gut gehen.

Lesung Micha 6,8 in wörtlicher Übersetzung:
Micha sagt eindrucksvoll, worauf es ankommt:
»Es ist dir gesagt, Mensch, was gut ist und was Gott von dir erwartet. Nichts anderes als dies: Recht tun, Gemeinschaftssinn lieben und aufmerksam gehen mit deinem Gott.«

Zwischenruf:
Darauf käme es auch heute an: dass Menschen zu ihrem Recht kommen und nicht ausgegrenzt werden, dass sie anständig behandelt werden, dass wir eine solidarische Gesellschaft bleiben und füreinander einstehen. Wenn wir aufmerksam mit unserem Gott gehen, dann sehen wir schärfer, was schief läuft und wie es besser und gerechter zugehen könnte.

Lesung Micha 4,3.4:
Micha hat eine Vision, dass eines Tages Gott für Gerechtigkeit sorgen wird:
»Er spricht Recht im Streit vieler Völker, er weist mächtige Nationen zurecht. Dann schmieden sie Pflugscharen aus ihren Schwertern und Winzermesser aus ihren Lanzen. Man zieht nicht mehr das Schwert, Volk gegen Volk, und übt nicht mehr für den Krieg. Jeder sitzt unter seinem Weinstock und unter seinem Feigenbaum und niemand schreckt ihn auf.«

Zwischenruf:
Die Rüstungsetats werden heruntergefahren, Waffen verschrottet, Projekte gegen Hunger und Elend werden gestartet, Arme bekommen Land und können sich selbst ernähren. Jeder Mensch hat zu essen, hat sauberes Wasser, hat Arbeit und eine gesicherte Existenz. Welch eine Vision von Frieden und Gerechtigkeit für diese Welt! Wie weit reicht die Kraft dieser Vision?

Lesung Micha 3,8:
Gottes Geist befreit zum Handeln und löst aus ohnmächtiger Lähmung:
»Ich aber, ich bin voll Kraft, ich bin erfüllt vom Geist des Herrn, voll Eifer für das Recht und voll Mut, Israel seine Vergehen vorzuhalten.«

Zwischenruf:
Der Kampf ums Recht braucht Männer und Frauen voll Geisteskraft, Leidenschaft und Zivilcourage, damals wie heute. Die Rede von den Sachzwängen ist eine gewollte oder hilflose Ausrede. Wer auf den Gott schaut, der das Recht und die Gerechtigkeit liebt, der bekommt Alternativen in den Blick, der kann sehen, wie eine gerechtere und menschlichere Welt möglich ist.

Lied: Selig seid ihr (EG 666; ET 85)

Murmelgruppen:
Wie habe ich die Worte des Propheten Micha erlebt? Wo könnten wir uns heute davon anstecken lassen?

Klagen und Fürbitten mit Kehrvers »Kyrie«:
Sie können vorher auf Zettel geschrieben oder spontan vorgebracht werden.

Vaterunser

Wort auf den Weg:
Am heutigen Buß- und Bettag sei zum Schluss an Dietrich Bonhoeffer erinnert. Er drängte die Kirche schon 1933 zum Widerstand, als die Juden ausgegrenzt und verfolgt wurden, fand jedoch kaum Gehör. Später hat er ein eindrückliches Schuldbekenntnis stellvertretend für die Kirchen formuliert. Darin heißt es: »Die Kirche bekennt, Beraubung und Ausbeutung der Armen, Bereicherung und Korruption der Starken stumm mit angesehen zu haben.« Seltsam aktuell. Aus dem Gefängnis schrieb er 1943 ein hellsichtiges und ermutigendes Wort: »Unser Christsein heute wird nur in zweierlei bestehen: Im Beten und im Tun des Gerechten unter den Menschen.« [23]

Beten sammelt unsere Energie. Es ist eine Quelle der Kraft und der Konzentration. Es verstärkt in uns den Wunsch, das Gerechte zu tun im persönlichen wie im politischen Leben. Dazu begleite uns der Segen Gottes.

Lied: Lass uns den Weg der Gerechtigkeit gehen (EG 675; ÖKT Liederbuch 129)

---

[23] Aus: Ders., Widerstand und Ergebung. Briefe und Aufzeichnungen aus der Haft, Verlag Kaiser, München 1970, S. 328

Segen

Musik

Nachgespräch
Wie können wir am Thema der Gerechtigkeit im Männertreff oder in der Gemeinde dranbleiben? Wir könnten einen Firmenchef, Personalleiter, Betriebsrat oder Betriebsseelsorger einladen, um Zusammenhänge der Arbeitswelt besser zu verstehen. Ein Referent aus der Diakonie oder der Caritas könnte berichten, wie es arbeitslosen Menschen und Hartz-IV-Empfängern in unserer Gesellschaft geht.

Literatur
FACHBEREICH MÄNNER DER DIÖZESE ROTTENBURG-STUTTGART (Hg.), Männernetzwerk Heft 2/04 »Arbeit im Umbau«, Stuttgart 2004, Bezug: Telefon 0711/9791233; E-Mail: maenner@bo.drs.de

KIRCHLICHER HERAUSGEBERKREIS JAHRBUCH GERECHTIGKEIT, Armes reiches Deutschland. Jahrbuch Gerechtigkeit I, Publik Forum, Frankfurt a. M. 2005

CHRISTKÖNIG – EWIGKEITSSONNTAG

Du, Mann, hast königliche Würde

Einführung
WILFRIED VOGELMANN

Haben Königtum und Königsein heute überhaupt noch Bedeutung? Ist nicht die grandiose Herrschaft der Pharaonen, Cäsaren, Kaiser und Könige früherer Jahrhunderte längst vergangen? Und sind die noch verbliebenen Königshäuser in Europa nicht nur ein fragwürdiger Abglanz früherer »Herrlichkeit«?

Folgt man der äußeren Bedeutung des Königtums in heutiger Zeit, liegt der Gedanke eher fern, sich mit König, Königsein und Königtum auseinanderzusetzen. Schaut man allerdings auf die großen Kinoerfolge der Filmindustrie der letzten Jahre – ich nenne hier nur die Filmtrilogie »Der Herr der Ringe« und das Filmepos »Der König von Narnia« stellvertretend für eine Reihe ähnlicher Produktionen –, dann sind große Könige und Männer von königlicher Würde bis heute sehr attraktiv. Die Potenziale des »Königs in uns« sind noch ungebrochen lebendig. Sie leben und wirken in jedem Menschen und in je spezifischen Farben und Ausdrucksweisen in jedem Mann und jeder Frau.

Dabei gilt allerdings: Wo viel Licht und Glanz ist, da ist auch viel Schatten. Ideales Königtum, Tyrannei und schwache Regentschaft werden häufig in ein- und derselben Person erlebbar. Das eine ist ohne das andere nicht zu haben. Wer jedoch sein Mannsein mit den positiven Aspekten des Königseins in Verbindung bringt und zu beispielhaften Königen eine innere Beziehung sucht und pflegt, wird sich konsequent und organisch zu einem reifen und erwachsenen Mann entwickeln.

Persönliche Annäherung

Lesen Sie die folgenden Anregungen, um mit Ihrem inneren König in Kontakt zu kommen:

- Lassen Sie ein Bild oder Bilder von Königen in sich aufsteigen. Was erscheint vor meinem inneren Auge? Welche Gestalt? In welcher Haltung? Bei welcher Tätigkeit? In welcher Kleidung? Mit welchen Zeichen von Amt und Würde?
- Welche königlichen Tiere verkörpern und unterstreichen die königliche Aura?
- Welche Eigenschaften und Qualitäten empfinde ich als attraktiv?
- Welche Verhaltensweisen und Eigenschaften kommen mir in den Sinn, wenn ich dem tyrannischen König oder dem schwächlichen König nachspüre?
- Welche Seiten am König befremden mich? Welche fürchte ich?
- Welche der aufgestiegenen königlichen Eigenschaften, Haltungen, Qualitäten oder Schattenseiten sind mir aus meinem Leben bekannt?

Unterbrechen Sie nun die Lektüre, schließen Sie – wenn möglich – die Augen und nehmen Sie wahr, was vor Ihrem inneren Auge geschieht oder sich zeigt. Machen Sie sich anschließend stichwortartig Notizen. Entdecken Sie bei der weiteren Lektüre, was davon alles in Ihnen lebendig war. Diesen inneren Stoff dürfen Sie auch bei jenen Männern vermuten, die bereit sind, sich in einem Gottesdienst, Workshop oder Seminar mit dem König zu beschäftigen.

Grundlagen

Das altgermanische Wort *kunic* oder *kuning* bedeutet »aus vornehmem Geschlecht stammender Mann«. Biblisch ist dieses Motiv verankert in der königlichen Linie, die sich mit dem von Gott erwählten »Haus und Geschlecht Davids« bis in das Königtum Jesu hinein durchzieht. Bereits in den alten Kulturen des Vorderen Orients war das Königtum an die Herkunft aus der Königsfamilie gebunden. Krönung und Salbung des Königsohns zum König verwoben zumeist die königliche Vollmacht mit einem besonderen Auftrag von Gott, oft auch verbunden mit der Annahme des neuen Königs als Sohn Gottes. In Israel ist immer Gott selbst der König des Volkes geblieben. Die Könige Israels waren »die Gesalbten des Herrn«, seine von ihm eingesetzten Sachwalter auf Erden.

Jeder Christ darf sich heute als Mitglied des heiligen und königlichen Geschlechts der Christen verstehen und fühlen, denn er ist bei seiner Taufe und Firmung durch die Salbung mit dem königlichen Salböl Chrisam bezeichnet worden: »Ihr aber seid ein auserwähltes Geschlecht, eine königliche Priesterschaft, ein heiliger Stamm, ein Volk, das Gottes besonderes Eigentum wurde« (1 Petrus 2,9).

Der Archetyp des Königs
WILFRIED VOGELMANN

Der König gehört nach C. G. Jung zu den vier grundlegenden Archetypen (ursprünglichen Seelenbildern) des Mannes. Wie alle Archetypen hat er neben seiner lebensförderlichen Ausrichtung auch einen aktiven und einen passiven Schattenpol.

Die folgenden Charakterisierungen des Königs sind einer Tischzeitung entnommen, die Männer während eines Seminars ohne Vorinformationen spontan erstellt haben.

- *König:* Würde, Souveränität, gerecht, setzt angemessene Grenzen, sorgt für Recht und Gerechtigkeit, anerkannte Macht, ruhender Pol, besitzt Weitblick und Überblick, sendungsbewusst, verantwortungsbewusst, kann gut für sich und andere sorgen, aufrechte innere und äußere Haltung, abwägend, diszipliniert, freut sich an Gedeihen und Wachstum ...
- *Tyrann:* aktive, nach außen destruktiv agierende Form der Energielenkung: z. B. machtbesessen, herrschsüchtig, hitzig, ungeduldig, innerlich nicht gefestigt und zentriert, voll Angst vor Machtverlust, kann niemand neben sich gelten lassen, muss immer im Recht sein, misstrauisch, unterdrückend, duldet keinen Widerspruch, launisch, despotisch, unberechenbar ...
- *Schwächling:* nach innen gerichtete, passiv-depressive Form der Energielenkung: z. B. zögerlich, wankelmütig, kann keine Grenzen setzen, ohne Rückgrat, übernimmt keine Verantwortung, leicht beeinflussbar, klagend über seine Ohnmacht als König, impotent, lässt die Mutter oder Frau entscheiden ...

Die drei Grundfacetten – die glanzvolle, helle Seite des Königs und sein aktiver sowie sein passiver Schattenpol – sind Männern also innerlich präsent.

Zu den Lernaufgaben, die das Leben stellt, gehört es, sich mit den inneren Kräften vertraut zu machen, um zu reifen und erwachsen zu werden. Persönliche Reife eines Mannes zeigt sich darin, dass er Vertrauen in seine königlichen Fähigkeiten entwickelt und seinen Selbstwert kennenlernt. Ist ein Mann eine souveräne Persönlichkeit, kann er segensreich wirken, da er nicht mehr damit beschäftigt sein muss, andere kleinzuhalten und zu kontrollieren, um selber größer zu erscheinen. Er muss sich nicht aufblasen und mit Popanz umgeben, um sich oben zu halten (aktiver, tyrannischer Pol). Genauso wenig wird er der Verantwortung für seine Be-Reiche durch Jammern oder durch achselzuckendes Verweisen auf die »schlechten Verhältnisse« ausweichen (passiver, schwächlicher Pol).

Bedeutsam dabei ist, dass dieser Lernprozess zu den Aufgaben gehört, die sich im Leben immer wieder neu stellen: bei Berufswechsel oder Ausscheiden aus einem Beruf wegen Kündigung oder Ruhestand; bei Veränderung der hierarchischen und kollegialen Struktur im beruflichen Umfeld; wenn familiäre Verhältnisse sich wandeln, etwa wenn die herangewachsenen Kinder immer mehr eigene Wege gehen; durch Trennung von der Partnerin oder durch den Tod des Vaters. Persönlich kann sich zudem die Frage stellen: Ist es Zeit, als »König« (Fachmann, Leiter, Vorsitzender) abzudanken und nach einem Nachfolger Ausschau zu halten? Lockt mich der innere Wanderer wieder hinaus in die Welt, um nach einem neuen Reich zu suchen, oder brauche ich gar keines mehr in dieser Welt?

Königliche Insignien und ihre symbolische Bedeutung

- *Basilika:* Der Begriff *Basilika* stammt aus dem Griechischen und bedeutet »Königshalle«. Es handelte sich in hellenistisch-römischer Zeit um eine lang gestreckte Gerichts- und Markthalle, oft mit einer Apsis für den Sitz des Königs in seiner Funktion als Richter. Das Volk hoffte, einen gnädigen Richter zu finden, und grüßte daher den König mit dem Ruf: »Kyrie, eleison« – »Herr, erbarme dich unser«. Jede Kirche ist insofern eine Basilika, als in ihr Christus, der König, sein Volk empfängt.
- *Thron:* Zum Zeichen seiner absoluten Herrschergewalt sitzt der König auf einem Thron. Die Erhabenheit ist dadurch angedeutet, dass der Thron auf einer mehrstufigen Basis steht. Der Thronsitz hat eine gerade Rückenlehne und Armstützen. Sein fester Platz in der Basilika bringt zum Ausdruck, dass die herrschaftliche und richterliche Gewalt unverrückbar fest gegründet steht.
- *Zepter:* Das Zepter ist ein Stab. Wer einen Stab trägt, hat damit eine größere Reichweite, einen größeren Wirkungskreis. Die Lebenskraft des Stabes stammt vom Baum, von dem er genommen wurde, und überträgt die Lebenskraft seines Trägers. Der Stab ist Zeichen der herrschaftlichen Potenz und Fruchtbarkeit. Richard Rohr bezeichnet die Hoden und den Phallus als die körperlichen Insignien des Mannes. Der König trägt seine Potenz und Fruchtbarkeit offen in der Hand: Sein Reich soll blühen und gedeihen. Der tyrannische König hingegen regiert mit starrem, eisernem Zepter, er lebt seine Potenz vernichtend und zerstörerisch.
- *Krone:* Die goldene, mit Edelsteinen verzierte Krone auf dem Haupt des Königs symbolisiert seine Ermächtigung »von oben« und das königliche Feuer, das von ihm ausstrahlt. Bei der siebenzackigen Krone stehen die Zacken für die sieben Feuerflammen des Heiligen Geistes, die über dem König ausgegossen sind. Der König herrscht nicht aus sich selbst, sondern im Auf-

trag Gottes. Wer sich die Krone selber aufsetzt, wie Napoleon, ignoriert den Auftrag »von oben« und gerät leicht in den Einfluss der Schattenpole des Königs.

- *Reichsapfel:* Der Reichsapfel, eine goldene Kugel, geht historisch auf den Globus der Römer zurück. Er symbolisierte die römische Weltherrschaft. Die Kugel mit Kreuz wurde zum Zeichen der christlichen Weltherrschaft. Als Symbol für den Herrschaftsbe-Reich und für Ganzheit kann ein kleiner Globus dazu anregen, über die eigene »kleine Welt«, in der man souverän ist, zu sprechen.

David
WILFRIED VOGELMANN

> *David ist die überragende königliche Gestalt des Alten Testaments. Doch bei näherem Hinsehen auf die komplexe Davidsgeschichte stellt man fest: David war auch nur ein Mensch, der in vielfacher Weise kämpfen und viele Schicksalsschläge verkraften musste. Und dennoch kraftvoller König blieb. Umso mehr können wir von ihm lernen.*

David, der jüngste Sohn des Isai, war der bedeutendste König des Volkes Israel (1000–961 v. Chr.). Als Nachfolger von König Saul, dem ersten König Israels, ist es ihm gelungen, durch erfolgreiche Kriege gegen Nachbarvölker die Landesgrenzen auszudehnen, äußere Feinde, besonders die Philister, abzuwehren und in der alten Stadt Jerusalem eine Hauptstadt zu errichten, die zum nationalen und verbindenden Zentrum eines Volkes geworden ist, das zuvor aus zwölf Stämmen bestanden hatte.

Die politischen Hoffnungen in den Zeiten der Spaltung des Reiches nach Salomo (931 v. Chr.) und noch mehr in den Zeiten nach dem Untergang des Nordreichs (Invasion durch die Assyrer 722 v. Chr.) und der Eroberung Jerusalems durch die Babylonier (586 v. Chr.) ließen die Sehnsucht nach politischen Verhältnissen, wie sie unter König David geherrscht hatten, ins Unermessliche wachsen.

Die messianische Hoffnung des Judentums ruht bis heute auf einem Messias aus dem Haus und Geschlecht Davids. Für die Christen hat sich diese Hoffnung in Jesus von Nazareth, dem Sohn Josefs, der aus dem Haus und Geschlecht Davids stammte, erfüllt. Doch auch Jesus hatte unter seinen Jüngern und Aposteln Männer, die einen politischen Messias erwarteten, die hofften, dass er sich in Jerusalem als der neue David erweist, indem er die römischen Besatzer aus dem Land jagt und Israel zu neuer Größe führt.

David musste einen langen Lernweg bestehen, bis er sich zu jenem reifen Mann entwickelt hatte, der er schließlich als König gewesen ist. Alles, was dazu notwendig war, war von Beginn an in ihm angelegt. In der Schule des Lebens wurden seine Qualitäten gefordert und geformt. Licht und Schatten lagen dabei oft dicht beieinander. Einige zentrale Stationen, die für Männer anregend sein können, seien hier kurz skizziert. Sie finden sich in 1 Samuel 16 bis 2 Samuel 24 und in 1 Könige 1:

- David war bereits als Junge ein Hirte. Er lebte alleine draußen in der Steppe bei den Schafen. Er war für das Wohl der Herde verantwortlich und verteidigte sie mit Stock und Gottvertrauen gegen Angriffe von Löwen und Bären (vgl. 1 Samuel 16,11; 17,34 f.).
- Gott, der auf der Suche nach einem neuen König war und das Herz Davids kannte, ließ ihn von der Herde wegholen und vom Propheten Samuel zum neuen König über Israel salben. So wurde er zu einem Gesalbten des Herrn (vgl. 1 Samuel 16,1–13).
- Die großen Brüder Davids dienten im Heer des damaligen Königs Saul und standen im Kampf gegen die Philister. Der Hirtenjunge David trat Goliat, einem riesenhaften Anführer der Philister, allein mit der Schleuder und mit Gottvertrauen entgegen und tötete ihn mit einem Stein, den er gegen dessen Stirn abgeschossen hatte (vgl. 1 Samuel 17).
- König Saul nahm David in seinen Dienst, entwickelte aber bald Eifersucht und Neid gegen David. Weil Saul immer tyrannischere Züge annahm und David verfolgte, trieb sich dieser mit einer Horde Männer in der Steppe herum und wurde der Anführer einer wilden, erfolgreichen kriegerischen Bande. So übte er sich in der strategisch-militärischen Kriegskunst (vgl. 1 Samuel 23).

- Nach dem Tod Sauls wurde David König von Israel. Er war ein Genussmensch, der in seiner Machtfülle auch vor Übergriffen nicht zurückscheute. So ließ er Batseba, die Frau eines seiner Offiziere, der an der Front kämpfte, zu sich holen und schlief mit ihr. Batseba wurde schwanger. Als Davids Vertuschungsstrategie nicht aufging, sorgte er dafür, dass der Offizier an der Front sicher zu Tode kam. Mit der Geschichte »vom einzigen Lamm des armen Mannes« weckte der Prophet Natan das Gewissen des Königs und David erkannte, dass er schwere Schuld auf sich geladen hatte (vgl. 2 Samuel 11,1 – 12,25).
- David hatte einen ganz ursprünglichen Glauben. Er konnte in Ekstase und Verzückung vollkommen aufgehen. So tanzte er als König vor dem feierlichen Zug, mit dem die Bundeslade, das wichtigste Symbol für Gottes Gegenwart, nach Jerusalem gebracht wurde (vgl. 2 Samuel 6,1 – 23).
- Als David plante, Gott ein Haus, einen Tempel zu bauen, bekam er erneut von Gott eine Zurechtweisung durch den Propheten Natan. Gott sagte: Nicht du brauchst mir ein Haus zu bauen – schließlich war ich es doch, der dich von der Herde weggeholt hat –, sondern ich baue dir ein Haus, das auf ewig Bestand hat. Ich werde deinen leiblichen Sohn als deinen Nachfolger einsetzen und seinem Königtum Bestand verleihen. Ich will für ihn Vater sein, und er wird für mich Sohn sein (vgl. 2 Samuel 7,1–29).
- Obwohl David nach außen sehr erfolgreich war, hatte er sich in seiner Familie gegen hinterhältige Angriffe auf seinen Thron zu wehren. Als sein Sohn Abschalom, der ihn stürzen wollte, im entscheidenden Kampf ums Leben kam, weinte und klagte David laut um ihn (vgl. 2 Samuel 18; 19,1–9). David war ein ausgezeichneter Krieger, aber ohne jede Lust am Töten. Er verschonte mehrfach das Leben Sauls, der ihn verfolgte, und wollte auch Abschaloms Leben retten.

- Nachdem die Versuche seiner Söhne nicht aufhörten, ihn vom Thron zu stürzen, setzte David in hohem Alter seinen Sohn Salomo als seinen Nachfolger ein (vgl. 1 Könige 1).

An der Geschichte von David wird deutlich, dass ein herausragender König werden kann, wer in Fühlung mit den zentralen Archetypen (Krieger, Liebhaber, Magier, König) lebt und sich immer wieder mit den Schattenpolen der Archetypen auseinandersetzt.

»Ja, ich bin ein König«
Jesus von Nazaret
WILFRIED VOGELMANN

> *Jesus von Nazaret galt nicht nur dadurch, dass er der Messias war, als königlicher Nachkomme Davids. Auch sonst kann man in seinem Leben eine durchgängige königliche Haltung entdecken. Das spiegelt sich auch im Kirchenjahr wider.*

Es ist erstaunlich, dass Jesus, der als Wanderprediger in Galiläa umherzog, ohne zu wissen, wo er die nächste Nacht verbringen würde, auch in der erniedrigenden Situation der Gefangenschaft ein ganz klares Bewusstsein für seine Königswürde bewahrte, als er – souverän stehend, ruhig und mit klarer Stimme – zu Pilatus sagte: »Ja, ich bin ein König, aber mein Reich ist nicht von dieser Welt. Wäre mein Reich von dieser Welt, würden meine Leute für mich kämpfen, aber mein Reich ist nicht von hier« (Johannes 18,33 f.). In der Karfreitagsliturgie spielt dieses Gespräch Jesu mit Pilatus jedes Jahr eine bedeutsame Rolle.

Das Motiv des Königseins Jesu ist so zentral, dass sich die Liturgie des Kirchenjahres durchweg um den göttlichen König Jesus von Nazaret rankt.

Geburt bzw. Wiederkunft des Königs
Im Advent erwartet die Gemeinde den »König aller Königreich'« und begrüßt ihn als »König mild«. An Weihnachten besingt sie ihn als »König der Ehren, aus Liebe geworden zum Kinde«, und alle kommen, anzubeten »den König und Herrn«. Am Erscheinungsfest (Dreikönig) am 6. Januar stehen Weise aus dem Osten im Mittelpunkt, die von

einem neuen Stern magisch angezogen werden und ihm folgen, um einem neugeborenen König zu huldigen. In der Symbolik wird der Morgenstern, der kurz vor Sonnenaufgang erscheint, zum Bild für Jesus Christus.

Leiden, Tod, Auferstehung, Himmelfahrt

Am Palmsonntag zieht Jesus als König in Jerusalem ein. Wenig später wird er mit Dornen gekrönt und als König verspottet. Er ist der »König auf dem Kreuzesthron«. Nach seinem Tod am Kreuz heißt es im Lied: »des Königs Fahne tritt hervor, das Kreuz steigt aus der Nacht empor«. Und an Christi Himmelfahrt wird gesungen: »Öffnet eure Tore, Fürsten, öffnet sie! Seht der Ehre König ist zum Einzug da«. Das christliche Jahr rundet sich mit dem Christkönigssonntag (in protestantischem Verständnis dem Ewigkeitssonntag) mit der Bitte um ein gnädiges Weltgericht durch den grenzenlosen König aller Ehren, um eine Woche darauf mit dem ersten Advent wieder von neuem die Vorbereitung auf das Kommen des Königs zu eröffnen.

Zwei biblische Beispiele zeigen, dass das Königsein Jesu immer in direkter Spannung und Konfrontation zu den Mächtigen seiner Zeit stand:

Matthäus 2,1–23: Huldigung der Sterndeuter

Sterndeuter (griechisch *magoi* – Weise, Magier, Traumdeuter; Menschen mit innerer Verbindung zum Ur-König, zu Gott) waren oft Berater von Königen und Fürsten (vgl. den alttestamentlichen Josef als Berater des Pharaos und Großwesir).

Der König, der nach den Aufzeichnungen des Propheten Micha (Micha 5,1.3) in Betlehem geboren werden soll, wird sein »der Hirt meines Volkes Israel«. Man nennt ihn nach Auskunft des Propheten Jesaja (Jesaja 9,5): »Wunderbarer Ratgeber, Starker Gott, Vater in Ewigkeit, Fürst des Friedens«.

Ein neuer Stern geht auf, dadurch wird die Geburt des neuen Königs aus dem Geschlechte Davids weltweit sichtbar kundgetan. Der herrschende König Herodes erschrickt und mit ihm ganz Jerusalem: Der König fürchtet um seine Macht. Ihm wird ganz eng vor Angst. Brutal und rücksichtslos will er seine Macht sichern: Er lässt alle neugeborenen Buben ermorden. Nur durch die Flucht der Familie nach Ägypten kann Jesus gerettet werden. Erst als der Tyrann und Schwächling Herodes gestorben ist, kann die Familie zurückkehren.

Markus 3,1–6: Eine heilsame Begegnung mit Folgen

In dieser Geschichte lassen sich in den handelnden Personen die drei Grundaspekte des Königs – das reife Königtum, sein aktiver Schattenpol »Tyrann« und sein passiver Schattenpol »Schwächling« – gut erkennen. Der reife König wirkt immer segensreich, also lebensspendend, lebensfördernd, heilend. Das ist sein untrügliches Merkmal.

Jesus heilt am Sabbat in der Synagoge vor den Augen der Pharisäer einen Mann, dessen Hand verdorrt war. Jesus tritt in der Synagoge wie ein König auf: Souverän weiß er, was zu tun ist, denn »der Menschensohn ist auch Herr über den Sabbat«. Daher wird er auch am Sabbat Leben retten und Gutes tun.

Von den Pharisäern lässt er sich nicht abhalten, am Sabbat verbotene Heilungsdienste zu leisten. Die Pharisäer sind hier in der Rolle der Tyrannen, die unerbittlich auf die Einhaltung von Vorschriften achten, weil sie die Macht dazu haben. Das Leben wird von ihnen geringer angesehen als die Ordnung ihrer Regelwerke.

Und was ist mit dem Mann mit der verdorrten Hand? Dieser Mann ist kraftlos in seinem Handeln geworden, er ist handlungsunfähig. Er ist zu schwach, etwas anzupacken, etwas in die Hand zu nehmen, obwohl er seinem Wesen nach königliche Energie in sich hat. Er repräsentiert also den Schwächling.

In diesem Männerszenario ist nun entscheidend, was der königlich fühlende, denkende, sprechende und handelnde König tut: Er fordert den schwachen Mann auf, aufzustehen und sich in die Mitte zu stellen! Vom Rand ins Zentrum zu kommen!

Er gibt ihm Ansehen, denn alle sehen ihn an. Und Jesus sieht auch alle an, jeden, der Reihe nach, doch sein Blick erreicht nicht ihr Herz. Das macht Jesus zornig und traurig zugleich. Das treibt ihn um und wühlt ihn auf. Der Zorn könnte ihn dreinschlagen lassen (in die tyrannische Seite kippen), die Trauer könnte ihn resignieren lassen (in die schwächliche Seite kippen). Aber Jesus verbindet beide Gefühlsstränge zu einem lebensförderlichen Strom, mit dem er auf den handlungsunfähigen Mann zugeht: »Streck deine Hand aus!« Der schwache Mann gewinnt durch das souveräne und zutrauende Wort Jesu neue Kraft. Er streckt seine Hand aus, und sie ist wieder gesund.

Die Pharisäer, die diesen Machtverlust nicht verkraften, greifen zur Macht des Tyrannen: Gemeinsam mit den Anhängern des Herodes (!) fassen sie den Beschluss, Jesus umzubringen.

Männer können anderen Männern die Kräfte rauben oder den Rücken stärken. Männer können sich gegenseitig ins Abseits stellen und kleinhalten oder sie können einander Lebens-, Handlungs- und Spielräume eröffnen. Wer selbst an Souveränität gewinnt, kann auch den anderen Mann in seiner Souveränität respektieren und wertschätzen.

Heute ein König!
Seminar
WILFRIED VOGELMANN

> »Heute ein König!« – Diese Vorstellung ist für viele Männer aufregend und prickelnd. Einmal König sein, über allen anderen stehen, bestimmen können, wo es langgehen soll, das Leben in Reichtum genießen: Darauf haben viele Männer Lust. Und sie finden sich in der Rolle des Königs erstaunlich gut zurecht, wenn man sie in diesem Seminar einlädt, »heute ein König« zu sein.

Ziele

❖ *Erkunden und Würdigen der persönlichen Potenz bzw. Fruchtbarkeit – Symbol des Zepters:*
Welcher Mann hat je eine herzliche, freudige Anerkennung seines So-Seins als Mann in seiner geschlechtlichen Vitalität, Leiblichkeit und Potenz erfahren dürfen? Das Gegenteil ist meist der Fall. Ist meine ur-vitale, phallisch-organische Ausstattung als Mann nie gewürdigt, sondern beschämt und verächtlich gemacht worden, so ist meine persönliche Souveränität, meine königliche Energie als Mann bereits an der Wurzel beschädigt. Ist mein Zepter also vergleichbar mit einem vertrockneten Stock, bin ich saft- und kraftlos geworden? Ist es wuchtig wie ein Eisenrohr, hart und bedrohlich, regiere ich mit eisernem Zepter, indem ich Angst verbreite? Oder ist es doch voller Saft und Kraft, fruchtbar treibend und blühend wie eine phallische Zwiebelpflanze (Hyazinthe, Tulpe oder Amaryllis)?

- *Erkunden und Erneuern von Ermächtigung und Beauftragung – Symbol der Krone (Flammenreif):*
  Was ist auf mich im Leben an Ermächtigung eingestrahlt? Welche Männer (Vater, Großvater, Lehrer, Trainer, Ausbilder, Onkel), aber auch Frauen haben mir inneres Feuer gegeben? Was haben sie mir zugetraut? Wer setzte mir die Krone der Flammen auf? Was strahlt heute von mir aus?
- *Erkunden und Benennen des äußeren und inneren Reiches – Symbol des Reichsapfels:*
  In welchem Gebiet bin ich der Souverän? Wo ist mein Wort Gesetz? Wie sichere und festige ich die Grenzen meines Be-Reiches? Was wächst und gedeiht?
- *Erkunden der eigenen Souveränität – Symbol des Throns:*
  Sich auf einen erhöhten Stuhl setzen; sich aufrecht anlehnen; die Füße fest auf den Boden stellen; die Arme ablegen; Zepter und Reichsapfel in den Händen halten.
- Meine *Schattenseiten* – tyrannisches (aktiver Schattenpol) oder schwächliches Verhalten (passiver Schattenpol des Königs) anschauen, wahrnehmen und als zugehörig akzeptieren.
- *Sich in der Kirche bzw. Königshalle »Basilika« neu mit dem König der Welt verbinden:*
  Das eigene, persönliche König-Sein aus der biblischen Botschaft erfassen: Ich bin durch Zeugung und Geburt Abbild Gottes, des Königs Jahwe. Und ich bin durch Taufe und Firmung gesalbt zum König (Christus).

Zum Rahmen des Angebots

- Offenes Angebot für 10 bis 16 Männer, Anmeldung ist notwendig
- Zeitrahmen: ganztägig – am besten ein Samstag
- Ort: Gemeindehaus oder Tagungsraum mit Küche zur Selbstverpflegung
- Materialien:
  - Flipchartbogen und dicke Schreibstifte
  - Kartonmodell der Pyramide der vier Archetypen
  - CD mit festlicher Trompetenmusik, z. B. Trumpet Tune von H. Purcell
  - CD des Oratoriums »Der Messias« von G. F. Händel, Arie »Großer Herr und starker König«
  - Königliche Insignien: siebenzackige Krone aus goldenem Tonkarton herstellen mit sieben aufsteckbaren Feuerzungen aus Regenbogentonkarton; Zepter: treibende Pflanze (Tulpe, Hyazinthe, Amaryllis, blühender Zweig), Eisenrohr, verholzter dürrer Ast; Reichsapfel: kleiner Globus; Thron: (Polster-)Stuhl mit Armlehnen
  - Osterkerze
  - Frühstück: In einem Anschreiben werden die Teilnehmer gebeten, mitzubringen, was ihrer Meinung nach für ein königliches Frühstück auf der Tafel nicht fehlen darf – weiße Tischdecken, Kandelaber, Kerzen, die Kostprobe einer kulinarischen Köstlichkeit; Kleidung, in der sie sich souverän und wohl fühlen.

Elemente für ein Seminar
Der Vormittag
Beginn mit königlichem Frühstück:
Die Leitung sorgt für Brot, Brötchen, Butter, Schinken, geräucherte Forelle und Lachs, »königliche« Käse wie Roi de Trefle oder Henri IV, alkoholfreie Getränke, eine Flasche Sekt. Auf einem Anrichtetisch bereitet die Leitung vor dem Eintreffen der Teilnehmer Geschirr, Besteck und die Speisen vor. Gemeinsam mit den Teilnehmern wird die Tafel gedeckt, die Kerzen werden angezündet.

Leiter: Nun stellt sich jeder Mann hinter einen Stuhl an der Tafel. Um uns einander vorzustellen und Platz zu nehmen, machen wir Folgendes: Ein Mann nennt seinen Namen, seinen Herkunftsort und eine seiner Empfindungen im Blick auf das Thema »König sein«, z. B.: »Ich bin N. N. aus N. und freue mich ...« Zum Abschluss verneigt er sich. Als Antwort verneigt sich die Gruppe, danach antwortet sie: »N., sei willkommen an unserer königlichen Tafel!« Dann nimmt der Mann Platz.

Haben alle auf diese Weise Platz genommen, wird der Eröffnungssekt ausgeschenkt, und der Leiter lädt ein, auf das Wohl der Anwesenden zu trinken. Nach dem Mahl sind die Männer auch souverän genug, die Tafel abzuräumen und zu spülen.

Einführung in Thematik und Arbeitsweise:
Es ist vertrauensbildend, wenn der Leiter zu Beginn der Arbeit die gedanklichen Hintergründe, die methodischen Schritte, die Arbeitsformen und die leitenden Prinzipien der Gruppe vorstellt.

Gedankliche Hintergründe:
Die Grundzüge der vier Archetypen und ihres Gefüges werden anhand des Pyramidenmodells von der männlichen Psyche nach C. G. Jung von Robert Moore/Douglas Gillette (König, Krieger, Magier, Liebhaber, S. 32 f.) kurz erläutert.

Methodische Schritte:
Selbsterfahrung durch verschiedene Methoden:
- Präsentation: sich zeigen, präsentieren vor der Gruppe
- Körperarbeit: Übungen zur Leibwahrnehmung
- Erforschung des Umgangs mit Freiräumen und Grenzen in einem Malprojekt mit Farben

Arbeitsformen:
Einzelarbeit, Gruppenarbeit, Paargespräch, Essenzrunden im Plenum

Leitende Prinzipien:
- Freiwilligkeit: Alles, was ich hier mache und mitmache, mache ich, weil bzw. wenn ich es selbst will. Ich mache es nicht, weil der Leiter es sagt oder sonst alle in der Gruppe es machen.
- Neugier und forscherisches Interesse: Ich möchte neues Lebensland erkunden.
- Selbstverantwortung: Für das, was ich tue und sage bzw. zeige und erforsche, übernehme ich die volle Verantwortung.
- Vertraulichkeit der Männergruppe: Was mir hier in Gesprächen anvertraut wird, lasse ich im Raum und trage es nicht nach draußen.
- Niemandem werden Ratschläge erteilt, und es werden auch nicht die Probleme anderer Männer gelöst: Männer sind Pfadfinder, sie wollen ihren Weg selber finden.
- Jeder spricht bzw. erzählt von sich: Am wertvollsten ist, wenn ich etwas von meinen Erfahrungen, Freuden, Misserfolgen etc. mit-teile.
- Dazu gehört auch, einander aufmerksam zugewandt zuzuhören: Endlich interessiert sich mal jemand für mich und meine Gefühle und Wahrnehmungen!

Entwicklungsrichtung ←

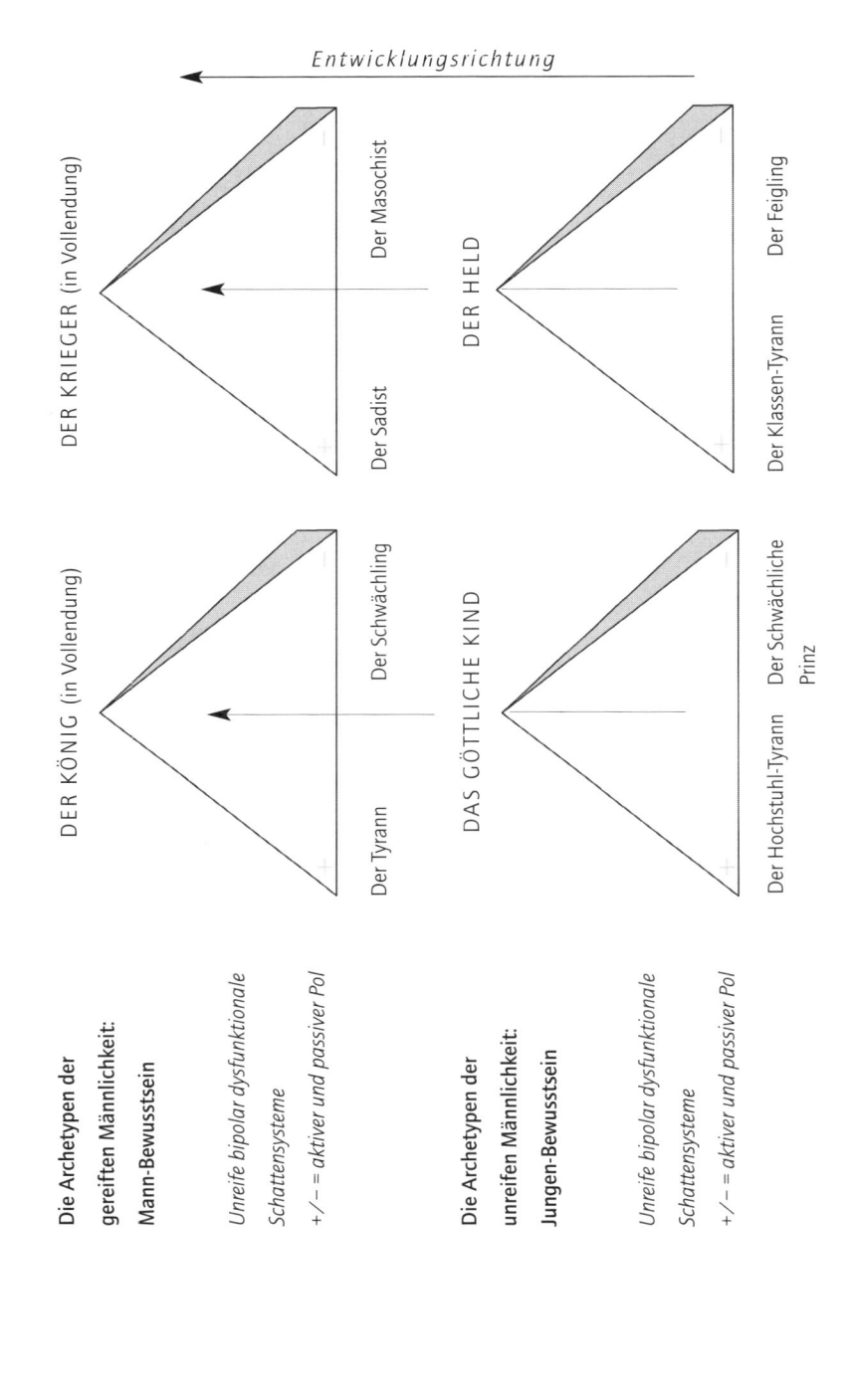

DER KRIEGER (in Vollendung)

Der Masochist

Der Sadist

DER HELD

Der Feigling

Der Klassen-Tyrann

DER KÖNIG (in Vollendung)

Der Schwächling

Der Tyrann

DAS GÖTTLICHE KIND

Der Schwächliche Prinz

Der Hochstuhl-Tyrann

Die Archetypen der gereiften Männlichkeit: Mann-Bewusstsein

Unreife bipolar dysfunktionale Schattensysteme
+ / − = aktiver und passiver Pol

Die Archetypen der unreifen Männlichkeit: Jungen-Bewusstsein

Unreife bipolar dysfunktionale Schattensysteme
+ / − = aktiver und passiver Pol

Entwicklungsrichtung

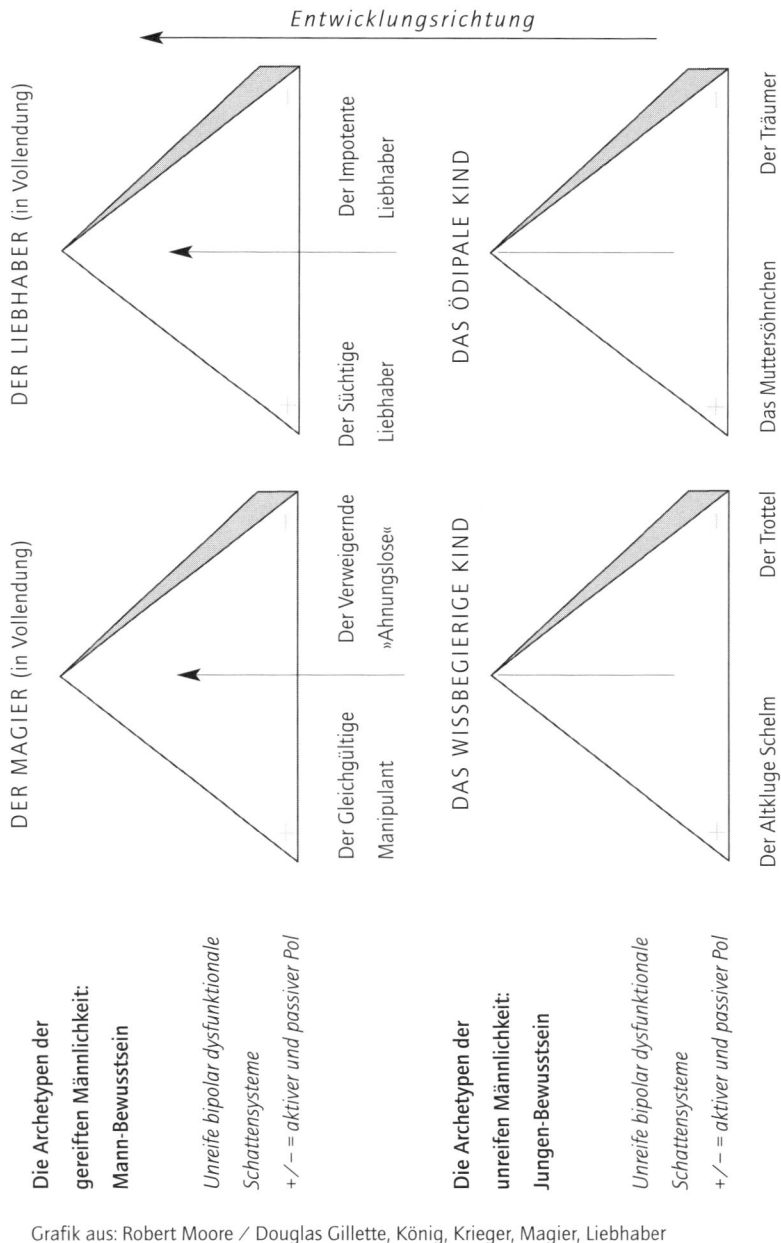

DER LIEBHABER (in Vollendung)

Der Impotente Liebhaber

Der Süchtige Liebhaber

DAS ÖDIPALE KIND

Der Träumer

Das Muttersöhnchen

DER MAGIER (in Vollendung)

Der Verweigernde »Ahnungslose«

Der Gleichgültige Manipulant

DAS WISSBEGIERIGE KIND

Der Trottel

Der Altkluge Schelm

Die Archetypen der gereiften Männlichkeit: Mann-Bewusstsein

Unreife bipolar dysfunktionale Schattensysteme

+/− = aktiver und passiver Pol

Die Archetypen der unreifen Männlichkeit: Jungen-Bewusstsein

Unreife bipolar dysfunktionale Schattensysteme

+/− = aktiver und passiver Pol

Grafik aus: Robert Moore / Douglas Gillette, König, Krieger, Magier, Liebhaber
© Harper Collins Publication, New York

Heute ein König!

1. Königliche Haltungen einnehmen und erforschen:
Die Männer sitzen im Kreis auf Stühlen. Der Leiter spielt ein Stück der CD mit festlicher Trompetenmusik, lässt Zeit für Stille und liest danach Psalm 8. Nach einer Zeit der Stille spielt er erneut die Musik der CD. Danach gibt er folgende Anregungen zur Wahrnehmung:

Sitzen: Der König thront, fest gegründet, aufgerichtet, zugewandt: Stelle beide Fußsohlen auf den Boden, gründe dich auf dem Boden. Sitze auf den Sitzhöckern des Beckens, richte dich in der Wirbelsäule auf, bis in den Scheitelpunkt deines Kopfes. Lege deine Hände auf die Oberschenkel. Überlege, ob du die Handflächen nach oben gewendet (offen) oder nach unten gewendet (geschlossen) ablegen möchtest. Nimm dich in deiner Sitzhaltung wahr. Wie fühlt sich das an?

Atmen: Der König ist seiner selbst sicher, er kennt jeden Lebensvollzug, ist verbunden mit den Grundströmen des Lebens, er weiß, dass das Leben fließen muss: Lenke deine Aufmerksamkeit auf deinen Atem, wie er gerade kommt und geht. Begleite deinen Atem mit achtsamer Wahrnehmung. Nimm Fühlung auf mit dem Atemstrom, wo immer du ihn in deinem Körper spüren kannst.

Sich (erhaben) erheben: Ein König steht nicht ruckartig auf: Erspüre, wie du das Gewicht allmählich verlagern musst, um gut geerdet zu bleiben und in den Stand zu kommen.

Stehen: Verwurzelt, gegründet, aufgerichtet, souverän wie ein König: Stehe frei und aufgerichtet von den Füßen bis hinauf zum Scheitelpunkt des Kopfes. Wie willst du Arme und Hände halten als König? Probiere es aus!

Gehen: Majestätisch schreiten wie ein König: Komm nun vom Stehen ins Gehen. Gehe wie ein König. Wie fühlt sich das an? Wann bist du zuletzt so gegangen?

Gehend anderen Königen als König begegnen, wie mache ich das? Zugewandt, souverän, mit kleiner achtungsvoller Verbeugung/Zuneigung?

2. Audienz der Könige im Königssaal/Präsentation:

Der Seminarraum wird als »Basilika« gestaltet. Auf einem Tisch an der Stirnseite des Seminarraums werden auf rotem Tuch folgende Gegenstände bereitgelegt: *Krone, Reichsapfel, Zepter*. Ein Stuhl oder Sessel wird als Thron so bereitgestellt, dass der Mann, der sich nachher als König präsentiert, in den Raum hineinblickt, also der ganzen Gruppe gegenübersteht. Die Osterkerze steht brennend (unkommentiert) dabei.

Diese Gegenstände, die wie auf einer Bühne vor dem königlichen Publikum der anderen Männer hergerichtet sind, dienen als Hilfsmittel und Zeichen (Insignien), um sich selbst und die eigene Wahrheit zu erspüren, auszudrücken und zu zeigen. Die Bedeutung der Symbole wird – etwa wie oben beschrieben – erläutert.

Der Leiter beschreibt die folgenden Schritte des rituellen Ablaufs:
Mit Hilfe der bereitgelegten Insignien oder auch durch deren Weglassen kannst du dir als König Gestalt geben.
Nimm davon, was du willst, und spüre dich damit.
Tritt vor die Versammlung hin, tritt vor ihr auf und stelle dich vor: »Ich bin König N.«
Sage – wenn du willst – etwas zur Bedeutung der Symbole für dich (worin besteht dein Reich, wer hat dich zum Königsein ermächtigt, welcher Art ist dein Zepter), erzähle, wie es dir im Blick auf das Thema Königsein geht, was du dir im Seminar für dich wünschst.
Abschließend verneige dich vor dem Auditorium.
Applaus für den König: Bleib stehen und nimm den Beifall entgegen!
Lege die Symbole an den Platz zurück und kehre an deinen Platz im Auditorium zurück.

3. Paar- oder Gruppenphase zur Vertiefung der Präsentation:
Wo bin oder war ich König, wo habe oder erstrebe ich Souveränität? Was macht es mir leicht oder schwer, König zu sein?
Wie geht es mir im Umgang mit eigener Macht, Potenz, Fruchtbarkeit? Wann hat mir jemand gesagt: Du stellst etwas dar! Du kannst was! Du bist ein Mann, der mir gut tut mit seiner Ausstrahlung!

Jeder Mann hat fünf Minuten Zeit, von sich zu erzählen, die anderen bzw. der Partner hört einfach aufmerksam zu. Danach ist ein anderer an der Reihe.

4. Essenzkreis im Plenum:
Der Leiter bittet die Männer, sich im Kreis stehend einzufinden, und lädt zum Essenzkreis ein. Essenz (vgl. Brühwürfel) heißt: ganz konzentriert, auf wenige Worte gebracht, etwas Wesentliches von sich sagen und der Gruppe mitteilen:

- Welche Erfahrung ist für mich wesentlich geworden?
- Welcher Gedanke?
- Welche Frage?
- Welches Gefühl?

5. Abschluss: Thronen:
Zum Abschluss werden die Männer eingeladen, noch einmal Platz zu nehmen, zu thronen und zu hören: festliche Trompetenmusik und Psalm 8.

Der Nachmittag: Der König und seine Schattenseiten
1. Tischzeitung zu König – Tyrann – Schwächling:
Der Leiter bereitet auf einem langen Tisch drei große Plakate mit den Worten »König«, »Tyrann«, »Schwächling« vor und legt mehrere dicke Farbstifte bereit:

- Blau: König, blaues Blut, von Adel
- Grün: Schwächling, Grünschnabel, grün hinter den Ohren
- Rot: Tyrann, Hitzkopf, Leidenschaft, wallendes Blut

Er lädt die Männer ein, schweigend einen Kreis um den Tisch zu bilden und ab und zu zum Tisch zu gehen und schweigend zu den Begriffen zu notieren:

- Metaphern zu den drei königlichen Seinsweisen
- Assoziationen zur inneren Verfassung
- Eigenschaften, die ich damit verbinde
- Wirkung auf Menschen und Reich

Abschluss:
Alle gehen um den Tisch herum und lesen schweigend, was geschrieben wurde. Jeder schaut besonders, was er selber zu den drei Aspekten geschrieben hat, denn diese Aspekte haben in ihm selbst einen Anker.

2. Partner-Spaziergang und Austausch (2 x 15 Minuten):

Der Leiter lädt die Männer ein, einen Partner zu finden, mit dem sie ihre persönlichen Erfahrungen mit den eigenen Schattenseiten des Königs in sich austauschen. Er gibt ihnen dazu folgende Leitfragen mit auf den Weg:

- Wann wird der Tyrann in mir lebendig, was oder wer weckt ihn auf?
- Wann neige ich dazu, als Schwächling zu reagieren?
- Wie fühle und agiere ich, wenn Entschiedenheit und Klarheit von mir erwartet werden?
- Wie fühle ich, wenn mir Konkurrenz erwächst oder die Grenzen meiner Gebiete verletzt werden?
- Wie fühle ich, wenn jemand kompetenter, jünger, flexibler … ist?

Wichtig ist, einen Zeitpunkt zu verabreden, an dem alle wieder im Seminarraum zurück sind.

3. Runde im Plenum: Ich stehe zu meinem Schatten:
Die Männer stehen im Kreis.

Der Leiter lädt die Männer etwa mit folgenden Worten ein:
Wir sind zumeist bemüht, unsere Schattenseiten zu verbergen, zu verdrängen oder abzuspalten. Das gibt dem Schatten die Möglichkeit, ein besonders gefährliches Eigenleben zu entwickeln. Plötzlich drückt er in uns durch, wenn wir gar nicht mit ihm rechnen. Deshalb ist es wichtig, seinen Schatten anzuschauen und zu seinem Schatten zu stehen. Schatten ist ja nur, wo Licht ist. Und wo Licht ist, ist auch Schatten. Dies könnte uns gelassener im Umgang mit unseren Schattenseiten machen. Spüre noch einmal nach:

- Welcher Schatten ist mir besonders präsent geworden?
- Wie stehe ich zu meinem Schatten?

Wir machen nun dazu eine Schattenrunde:

- Nenne deinen Namen.
- Dann nenne einen Schattenaspekt, der zu dir gehört.
- Stampfe dann fest mit beiden Füßen auf den Boden und rufe: »Ich stehe zu meinem Schatten!«

4. Den inneren König stärken:
Wenn kein Gottesdienst (s. u., das nächste Modell) vorgesehen ist, wird dieser Punkt mit Elementen aus dem Gottesdienst gestaltet. Der Leiter liest die Geschichte der Heilung des Mannes mit der verdorrten Hand vor und legt sie aus (»Markus 3,1–6: Eine heilsame Begegnung mit Folgen«, s. o., S. 309f.).

Der Leiter lädt zu folgender Übung ein:

�֍ Jeder Mann tritt nun mit seinem Weggefährten des Schattengesprächs in die Mitte des Kreises, legt ihm die Hand auf die Schulter und spricht: »N., du bist und bleibst ein königlicher Mann, dazu brauchst du nichts Besonderes zu tun oder zu leisten. Du bist und bleibst ein königlicher Mann.«
Danach gehen beide an ihre Plätze zurück. Erst in der zweiten Runde wechseln die Partner die Rollen des Empfangenden und des Zusagenden. �֍

5. Abschluss:

Der Leiter skizziert rückblickend die Elemente und Phasen des Seminars. Danach lädt er die Männer ein, einander mitzuteilen, was sie sich aus diesem Seminar bewahren möchten.

Den inneren König stärken
Gottesdienst
WILFRIED VOGELMANN

> *Basilika bedeutet »Königshalle«. Ein Gottesdienst in einer Basilika (oder auch einer anderen Kirche) unterstreicht die königliche Würde, die Christen durch die Taufe erlangt haben. Das wird im folgenden Modell besonders bewusst – und ebenso, dass die Königswürde immer auch Verpflichtung gegenüber der Welt bedeutet.*

Zum Rahmen des Angebots
- Dieser Gottesdienst kann das eben dargestellte Seminar abschließen, aber auch separat gefeiert werden.
- Vorzubereiten: Gefäß mit Olivenöl, CD-Player und CDs mit festlicher Instrumentalmusik und dem Weihnachtsoratorium von J. S. Bach, Bibeln oder Textblatt für das Bibelteilen

Ablauf
Im Eingangsbereich der Kirche:
Der Leiter steht mit einem kleinen Gefäß mit Olivenöl bereit. Die Männer ziehen einzeln an ihm vorbei.

Der Leiter zeichnet jedem Mann mit dem Öl ein Kreuz auf die Stirn und spricht:
N., erinnere dich an deine Taufe. In deiner Taufe wurdest du gesalbt im Namen Jesu Christi. Du selbst bist ein Gesalbter des Herrn.

Alternative:
Die Männer bekreuzigen sich bewusst mit Weihwasser zur Erinnerung an die Taufe, zur Stärkung der Verbindung mit dem Christkönig.

Feierliche Instrumentalmusik zur Eröffnung

Eröffnungsgesang:
Macht hoch die Tür (GL 107)

Kyrie: Kyrie der Missa de Angelis (GL 405)

Gloria: Auf Deutsch gesprochen (GL 354,1)

Gebet:
Lasset uns beten:
Großer Gott, Schöpfer und König,
du hast uns geschaffen als dein Abbild.
Du hast uns mit Herrlichkeit und Ehre gekrönt.
Erfülle uns mit deiner Kraft.
Schenke uns ein Gespür für unsere Würde.
Richte uns auf, wo das Leben uns gebeugt hat.
Darum bitten wir durch Jesus Christus,
unseren König und Herrn. Amen.

Zur Lesung:
Der Weg unseres Königs Jesus von Nazaret wird in einem Lobgebet eindrucksvoll beschrieben. Obwohl er König, Meister und Herr war, ist er nicht gekommen, um sich bedienen zu lassen, sondern um zu dienen. Darum hat ihn Gott über alle erhöht.

Philipper-Hymnus: Philipper 2,5–11

Zwischenmusik:
Arie »Großer Herr und starker König« aus dem Weihnachtsoratorium von J. S. Bach

Evangelium:
Geeignet sind je nach Zeit im Kirchenjahr: Markus 3,1–6 (Heilung des Mannes mit der verdorrten Hand), Lukas 1,26–33 (Ankündigung der Geburt Jesu), Matthäus 2,1–15 (Huldigung der Sterndeuter) oder Johannes 18,28 – 19,16 (Jesus vor Pilatus)

Bibelteilen:
Beispiel: Markus 3,1–6 – der Text liegt den Teilnehmern vor.
Drei Schritte:
1. Das Evangelium wird vorgetragen und in Stille meditiert: Welches Wort, welcher Satz spricht mich an?
2. Jeder Mann ist eingeladen, dieses Wort, diesen Satz laut vorzulesen.
3. Zweiergespräch mit dem Nachbarn: Jeder erläutert dem Partner, weshalb ihm dieses Wort, dieser Satz besonders wichtig geworden ist und was ihn an der Geschichte berührt (zwei mal drei Minuten).

Anschließend deutet der Leiter das Evangelium kurz unter Skizzierung der königlichen Gestalten: König, Tyrann, Schwächling (s. o., S. 299f. und 309f.).

Bestärkungsritual:
In Anlehnung an die Heilung des Mannes mit der verdorrten Hand: Jeder Mann stellt sich mit seinem Gesprächspartner in die Mitte oder an den Altar, legt ihm die Hand auf die Schulter und spricht ihm laut und für alle vernehmbar zu: »Du bist und bleibst ein königlicher Mann, dazu brauchst du nichts Besonderes zu tun oder zu leisten. Du bist ein Mann mit königlicher Würde.«

    Danach treten beide an ihren Platz zurück. Im zweiten Durchgang kommt der andere Mann an die Reihe.

Anbetung und Mahlfeier:
Zur Aussetzung des Speisekelchs – Lied:
Wie soll ich dich empfangen (EG 11)

Zur Anbetung – Gebet:
Wer leben will wie Gott auf dieser Erde (GL 183), dann GL 564, 1+5 (Christus-König-Rufe)

Vaterunser

Friedensgruß:
Jesus Christus ist der Fürst des Friedens. Er kennt unsere Sehnsucht nach Frieden. Er weiß um unsere faulen Kompromisse, die wir im Schatten des Schwächlings schließen. Er weiß um den Friedhofsfrieden, den wir mit Druck und Gewalt im Schatten des Tyrannen erzwingen. Deshalb spricht Christus der König: Nicht einen Frieden, wie die Welt ihn gibt, gebe ich euch – meinen Frieden gebe ich euch! Deshalb bitten wir: Mache uns beherzt und mutig, energisch und aufgeschlossen und schenke uns deinen Frieden.

Kommunion

Meditation:
Königlich sein heißt ...

Königlich sein heißt, sein Leben bewusst selbst zu leben.
Königlich sein heißt, selbst zu herrschen.
Königlich sein heißt, einen göttlichen Auftrag zu erfüllen.
Königlich sein heißt, die Grenzen des Reiches zu kennen und zu schützen.
Königlich sein heißt, souverän in sich zu ruhen, weil der König der Welt im eigenen Herzen wohnt.
Königlich sein heißt, seine Würde und Ausstrahlung aus der Kraft Gottes zu beziehen und zu nähren.

Königlich sein heißt, die vielfältigen Potenziale in der Familie, im Unternehmen, in der Gemeinde, im Land zu sehen und ihnen Räume zum Wachsen und zur Entfaltung zu eröffnen.
Königlich sein heißt, die eigenen Schatten zu kennen und zu integrieren.
Königlich sein heißt, sich mit allen inneren Impulsen auseinanderzusetzen, die ins Tyrannische oder Schwächliche locken.
Königlich sein heißt, sein Königtum von Gott zu empfangen als Gabe und Aufgabe.
Königlich sein heißt, in seiner königlichen Haltung von Gott gehalten zu sein.
Königlich sein heißt, seine Kraft aus den sieben Gaben des Geistes Gottes zu beziehen. Nach Jesaja 11,2 sind das der Geist der Weisheit und der Einsicht, der Geist des Rates und der Stärke, der Geist der Erkenntnis und der Gottesfurcht. Als siebte Gabe kommt der Geist der Frömmigkeit hinzu. Frömmigkeit heißt nach Jesaja 58, in allen Lebenszusammenhängen gerecht und barmherzig zu wirken.

Danklied:
z. B. Singt dem König Freudenpsalmen (in manchen diözesanen Eigenteilen des Gotteslobes zu finden)

Schlussgebet:
Großer, starker Gott
König des Himmels und der Erde
Wir danken dir
Wir waren in deiner Nähe
Und du bist uns nahe gekommen
Wir danken dir
Aufgerichtet und frei
Stehen wir vor dir
Wir danken dir
Wir sind bereit für unseren Weg

Geh mit uns
Großer und starker Gott
Geh mit uns
In Jesus Christus, unserem König und Herrn.
Amen.

Segen

Schlussmusik:
CD mit festlicher Trompetenmusik

Literatur

Richard Rohr, Vom wilden Mann zum weisen Mann

Richard Rohr, Masken des Maskulinen. Neue Reden zur Männerbefreiung, Claudius Verlag, München 1993 ([3]1998)

Richard Rohr, Endlich Mann werden. Die Wiederentdeckung der Initiation

Anselm Grün, Kämpfen und Lieben. Wie Männer zu sich selbst finden

Patrick M. Arnold, Männliche Spiritualität. Der Weg zur Stärke

Manfred Twrznik, Aufbruch zum Mann. Stark, lustvoll und weise – in Beruf, Alltag und Beziehung

Robert Moore / Douglas Gillette, König, Krieger, Magier, Liebhaber. Die Stärken des Mannes

ZUM SCHLUSS

*Weitergehen –
eigenständig und gemeinsam*

Männerarbeit bereichert!

Nicht im materiellen Sinne. Es gibt keine großen Zuschusstöpfe oder Sponsoren für Männerprojekte. Erst recht nicht für solche, die sich ernsthaft mit Männern auf die Suche nach Spiritualität im christlichen Horizont machen. Insofern ist Männerarbeit sehr eigenständig.

Männerarbeit ist aber zuallererst reich an Begegnungen: mit Männern, die ebenfalls auf der Suche nach Sinn in ihrem Leben und nach Gott sind. Je offener ein Angebot oder eine Gruppe ist und je mehr das Angebot oder die Gruppe Raum lässt, sich selbst einzubringen und sich auf andere einzulassen, desto authentischer und unterschiedlicher werden die Typen, die Charaktere, die Lebensgeschichten und die Erfahrungen sein, denen man begegnet. Das bereichert das eigene Leben, die eigene Sinnsuche, die eigene Spiritualität enorm: weil Männer zwar jeweils ihr eigenes Leben leben, aber trotz allem vieles ähnlich erleben und sich so gegenseitig in wichtigen Bereichen, Phasen und Situationen des Lebens Gefährten, Führer und Ratgeber sein können.

Angebote für Männer zu machen, ist, wie dieses Werkbuch zeigt, auch reich an Mühe: Ein Angebot organisieren, Mitstreiter suchen und finden, Werbung machen – dafür braucht man viel Zeit, Ideen, Überzeugungskraft, Risikobereitschaft und manchmal auch eine gewisse Frustrationstoleranz.

Aber nicht zuletzt: Männerarbeit ist reich an Anerkennung. Auch wenn man Männer oftmals erst mühsam bewegen muss, zu einer Veranstaltung speziell für Männer zu kommen: Das Bedürfnis, mit anderen Männern über das persönliche Leben und die damit verbundenen Tiefen und Untiefen zu reden, ist da. Aber es schlummert oft unter der Oberfläche. Die eigene Kraft in freier Natur spüren, an die eigenen körperlichen Grenzen gehen und die sensibelsten Bereiche männlicher Existenz erfahren und ansprechen, das geht eben unter Männern besser – oder anders. Und spätestens, wenn sie auf den Geschmack gekommen sind, wenn sie gemerkt haben, wie gut ihnen das tut, wissen Männer die Möglichkeiten der Männerarbeit zu schätzen.

Wie schon erwähnt: Männerarbeit hat keine große Lobby. Doch davon sollte man sich nicht beirren lassen. Sich als Mann auf die Suche nach seinen Wurzeln, seinem tragenden Grund und seinen Potenzialen aufzumachen, ist notwendig. Eigen-Sinn und Eigenständigkeit sind wertvolle Eigenschaften, die einen jeden weiterbringen – persönlich und im Hinblick auf die Beziehungen, in denen er lebt.

Selbstbewusste und spirituelle Männer sind auch für die Kirchen und die Gesellschaft wichtig. Die Hälfte der Menschheit sind Männer, und alle tragen auf die eine oder andere Weise Verantwortung: für Familien, Betriebe, Organisationen, den Staat ... Für das Wohl ihrer Mitmenschen ist es entscheidend, ob sie aus einem guten, starken Geist heraus ihre Aufgaben anpacken – und so zum Segen für andere werden. Oder ob sie andere tyrannisieren, manipulieren, abhängig werden oder kläglich versagen, weil sie sich niemals ihren Ängsten gestellt haben, niemals ihre eigenen guten Fähigkeiten entdeckt haben und dabei niemals gelernt haben, dass sie nicht alles aus eigener Kraft bewältigen müssen, sondern sich von Gott getragen wissen dürfen.

Wer im Raum der Kirchen Angebote für Männer macht, ist nicht allein. Er mag sich zwar vielleicht manchmal als Einzelkämpfer vorkommen. Und in der Tat gibt es beispielsweise etliche katholische Diözesen, in denen keine Männerseelsorge etabliert ist.

Es reicht aber bereits, ein wenig im Internet zu surfen, um zu merken, wie viele Initiativen, Vereine und Aktionen von Männern für Männer es gibt. Und neben einigen Fachzeitschriften erscheint auch regelmäßig neue Männerliteratur. Wir haben Ihnen im Anhang eine Reihe von brauchbaren Büchern aus den letzten Jahren zusammengestellt. Und die Adressen der Bundesarbeitsstellen für evangelische und katholische Männerseelsorge angegeben. Dort erfahren Sie, wo Sie in Ihrer Landeskirche oder Ihrem Bistum Hilfe erhalten. Damit wir, jeder in seiner Gegend, gemeinsam weitergehen. Die nächsten Schritte.

MARTIN HOCHHOLZER / TILMAN KUGLER

ANHANG

Abkürzungen

EG Evangelisches Gesangbuch, Gütersloher Verlagshaus/Luther-Verlag/Neukirchener Verlag 1996
ET Erdentöne, Himmelsklang. Neue geistliche Lieder, herausgegeben von der Diözese Rottenburg-Stuttgart, Schwabenverlag ⁵2004
GL Gotteslob. Katholisches Gebet- und Gesangbuch, herausgegeben von den Bischöfen Deutschlands und Österreichs und der Bistümer Bozen-Brixen, Lüttich und Luxemburg
Tr Troubadour für Gott. Neue Geistliche Lieder, Kolping-Bildungswerk Diözesanverband Würzburg e.V., Sedanstraße 25, 97082 Würzburg

Adressen

Die Zentralstellen der evangelischen und katholischen Männerseelsorge in der Bundesrepublik Deutschland sind unter den folgenden Adressen erreichbar. Im jeweiligen Internetauftritt finden Sie auch die Adressen der Männerseelsorge in ihrer jeweiligen Landeskirche bzw. Diözese.

Männerarbeit der EKD
Hauptgeschäftsstelle
Garde-du-Corps-Straße 7
34117 Kassel
Telefon 05 61/71 01 81
Telefax 05 61/71 01 83
E-Mail: info@maennerarbeit-ekd.de
www.maenner-online.de

Kirchliche Arbeitsstelle für Männerseelsorge und Männerarbeit in den deutschen Diözesen e.V.
Neuenberger Str. 3–5
36041 Fulda
Telefon 06 61/7 34 63
Telefax 06 61/9 01 28 99
E-Mail: arbeitsstelle-maenner@t-online.de
www.kath-maennerarbeit.de

Literatur

Grundlegendes

Parick M. Arnold, Männliche Spiritualität. Der Weg zur Stärke, Kösel-Verlag, München 1994 (2002)
Ein Pionier moderner christlicher »Männertheologie«, der zeitgenössisches Mannsein, christliche Theologie und Tiefenpsychologie verbindet.

Martin Engelbrecht, Was Männern Sinn gibt. Abschlussbericht zum Forschungsprojekt »Die unsichtbare Religion kirchenferner Männer«. Durchgeführt am Institut zur Erforschung der religiösen Gegenwartskultur der Universität Bayreuth im Auftrag der Männerarbeit der EKD und der Kirchlichen Arbeitsstelle für Männerseelsorge und Männerarbeit in den deutschen Diözesen, Verlag männerarbeit, Kassel 2005
Eine qualitative Studie, die u. a. die Bedeutung der Natur als wichtigen Raum, in dem Männer Sinn entdecken und erleben können, beschreibt.

Markus Hofer, Männer glauben anders, Tyrolia-Verlag, Innsbruck – Wien 2003
Markus Hofer stellt heraus, was Männer an Glaube und Kirche anspricht und wie sich ihre Religiosität von der von Frauen unterscheidet.

Elizabeth Levang, Männer trauern anders (Herder spektrum 5225), Herder, Freiburg i. Br. 2002
Der Prozess des Trauerns verläuft bei Männern anders als bei Frauen. Wenn das nicht verstanden wird, kann eine Trauersituation eine Partnerschaft schwer belasten.

Wolfgang Müller-Commichau / Roland Schaefer, Wenn Männer trauern. Über den Umgang mit Abschied und Verlust, Matthias-Grünewald-Verlag, Mainz 2000
Verlustsituationen in männlichen Normalbiografien und neue Wege, damit gut umzugehen.

Wolfgang Neumann / Björn Süfke, Den Mann zur Sprache bringen. Psychotherapie mit Männern, dgvt-Verlag, Tübingen 2004
Zwei Psychotherapeuten erzählen aus ihrer Arbeit und zeigen Probleme männlicher Sozialisation auf.

Hans Prömper, Emanzipatorische Männerbildung. Grundlagen und Orientierungen zu einem geschlechtsspezifischen Handlungsfeld der Kirche (Glaubenskommunikation Reihe Zeitzeichen 12), Schwabenverlag, Ostfildern 2003
Von einem Praktiker der Erwachsenen- und speziell der Männerbildung. Grundlegende Dissertation über die Entwicklung und die Möglichkeiten von Männerforschung und -bildung.

Marion Wagner, Für eine Zukunft in Partnerschaft. Mann und Frau in christlicher Sicht (Topos plus Taschenbücher 480), Verlag Friedrich Pustet, Regensburg 2003
Mannsein und Frausein aus Sicht der katholischen Theologie.

Martin Weiss-Flache, Befreiende Männerpastoral. Männer in Deutschland auf befreienden Wegen der Umkehr aus dem Patriarchat. Gegenwartsanalyse – theologische Optionen – Handlungsansätze (Tübinger Perspektiven zur Pastoraltheologie und Religionspädagogik 10), LIT Verlag, Münster 2001
Grundlagenwerk. Pastoraltheologische Doktorarbeit, die die Lebensbedingungen von Männern in Deutschland untersucht und die Männerpastoral theologisch fundiert.

Paul M. Zulehner / Rainer Volz, Männer im Aufbruch. Wie Deutschlands Männer sich selbst und wie Frauen sie sehen. Ein Forschungsbericht, Schwabenverlag, Ostfildern 1998
Umfangreiche Studie über die männliche Lebenswirklichkeit in Deutschland (auch zu Religion/Spiritualität), von der kirchlichen Männerarbeit in Auftrag gegeben.

Praktisches

Markus Hofer, Männerspiritualität. Rituale, Modelle, Gottesdienste, Tyrolia-Verlag, Innsbruck–Wien 2005
Eine Sammlung von Praxismodellen zu verschiedenen Stationen des Kirchenjahrs.

Katholisches Bibelwerk e.V. / Gabriele Theuer (Hg.), Grundkurs Männer, Frauen und die Bibel. Werkbuch für die Bibelarbeit mit Erwachsenen, 2 Bände, Verlag Katholisches Bibelwerk, Stuttgart 2003
Nach dem Modell der bekannten Grundkurse AT und NT: Ausgearbeitete Modelle für einen mehrteiligen Bibelkurs, der dem Mannsein und Frausein anhand der Bibel nachspürt. Auch als Material-Steinbruch für einzelne Abende etc. geeignet.

MARTIN ROSOWSKI / ANDREAS RUFFING (Hg.), Ermutigung zum Mannsein. Ein ökumenisches Praxishandbuch für Männerarbeit, Verlag männerarbeit, Kassel 2002
Eine ökumenische Sammlung von Praxisvorschlägen zu einer Reihe von Themen. Nur noch Restexemplare an manchen Fachstellen für kirchliche Männerarbeit erhältlich.

Gebet

PETER MODLER, Für Wanderer und Krieger. Männergebete, Herder, Freiburg i. Br. 2004
Alte und neue Gebete – gesammelt und für Männer erschlossen.

MARTIN ROSOWSKI / ANDREAS RUFFING (Hg.), Kraft-Räume. Gedanken und Gebete für Männer, Luther-Verlag, Bielefeld 2006
Eine aktuelle Sammlung von Einführungen, Gedanken und Gebeten zu den sechs Themenkreisen Liebe, Angst, Freude, Wut, Trauer und Hoffnung.

Programmatisches

STEVE BIDDULPH, Männer auf der Suche. Sieben Schritte zur Befreiung (Heyne-Ratgeber 5419), Heyne, München 2003
Ein Klassiker. Biddulph stellt sieben Schritte vor, die helfen können, ein Männerleben wieder lebenswert zu machen.

ROBERT MOORE / DOUGLAS GILLETTE, König, Krieger, Magier, Liebhaber. Die Stärken des Mannes, Kösel-Verlag, München 1992
Die grundlegenden männlichen Archetypen und ihr Zusammenwirken in der Entwicklung von Männern.

RICHARD ROHR, Endlich Mann werden. Die Wiederentdeckung der Initiation, Claudius Verlag, München 2005
Rohr stellt heraus, wie wichtig initiatorische Erfahrungen sind, um ein ganzer Mann zu werden. Zugleich reflektiert er zentrale initiatorische Wahrheiten vor dem Hintergrund der Botschaft Jesu.

Richard Rohr, Der wilde Mann. Geistliche Reden zur Männerbefreiung, Claudius Verlag, München 1986
Klassiker der Männerliteratur: Wie kann männliche Identitätsbildung gelingen?

Richard Rohr, Vom wilden Mann zum weisen Mann, Claudius Verlag, München 2006
Neufassung des zwanzig Jahre alten Klassikers »Der wilde Mann«.

Manfred Twrznik, Aufbruch zum Mann. Stark, lustvoll und weise – in Beruf, Alltag und Beziehung, Claudius Verlag, München 2002
Die vier männlichen Archetypen als innere Ratgeber für den Alltag von Männern.

Geistliches

Konrad Baumgartner / Erich Garhammer (Hg.), Adam, wer bist du? Männer der Bibel bringen sich ins Wort, Don Bosco Verlag, München 1999
Theologen kommen auf verschiedene Weise mit biblischen Männern ins Gespräch.

Anselm Grün, Kämpfen und lieben. Wie Männer zu sich selbst finden, Vier-Türme-Verlag, Münsterschwarzach ^{2}2003
Anselm Grün zeigt an 18 biblischen Männern verschiedene Aspekte des Mannseins auf.

Markus Hofer, Franz für Männer. Was uns der Mann aus Assisi zu sagen hat, Tyrolia-Verlag, Innsbruck–Wien 2001
Sich mit Franz von Assisi auf die Suche nach sich selbst machen. Dazu lässt Markus Hofer Franz auch selbst zu Wort kommen.

Markus Roentgen, 52 Wochen ein ganzer Mann. Zugänge zur männlichen Lebensmitte, Aschendorff, Münster 2001
52 Betrachtungen zu Themen männlicher Lebenswirklichkeit.

Richard Rohr, Der befreite Mann. Biblische Ermutigungen, Verlag Katholisches Bibelwerk, Stuttgart 2005
Biblische Männer laden dazu ein, die eigene Spiritualität zu vertiefen.

Fulbert Steffensky, Schwarzbrot-Spiritualität, Radius, Stuttgart 2005
Einfache, erdige, glaubwürdige Antworten auf die oft schillernde Frage: Was ist Spiritualität?

Christoph Walser / Peter Wild, Men's Spirit. Spiritualität für Männer (Herder spektrum 5221), Herder, Freiburg i. Br. 2002
Wie finden Männer ihre eigenen spirituellen Quellen? Das Buch leitet dazu an, sich auf den Weg zu machen.

Tipp

Besprechungen zu einer Reihe von neueren Büchern finden Sie auf der Internetseite der katholischen Männerseelsorge:
www.kath-maennerarbeit.de (Abteilung »Materialien«).
In den Diözesen und Landeskirchen Deutschlands, Österreichs und der Schweiz gibt es eine Vielzahl von Arbeitshilfen und Anregungen für die Praxis der Männerarbeit.

Die Autoren dieses Buches

Günter Banzhaf, verheiratet, zwei Söhne, Dr. phil., Theologe, Männerpfarrer der Evangelischen Landeskirche in Württemberg
Guenter.banzhaf@web.de

Stephan Burghardt, verheiratet, vier Kinder, Diakon, Dipl.-Sozialarbeiter, Referent für Männerarbeit und Kirchentag im ev. Gemeindedienst Württemberg
maennerwerk@elk-wue.de

Hubert Frank, verheiratet, zwei Söhne, Dipl.-Theol., Diakon, Gewaltberater mit eigener Praxis, Männerseelsorger der Diözese Mainz
hubert.frank@bistum-mainz.de

Martin Hochholzer, Dr. theol., Referent der Kirchlichen Arbeitsstelle für Männerseelsorge und Männerarbeit in den deutschen Diözesen, Fulda
arbeitsstelle-hochholzer@t-online.de

Gerhard Kahl, verheiratet, vier Kinder, Dipl.-Theol., Dipl.-Soz.päd., Pastoralreferent, Diakon, Männerreferent der Diözese Augsburg
Maennerbuero.kempten@bistum-augsburg.de

Tilman Kugler, zwei Töchter, Dipl.-Päd., Dipl.-Theol., Erlebnispädagoge, Bibliodramaleiter, Referent für Männerarbeit in der Hauptabteilung Kirche und Gesellschaft der Diözese Rottenburg-Stuttgart
TKugler@bo.drs.de

Hans Prömper, verheiratet, zwei Kinder, Dr. theol., Dipl-Päd., Leiter der Kath. Erwachsenenbildung – Bildungswerk Frankfurt a. M.
hans.proemper@tiscali.de

Markus Roentgen, verheiratet, zwei Söhne und eine Tochter, Dipl.-Theol., Exerzitienbegleiter, Lehrbeauftragter an der KFH Köln, Leiter des Referats Spiritualität im Seelsorgeamt des Erzbistums Köln
markus.roentgen@erzbistum-koeln.de

ANDREAS RUFFING, verheiratet, zwei Söhne, Dr. theol., Leiter der Kirchlichen Arbeitsstelle für Männerseelsorge und Männerarbeit in den deutschen Diözesen, Fulda
maennerseelsorge.fd@t-online.de

TEAM DER MÄNNERARBEIT der evangelisch-reformierten Landeskirche Zürich
www.zh.ref.ch, E-Mail: christoph.walser@zh.ref.ch:

INGO BÄCKER, verheiratet, zwei Kinder, katholischer Theologe, Gemeindeleiter, Winterthur-Seen
Ingo.baecker@kath-winterthur.ch

CHRISTIAN EGGENBERGER, verheiratet, drei Kinder, Theologe, evangelischer Gemeindepfarrer in Winterthur-Töss
Christian.eggenberger@zh.ref.ch

WILFRIED VOGELMANN, verheiratet, drei Söhne, Dipl.-Theol., Pastoralreferent, Referent für Männerarbeit in der Hauptabteilung Kirche und Gesellschaft der Diözese Rottenburg-Stuttgart
WVogelmann@bo.drs.de

NORBERT WÖLFLE, verheiratet, zwei Töchter, Dipl.-Sozialarbeiter, Mediator, Referent für Männerarbeit im Erzbischöflichen Seelsorgeamt Freiburg
norbert.woelfle@seelsorgeamt-freiburg.de

Register

Verweise auf Bibelstellen sind kursiv gesetzt

Abaelard 250
Abendmahl 178, 182, 186, 276, 278, 327
Abraham 118, 119ff.
Abschalom 305
Abschied 23, 53, 272, 273
Aberglaube 34
Adam (und Eva) 152, 157, 159
Advent 17, 59ff., 307, 308
Aggression 73, 166
Allein(sein) 39, 56, 58, 97, 221, 255, 259, 260
Alltag 18, 26, 28, 34, 37, 38, 39, 43, 44, 51, 53, 55, 57, 61, 70, 100, 106, 125, 138, 145, 160, 162, 212, 223, 224, 242, 262, 265, 284
Altwerden 36, 40
Amos (Prophet) 289
Andacht 20
Anthony de Mello 233
Apostelgeschichte 2 225
Arbeit 18, 23, 25, 57, 67, 76, 100, 102, 131, 138, 141, 144, 159, 160, 197, 241, 252, 264, 280, 288, 289, 290, 291, 293, 312, 314
Archetypen 16, 43, 73f., 102, 104, 105, 117, 118, 299ff., 306, 316f.
Aschermittwoch 144
Atemübung 39, 46
Auferstehung 40, 139, 153, 156, 173, 195, 201, 213, 215, 219, 220, 224, 243, 308
Aussteiger 62, 67f.

Bäcker, Ingo 89
Banzhaf, Günter 144, 287
Bedürfnisse 31, 37, 44, 50, 102, 150, 173, 253, 254, 262, 331
Benedikt von Nursia 232
Berge 42, 43, 54, 57, 170, 249, 252, 254, 262, 269
Bernhard von Clairvaux 43, 250ff., 266
Bergpredigt 170, 171ff., 284
Beruf(lich) 55, 61, 102, 117, 119, 120, 143, 166, 208, 249, 253, 277, 300
Berufung 73
Besinnung 61, 71, 111, 138, 170, 236, 251f., 253ff., 289
Beten 24, 101, 111, 147, 188, 190, 265, 292
Bevormundung 23, 25
Beziehung(en) 25, 36, 129ff., 142, 159, 209, 215, 217, 226, 266
Bibel(arbeit) 34, 62, 67, 91, 92, 117, 130, 147, 177, 215, 217, 218, 222, 225, 226, 263, 275, 276, 283, 289, 296, 332
Biddulph, Steve 195
Bonaventura 42
Bonhoeffer, Dietrich 292
Botschaft 14, 27, 34, 35, 101, 102, 209, 211, 224, 225, 312
Bourdieu, Pierre 28
Bruder 16, 17, 42, 79, 90, 95, 104, 126, 127, 183, 185, 194
Brudermahl 51

Burghardt, Stephan   274, 279
Buß- und Bettag   272, 287ff.

Charisma   223, 227ff.
Chi Gong   129
Christi Himmelfahrt   223ff., 238f., 248, 308
Christkönig   17, 295, 308, 325

Dank(barkeit)   50, 51, 157, 158, 262, 265, 268, 272, 273, 286, 328
David (König)   91, 103, 297, 303ff., 307
Debora (Richterin)   231, 233
Delp, Alfred   164ff.
Dogma(tisch)   25, 27
Dreikönig   116, 307

Ebertz, Michael N.   33
Eggenberger, Christian   89
Einsamkeit   36, 97, 195, 201, 260, 263
Elija   205
Emmaus   222
Engel   91, 92, 93ff., 102, 106, 108, 140, 141, 142
Engelbrecht, Martin   25
Entscheiden   92f., 95, 255, 299
Enzensberger, Hans Magnus   268
Erlebnispädagogik   42, 43, 253, 254
Erlösung   14, 23, 60, 274
Erntedank   32, 272, 283ff.
Esau   126f.
Evangelisch   14, 18, 144, 145, 272, 276, 288, 333
Evangelium   33, 35, 64, 102, 158, 159, 211, 213, 270, 326

Event   34, 37, 38
Ewigkeitssonntag   17, 295, 308
Exodus 12,1–11   186

Fackelwanderung   111, 113
Familie   23, 25, 36, 55, 57, 61, 80, 85, 93, 96, 100, 105, 120, 142, 144, 166, 280, 300, 327, 332
Fasching   138, 139, 145
Fastenaktion   144ff.
Fastenzeit   60, 65, 137ff., 144ff., 151
Feste   14, 17, 56, 65, 138, 203, 224
Film   23, 37, 38
Firmung   23, 298, 312
Fischedick, Heribert   74, 117
Frank, Hubert   119
Franziskus (Franz von Assisi)   42, 232
Freund(schaft)   17, 36, 76, 95, 131, 198, 241, 269, 276
Freiheit   18, 26, 39, 63, 141
Fronleichnam   248
Fußwaschung   177ff.

Galater 3,28   156
Galater 6,2   156
Gemeinschaft   40, 52, 168, 185, 225, 227, 228, 261, 290
Genesis 1,26–28   156
Genesis 12,1ff.   119
Genesis 25–27   126
Genesis 27,1–29   130
Genesis 32,23–33   127
Genesis 42–50   126
Gerechtigkeit   63, 135, 175, 235, 286, 287ff., 299
Gewalt   23, 42, 74f., 76

Goliat 103, 304
Gottesdienst 18, 20, 24, 56, 67, 70, 89ff., 151ff., 179, 195, 200, 238ff., 276, 288, 297, 323, 324ff.
Griesbeck, Josef 205
Großvater 80, 85, 159, 312
Gründonnerstag 162, 177ff., 182ff.
Guggenbühl, Alain 43

Heilig(keit) 34, 35, 47, 54, 168, 252, 275, 298
Heilung 23, 132, 163, 225, 227, 228, 309, 323, 326
Herhaus, Ernst 153f.
Herodes (Antipas) 66, 92, 309, 310
Hiob 101
Hirten 89, 100, 101, 102ff., 105ff., 219, 304, 308
Hirtenwache 105ff.
Hochholzer, Martin 16, 60, 67, 71, 138, 162, 164, 224, 226, 283, 331
Hofer, Markus 215, 216
Hoffnung 25, 90, 97, 140, 202, 212, 214, 215, 216, 244, 260, 303
Höhn, Hans-Joachim 31, 33
Hosea 10,12 283, 286
Hunger 76, 81, 113, 291
Hungertuch 156
Hüsch, Hanns Dieter 98

Initiation 165f.
Israel (Volk) 78, 127, 128, 211, 231, 235, 298, 303, 305, 308

Jahreswechsel 105, 111, 115ff.
Jakob (Bibel) 118, 126ff., 129ff., 132
Jakobsweg 140, 270
Jeremia 29,11 96
Jesaja (Prophet) 78, 235, 289, 308
Jesaja 9,5 308
Jesaja 11,2 328
Jesaja 58 328
Jesaja 61,1–4 235, 236
Jesus (Christus) 14, 17, 63, 64, 66, 75, 78, 79, 97, 103f., 105, 106, 111, 112, 140, 141ff., 149, 153, 156, 159, 162, 163, 171ff., 177ff., 189, 200, 204, 209, 211ff., 217, 219, 224, 225, 227, 243, 245, 275, 276, 278, 284, 297, 301, 303, 307, 308, 312, 324, 326, 327
Joas, Hans 30, 33
Job 57, 64, 96, 167
Johannes (der Täufer) 62ff., 67ff., 71ff., 73
Johannes 1,19–39 69
Johannes 11,16 217
Johannes 13,1–20 178, 180
Johannes 14,5–7 217
Johannes 18, 23f. 307
Johannes 18,28 – 19,16 326
Johannes 20,24–29 212, 215ff.
Josef (Zimmermann) 89ff., 303
Jung, C. G. 43, 299, 314
Jünger 64, 66, 78, 177ff., 189, 212, 217, 222, 224, 225, 243, 303

Kahl, Gerhard 177, 195
Karfreitag 162, 163, 195ff., 307
Karwoche 17, 149, 161ff., 171, 195

Katholisch 14, 18, 276, 332, 333
Kinder 36, 55, 56, 76, 89, 94, 96, 100, 116, 135, 143, 153, 157, 160, 162, 238ff., 248, 249, 290, 300
Kindergarten 22, 80, 85, 86, 239
Kirchenjahr 14, 17, 34, 224, 288, 307, 326
Kloster 39, 250, 274
Kohelet 3,1–8 205
(Erst-)Kommunion 22, 229, 239, 242
Konfirmation 23, 53
Konflikt 23, 28, 34, 73, 78, 98, 188
König(lich) 17, 89, 102, 103, 104, 173, 238, 250, 295ff., 303ff., 307ff., 311ff., 324ff.
1 Könige 1 304
1 Könige 19 205
1 Korinther 1,10–13 230
1 Korinther 12,4–11 229, 230
1 Korinther 12,8–10.28 228, 230
1 Korinther 13 228f.
1 Korinther 14 228, 230
2 Korinther 12,9b–10 204, 210
Körper-Gebet 133
Krank(heit) 36, 100, 117, 120, 153, 167, 197, 209, 228
Kreuz 13, 17, 56, 149, 153, 156, 171ff., 177, 200, 209, 211, 212, 215, 217, 243, 275, 302, 324
Krieger 73f., 102, 305, 306
Krippe 105, 106, 107, 110
Krisen 16, 36, 37, 78, 164, 198, 205
Kugler, Tilman 16, 20, 42, 52, 73, 75, 80, 100, 116, 140, 220, 248, 253, 272, 331

Kultur(en) 16, 28, 37, 57, 138, 165f., 253, 298

Leiden(sweg) 16, 25, 34, 136, 149, 156, 162, 166, 171, 208, 273, 308
Leistung 36, 40, 65, 69, 80, 96, 144, 276
Licht 59ff., 75ff., 111, 112, 135, 202, 220, 296, 322
Liebe 18, 23, 36, 98, 100, 103, 131, 135, 149, 152, 153, 156, 168, 173, 185, 224, 227, 228, 269, 276, 277, 286, 307
Liturgie 20, 29, 31, 32, 33, 34, 38, 41, 67, 220, 238, 248, 265, 276, 287, 307
Luckmann, Thomas 22, 30
Lukas (Evangelist) 66
Lukas 1,26–33 325
Lukas 3,1–14 68
Lukas 3,7–20 72
Lukas 6,12–16 211
Lukas 12,16–21 286
Lukas 22,1–62 182ff., 186, 187, 188, 190, 191

Männerabend 129ff., 132ff.
Männerarbeit 14, 18, 19, 21, 43, 89, 132, 248, 253, 331f.
Männergruppe 20, 44, 67, 123, 129, 144, 151, 249, 254, 279, 288
Männerstudie 24ff., 253
Männlich(keit) 27, 28, 29, 30, 157, 226, 227, 230, 233, 236, 237, 279, 332
Maria (Mutter Jesu) 91
Markus 1,6 62

Markus 1,7   64, 69
Markus 1,1–11   66, 68, 71
Markus 1,11–13   140
Markus 3,1–6   309f., 325f.
Markus 3,13–19   211
Markus 4,26–28   159
Markus 6,14–29   66
Markus 6,30f.   285
Markus 10,42–44   232
Markus 14–15   149
Martin Luther   274ff., 279ff.
Matthäus 2,1–23   308f., 325
Matthäus 5,3–12   170, 174
Matthäus 6,1–18   170, 172
Matthäus 6,25   148
Matthäus 6,25–33   170, 175, 284
Matthäus 6,28–29   284
Matthäus 6,33   170
Matthäus 10,1–4   211
Matthäus 28,20   243
Meditation   20, 75, 79, 107, 172, 173, 175, 327
Meister Eckart   148
Messias   63, 102, 103, 212, 303, 304, 307, 313
Micha (Prophet)   289, 292, 308
Micha 2,1-9   290
Micha 3,5–8   234, 236f., 291
Micha 4,3.4   291
Micha 5,1.3   308
Micha 6,8   290
Michelangelo   152, 157, 159
Milieu   16, 27ff., 31, 33, 36f., 38
Moses   78, 231

Natan (Prophet)   305
Natur   16, 18, 26, 28, 39, 42f., 44, 50, 51, 55, 105, 111, 151, 169, 182, 197, 198f., 224, 248, 249, 253ff., 269, 272, 273, 284, 332
Neubeginn   23, 63, 162, 209, 212, 214, 215ff., 220
Nikolaus   80ff.

Ökumenisch   14, 19, 89
Osterkerze   151, 154, 159, 218, 313, 319
Ostern   17, 56, 139, 144, 150, 163, 207ff., 211ff., 217, 218, 220ff., 224

Palmsonntag   162, 308
Partner(schaft)   36, 40, 53, 76, 96, 116, 159, 160, 280, 300
Passion   144, 149, 163
Pastoral   19, 20, 29, 35, 41
Paulus (Apostel)   210, 227
Petrus (Jünger Jesu)   191
1 Petrus 2,9   298
Pfingsten   17, 78, 223ff., 248
Philipper 2,5–11   325
Pilgern   39, 275
Pilgerweg   17, 43, 117, 151
Prömper, Hans   22, 33, 44, 238, 250, 262
Propheten   234, 236, 289, 292, 304, 305, 308
Psalm 1,1–3   158
Psalm 8   318, 320
Psalm 23   101, 103, 109f., 203f.
Psalm 31,1   162
Psalm 33,5   289
Psalm 45,8   289
Psalm 67   283, 286
Psalm 85   68
Psalm 127,1–2   285

Psalm 133,1 184
Psalm 145 283, 286
Psalm 146 289

Qualitätskontrolle 41

Rahner, Karl 22
Reformation(stag) 272, 274, 279ff.
Religionspädagogik 30, 31
Religionssoziologie 25, 28, 29, 30, 32, 33
Religionsunterricht 22, 80
Richter 3,7–11 231, 233
Richter 4–5 231, 233
Richter 21,25 231
Rilke, Rainer Maria 19
Ritual 13, 26, 27, 29, 32, 33, 34, 35, 39, 44, 50, 51, 52ff., 56, 95, 106, 124f., 169, 192, 262, 326
Roentgen, Markus 151
Rohr, Richard 118, 165 f., 171, 205, 301
Römer 1,16f. 375
Römer 3,21–24 375
Römer 5,17–21 375
Römer 12,6–8 228
Rosowski, Martin 14
Ruffing, Andreas 14, 208, 211, 215

Sakramente 34, 40, 276
1 Samuel 16 – 2 Samuel 24 304
Scheitern 16, 17, 36, 40, 121, 161ff., 209
Schöpfung 42, 57, 58, 78, 135, 157, 222, 248, 249, 254, 262, 269, 270, 272
Schulentlassung 54
Schwellen(raum) 39, 52, 53

Seelsorge 13, 43, 164, 248, 293, 332
Segen 13, 23, 40, 53, 56, 68, 69, 70, 79, 98, 112f., 119, 121f., 123, 126ff., 129, 130, 131, 132ff., 160, 173, 174, 176, 180, 193, 205, 244, 268, 286, 292, 293, 332
Segnungsgottesdienst 32
Sehnsucht 23, 25, 34, 36, 38, 63, 65, 112, 113, 201, 244, 253, 327
Selbsterfahrung 44, 253ff., 315
Seligpreisungen 135f., 171, 174
Seminar 20, 32, 54, 118, 129, 169, 220, 297, 299, 311ff.
Sexualität 36, 112, 205
Sinn 16, 23, 25, 26, 34, 37, 43, 44, 63, 104, 126, 162, 168, 172, 269, 276, 331
Sinus-Forschung 28f., 36
Sölle, Dorothee 18
Sonnengruß 46, 50
Spirituelle Suche 13, 18, 20, 41, 123, 251, 331
Stadler, Arnold 204
Stärke(n) 36, 71, 74, 95, 123, 131, 202, 254, 323, 324, 328
Steffensky, Fulbert 18
Sterben 36, 56, 117, 168, 175, 195, 273
Stutz, Pierre 267
Symbol(isch) 14, 29, 32, 33, 34, 35, 38, 50, 51, 53, 54, 62, 86, 104, 190, 211, 216, 259, 265, 266, 301f., 305, 308, 311f., 319f.

Taufe(n) 63, 140, 298, 312, 324, 325

Theologie   26, 31, 34, 225, 250, 254, 274, 276, 277
Thomas (Jünger Jesu)   211ff., 215ff.
Tod   17, 23, 36, 40, 116, 139, 153, 156, 162, 163, 166, 169, 174, 175, 195, 197, 209, 211, 212, 215, 218f., 224, 235, 243, 272, 273, 281, 300, 308
Totengedenken   32, 272
Tradition   14, 26, 29, 34, 41, 43, 120, 121, 238, 272, 288
Transzendenz   26, 30, 32, 35, 39, 199
Trauer   23, 36, 135, 166, 201, 220, 273

Umkehr   138, 272, 288

Valentinstag   32
Vater(schaft)   36, 56, 80, 85, 96, 97, 103, 118, 126, 129ff., 141, 153, 157, 159, 216, 224, 238ff., 248, 249, 274, 280, 300, 305, 308, 312
Vatertag   238
Verantwortung   23, 69, 97, 104, 105, 232, 249, 255, 277, 299, 300, 315, 332
Verkündigung   13, 27, 34
Verlust   36, 78, 116, 121, 129, 273
Vertrauen   123ff., 173, 180, 235, 255, 300
Viabilität   40

Vision Quest   140, 253
Vogelmann, Wilfried   102, 105, 182, 296, 299, 303, 307, 311, 324

Wahrheit(en)   18, 21, 100, 164, 165ff., 171ff., 262, 277f., 319
Wald   39, 42, 43, 50, 252, 253, 254, 272
Wallfahrt   151, 248
Wanderer   117ff., 126, 300
Warten   62ff., 71ff.
Weiblich   26, 27, 56, 157, 227, 230, 233, 236, 237
Weihnachten   17, 32, 56, 60f., 63, 65, 70, 75, 89, 99ff., 105, 108, 111, 116, 224, 307
Weihnachtsgeschichte   104
Weizsäcker, Carl Friedrich von   147
Werte   239
Wochenende   13, 32, 44, 55, 249
Wölfle, Norbert   123, 126, 129, 132
Workshop   32, 44, 297
Wüste   42, 62, 63, 66, 71, 76, 78, 140, 143, 250, 253, 263

Zelten   39, 248, 257, 259
Ziel   63, 65, 126, 148, 175, 176, 212, 238, 263, 264, 270, 279
Zielgruppe   37, 71
Zulehner, Paul   24ff., 253
Zweifel   17, 212, 214, 217, 260

PRAXISERPROBT

Werkbuch Erwachsenentaufe

Ein katechetischer Glaubenskurs
Herausgegeben von Pia Arnold-Rammé
– Mit CD-ROM –
Format: 21,0 x 29,7 cm, 160 Seiten, Paperback
ISBN 978-3-451-29168-5

Der Glaubenskurs orientiert sich an den Symbolen der Taufe (Wasser, Licht, Salz, Kreuz, Weißes Kleid, Salböl). Er verbindet diese mit biblischen Texten, dem überlieferten Glauben der Kirche und dem Blick auf die je eigene Biografie. Jede Einheit besteht aus der klar strukturierten Darstellung des Ablaufs, einer Materialliste und einem Anhang mit den entsprechenden Arbeitsvorlagen. Ziel des Kurses ist es, mit Erwachsenen über den Glauben ins Gespräch zu kommen.

In jeder Buchhandlung

HERDER